本书系广西高校人文社会科学重点研究基地
"广西地方法治与地方治理研究中心"学术著作资助出版项目成果。

广西师范大学法学院 丛书
"地方法治与地方治理研究"

丛书主编 陈宗波

欠发达地区
实施国家知识产权
战略研究

陈宗波　等著

中国政法大学出版社

2019·北京

图书在版编目（ＣＩＰ）数据

欠发达地区实施国家知识产权战略研究/陈宗波著.—北京：中国政法大学出版社，2019.12

ISBN 978-7-5620-9433-3

Ⅰ.①欠…　Ⅱ.①陈…　Ⅲ.①不发达地区－知识产权－战略管理－研究－中国　Ⅳ.①D923.404

中国版本图书馆CIP数据核字(2019)第300463号

出 版 者　　中国政法大学出版社

地　　址　　北京市海淀区西土城路 25 号

邮寄地址　　北京 100088 信箱 8034 分箱　邮编 100088

网　　址　　http://www.cuplpress.com（网络实名：中国政法大学出版社）

电　　话　　010-58908289(编辑部) 58908334(邮购部)

承　　印　　北京中科印刷有限公司

开　　本　　650mm×960mm　1/16

印　　张　　20.25

字　　数　　280 千字

版　　次　　2019 年 12 月第 1 版

印　　次　　2019 年 12 月第 1 次印刷

定　　价　　70.00 元

总 序

GENERAL PREFACE

"地方"本来只是一个地理空间概念，自从出现了国家这一政治组织形式之后，"地方"一词又增添了新的含义，从政治地理学的角度理解，它指的是中央治下的行政区划。既然有了"地方"，就必然有"地方治理"。地方治理既是国家行使权力的重要标志，也是行政治理科学化的重要措施，古今中外，概不例外。

法治，已然成为现代国家治理的重要特征和必备工具。有学者指出，现代国家治理必备两个系统，即动力系统和稳定系统。动力系统主要来自于地方及其个体的利益追求，并付诸行动，推动国家的发展变化；稳定系统由规则体系构成，主要载体是宪法、法律和制度，它们为动力系统提供稳定的运行轨道和程序。法治是由国家整体法治与地方法治构成的内在联系的严密整体。所谓地方法治，一般认为是地方在国家法制统一的前提下，落实依法治国方略、执行国家法律并在宪法、法律规定的权限内创制和实施地方性法规和规章的法治建设活动和达到的法治状态。地方治理法治化就是将地方治理各方主体的地位职能、行动规则、相互关系逐步规范化，并在治理过程中予以严格贯彻实施的动态过程。地方法治建设是国家整体法治建设的重要组成部分，是我国全面落实依法治国基本方略、建设社会主义法治国家的有效路径，是自下而上推进法治建设的重要切入点。

在世界多元化的发展格局中，各国治理模式的选择自有其现实依据和发展需要。当下的中国，"地方法治"无论是作为一个学术话语还是一个实践命题，其兴起的根本原因是对经济社会快速发展的现实回应。从经济社会发展需要看，经济越发达，市场主体之间的竞争越激烈，民事主体的纠纷越频繁，财产保护的愿望越强烈，治理法治化的要求越迫切。当国家平均法治化水平无法达到某一先进地区社会关系所要求的调整水平的时候，这些区域就可能率先在法律的框架内寻求适合自身发展的治理规范。在我国，一个有力的证据就是东部发达省份，如江苏、浙江、上海、广东较早探索地方法治与地方治理路径。它们根据经济社会发展的现状，率先提出了"建成全国法治建设先导区"，意指在其经济与社会"先发"的基础上，在国家法制统一的原则下率先推进区域治理法治化，即"地方法治"。

完善和发展中国特色社会主义制度，推进国家治理体系和治理能力现代化是我国全面深化改革的总目标。应该说，上述这些有益的实践探索契合了我国国家治理的现实需要和理想追求。实践探索往往能够引领理论的创新，时至今日，"地方法治"早已超出最初"全国法治建设先导区"含义，而成为地方治理的应有之义，进而成为推进法治中国建设的有效路径。十八届三中全会《中共中央关于全面深化改革若干重大问题的决定》提出，"直接面向基层、量大面广、由地方管理更方便有效的经济社会事项，一律下放地方和基层管理"，"加强地方政府公共服务、市场监管、社会管理、环境保护等职责"。法治是国家治理体系和治理能力现代化的重要体现和保障。十八届四中全会《中共中央关于全面推进依法治国若干重大问题的决定》提出，"推进各级政府事权规范化、法律化，完善不同层级政府特别是中央和地方政府事权法律制度，强化中央政府宏观管理、制度设定职责和必要的执法权，强化省级政府统筹推进区域内基本公共服务均等化职责，强化市县政府执行职责"，"明确地方立法权限和范围，依法赋予设区的市地方立法权"。随后《中华人民共和国立法法》对此及时作出了回应，在原有相关规定的基础上，地方立法权扩至所有设区的市。十九届四中全会《中共中央关于坚持

和完善中国特色社会主义制度 推进国家治理体系和治理能力现代化
若干重大问题的决定》提出，"健全充分发挥中央和地方两个积极性
的体制机制"，"理顺中央和地方权责关系"，"赋予地方更多自主
权，支持地方创造性开展工作"，"构建从中央到地方权责清晰、运
行顺畅、充满活力的工作体系"。这些目标和举措彰显了中国在国家
治理体系和治理能力方面的灵活、务实态度和改革、创新精神。这
意味着地方法治在中国地方社会秩序的建立和维护过程中将发挥越
来越重要的作用，并且深刻地影响着国家法的实际运行。我国属于
单一制国家，有统一的法律体系，在国家治理结构中，各地方的自
治单位或行政单位受中央统一领导。但是我国幅员广大，不同地方
区域的现实状况差别较大。正如孟德斯鸠所说的，法律和地质、气
候、人种、风俗、习惯、宗教信仰、人口、商业等因素都有关系。
因此，法治建设需要因地制宜，体现地方治理的个性要求，政治、
经济、文化和社会发展的不同特点。地方在社会经济发展中形成的
法律制度，也应针对实际情况、体现地方特色。可见，地方法治建
设要体现地方特色也是法治中国的应有内涵。因此，根据目前我国
地方法律制度的特点，着力解决法治中国建设在地方法治建设中所
遇到的独特问题，对于推进法治中国建设具有重要现实意义。广西
壮族自治区是少数民族地区，边疆地区，"一带一路"重要门户，华
南经济圈、西南经济圈与东盟经济圈的结合部，社会关系较为敏感
而复杂，在社会主义法治国家建设实践中有其自身的特点和情况。
在这样的背景下，2013 年 4 月，广西师范大学以法学院为主体单位，
依托广西重点学科法学理论学科，整合区内外专家学者力量，联合
自治区立法、司法和政府法制部门，组建"广西地方法制建设协同
创新中心"。2014 年 7 月，根据广西地方法治与地方治理理论和实践
需要，在"广西地方法制建设协同创新中心"的基础上，进一步加
强力量，组建"广西地方法治与地方治理研究中心"，申报广西高校
人文社会科学重点研究基地并被确认。2019 年，在前一阶段工作成
绩获得自治区教育厅考评结果优秀等次的基础上，又跻身广西高校

人文社会科学研究基地 A 类。

中心致力于建设地方法治与地方治理高端研究平台，在较短的时间内，加强软硬环境建设，创新管理体制机制，汇聚学者队伍，构筑学术高地，服务地方社会经济，经过五年多的建设，初见成效：

大力汇聚专家学者。中心积极建立健全专家库，在加强校内多学科专家集聚的同时，拓宽人才引进模式，利用灵活、开放的政策，吸引学术影响大的学者和学术潜力强的中青年人才加盟团队。目前中心研究人员近60名，其中主体单位广西师范大学主要学术骨干42人，绝大部分具有高级职称和博士学位，多人具有省级以上人才称号。目前，设立了地方法治基础理论、广西民族法治与社会治理、广西地方立法、广西地方经济法治、广西地方政府法治、广西地方生态法治6个研究团队。

深入开展地方法治与地方治理学术研究。科研成果是衡量科研人员社会贡献大小的重要标志。中心精心策划，合理配置研究资源，开展了一系列科研活动。一是冲击高端研究课题。自中心成立以来获省部级以上科研项目36项，研究经费突破600万元，其中包括国家社科基金一般项目17项及国家社科基金重大项目1项。该重大项目"全面推进依法治国与促进西南民族地区治理体系和治理能力现代化研究"准确回应了中央精神，是西部地区法学领域为数不多的国家社科基金重大项目之一。二是设立研究课题。中心每年安排30万元左右，吸收广西内外学人积极开展地方法治与地方治理研究，年资助课题10余项，包括重点课题。三是资助出版理论研究成果。中心已资助《民族法治论》《民族习惯法在西南民族地区司法审判中的适用研究》等近20部专著出版发行，本系列丛书就属于中心资助出版理论研究成果的一部分。同时中心不限数量资助研究人员发表高水平学术论文。四是组织申报高级别科研奖。2014年以来，中心研究人员获得省部级成果奖20多项，其中广西社科优秀成果奖一等奖2项。

当好"智囊"，服务经济社会实践。中心在培育高端服务平台、提供政策咨询服务、参与地方立法等方面已初见成效。目前已经孵化出多个省市级的法律服务平台，如"广西地方立法研究评估与咨询服务基地""广西法治政府研究基地"和"广西知识产权教育与培训基地"等，并成为广西特色新型智库联盟成员，从而为地方经济社会发展发挥出更大的整体效用。中心应要求组织专家参与了《中华人民共和国民法总则（草案）》《中华人民共和国国家安全法（草案）》《中华人民共和国境外非政府组织管理法（草案）》修改意见征求工作，以及《广西壮族自治区环境保护条例（修订草案）》《广西壮族自治区饮用水水源保护条例（草案）》等80余部国家法律和地方性法规、规章的起草、修改、评估和论证工作。上级有关领导和专家到立法基地视察和调研后，对中心在地方立法工作所作的努力和取得的成绩给予了充分肯定。

可以说，短短五年多时间，广西地方法治与地方治理研究中心的建设取得了可喜的进步，也为广西师范大学法学院法学专业2019年底获得国家首批一流本科专业建设点做出了贡献。目前，中央和地方高度重视地方法治建设，我们的工作迎来了机遇，同时也面临着更高的要求。广西地方法治与地方治理研究中心将坚持围绕广西地方法治基础理论与民族法治建设经验、广西地方经济法治理论与实践、东盟的法律和政策等方面的相关重大问题开展深入、系统地研究，推出一批在区域有一定影响的成果，并以此大力推动广西法学及相关学科的发展，培育本土学术人才和实务专家，在区域社会经济发展和地方治理现代化目标的实现上发挥更多积极作用。

陈宗波

2019 年 11 月

前 言

PREFACE

　　本书在调查研究的基础上，运用相关学科理论，结合《国家知识产权战略纲要》，以西部 12 省（自治区、直辖市）为视点，对欠发达地区实施国家知识产权战略的基础条件、战略目标、战略重点、战略制定、战略实施、战略保障等基本而重要的理论和实践问题进行了较为全面的考察和研究。

　　第一章"问题研究的基本切入点"，重点讨论了欠发达地区这个概念，以及研究欠发达地区实施国家知识产权战略问题所要涉及的基本概念和原理等前置问题。本书认为不论是从理论诠释、政策解读，还是从研究的方法论意义看，把"欠发达地区"界定为"西部地区"是合乎价值逻辑的。本章还通过梳理知识产权战略而形成的基本脉络，发现知识产权从私有财产权领域走向公权领域成为国家的政策工具，有着其内在动因和外在压力，知识产权战略产生、变化和发展有其历史必然和基本规律。

　　第二章"欠发达地区实施国家知识产权战略的基础条件和目标定位"，在分析欠发达地区实施知识产权战略的基础条件、理论依据和影响因素的基础上，提出了欠发达地区"资源型知识产权战略"目标定位，并对"资源型知识产权战略"的涵义和特点进行了论证。研究认为，坚定不移地以资源优势为基础，突出区域特色，推进新型工业化和实施支柱产业知识产权战略，把资源优势转变为知识产权优势，是欠发达地区通过"知识产权追赶"实现"经济追赶"的必由之路。事实上，这一结论已经在欠发达地区实施国家知识产权战略实践中得到了实证。

第三章"欠发达地区知识产权战略制定"，在对《国家知识产权战略纲要》解读和对欠发达地区知识产权战略制定的实证考察的基础上，对建立健全欠发达地区制定知识产权战略提出了较为完整的思路和方案。研究表明，国家知识产权是一个全局性的制度和政策体系，站位很高，非常宏观，因此在实施国家知识产权战略中，欠发达地区必然要制定符合本区情的区域战略。应基于精准定位欠发达地区知识产权战略的基本原则和价值选择，从指导思想、战略任务、战略重点和战略措施等方面构建欠发达地区知识产权战略的基本框架。同时，我国欠发达地区由于知识产权成长历史短暂，制定知识产权战略经验不足，必然存在不断优化和调整的过程，应建立动态发展机制。

第四章"欠发达地区实施国家知识产权战略重点"，分析了欠发达地区知识产权战略重点选择的理论依据和现实需要，基于欠发达地区丰富的自然资源和文化资源，以着重研究主导产业、优势产业和特色产业的知识产权战略为基本思路，即研究传统知识、旅游行业、传统医药、地理标志、遗传资源等西部地区优势领域知识产权开发、利用和保护战略。西部欠发达地区这些典型领域知识产权战略分析，旨在说明"抓住重点，突出特色"是欠发达地区实施国家知识产权战略的核心理念。欠发达地区知识产权战略的重点选择，应以区域经济、社会和文化资源结构为基点，结合本地区资源优势和文化特色，以优势产业为突破口，以发展地方特色产业为重点，有针对性地解决区域知识产权重点问题，这是错位竞争，实现经济追赶的择优路径。

第五章"欠发达地区知识产权战略实施及优化路径"，系统整理和对比了近十年来相关政策文件和发展数据，采用数学与统计方法，选取典型省份进行深入研究。通过分析大量的数据，并在总结经验和梳理问题的基础上，提出了欠发达地区实施知识产权战略优化路径，力求从实践层面回答"中国欠发达地区能不能实施国家知识产权战略?"和"怎样实施国家知识产权战略?"这令人关注的基本而重要的问题。研究认为,实施国家知识产权战略以来,欠发达地区知识产权综合指数平稳提升,知识产权创造、运用水平有较大提高,较好地完成了国家知识产权战略要求的各专项任务,知识产权司法保护环境也不断改善。说明欠发达地区实施知识产权战略是有成效的,但是另一方面,区域发展不平衡较为明显,整体发展水平比较落后,与发达地区仍存在差距。因此,欠发达地区实施知识产权战略是知识经济时代的必然选择,其实施国家知识产权战略的基本框架业已形成,但仍任重而道远。

第六章"欠发达地区实施国家知识产权战略保障体系",对欠发达地区实施国家知识产权战略的法律保障体系、政策扶持体系、资金投入体系、人才支撑体系、文化普及体系和组织机构协调机制等方面进行初步探讨。研究表明,欠发达地区实施国家知识产权战略是一个复杂的规划系统,它不仅仅指知识产权事业自身的发展战略,也不是单指知识产权保护战略,而是一个覆盖诸多领域的国家战略体系组成部分。因此,从全局视野和长远眼光看,欠发达地区落实国家知识产权战略必须有政策、法律、文化、人才和资金等要素的保障,否则难以为继。

本书力求在方法和理论创新方面做出一些努力。在研究方法上,一是规范分析法和实证分析法相结合。所谓实证分析法,是指研究者对客观事实进行描述、比较,描述研究对象客观存在状态的研究方法。所谓规范分析法,是指研究者基于自己的知识和能力,对研究的对象及其运行状态进行主观价值判断,力求回答研究对象存在状态和运行状态本质应该是什么样的研究方法。本课题作为一个综合性研究课题,对欠发达地区实施国家知识产权战略的基本情况进行描述,分析和指出问题存在的原因,更为重要的是针对欠发达地区实施国家知识产权战略的现实问题,寻找解决问题的对策和路径。因此,必然采用规范分析法和实证分析法相结合的研究方法。二是比较研究方法的适当运用。即对发达地区与欠发达地区相关数据和做法进行了比较分析。三是文本分析方法的充分运用。较全面地解读《国家知识产权战略纲要》、12 个省级知识产权战略纲要、我国知识产权体制机制和法律法规，并分析法律政策依据。四是实际调查与文献调查相结合。以西部欠发达地区为视点，深入地实际了解情况，运用国家权威统计数据或规范目标（如国家发展和改革委员会编制《西部大开发"十二五"规划》，科技部等国家部委有关统计数据）进行文献调查和实地调查，准确了解欠发达地区经济发展现状、自然资源现状、文化资源现状、知识产权现状、知识产权法制现状、正确评估欠发达地区实施国家知识产权战略的基础条件。综合运用多学科理论和工具，使研究的结论在不同的学科视野下得到充分的审视，研究成果的可信度则更强。

　　在理论创新方面，本书力求探究欠发达地区实施国家知识产权战略基础理论，为欠发达地区制定和实施具有鲜明地方特色、切实解决地方问题的知识产权战略提供理论指导，为国家保障欠发达地区经济安全、生物安全、文化安全和可持续发展政策法律的制定提供有价值的理论参考。在这方面认真回应理论界和实践界关注的两大问题：一是提出了欠发达地区实施国家知识产权战略实质是以"知识产权追赶"实现"经济追赶"的观点，论证这种"追赶"过程是欠发达地区实现资源优势向知识产权优势转换的过程。这一观点有助于人们改变长期以来普遍认为欠发达地区是以资源消耗换取经济发展的传统观念，符合当下"经济发展方式从要素驱动型向知识驱动型转变"的政策导向，回答了在欠发达地区能否实施国家知识产权战略的问题。二是针对人们认识知识产权战略往往囿于"技术知识产权战略"的惯性思维，提出并论证资源型知识产权战略模式的概念，及其目标定位和发展模式。这一概念有助于人们到认识到加强传统知识、遗传资源、生物多样性、地理标志等方面知识产权开发、利用和保护是欠发达地区在实施国家知识产权战略中扬长避短、趋利避害、确保实效的必然进路，从而回答了欠发达地区实施怎样的知识产权战略的问题。

　　本书也具有一定的应用价值。本书初步设计了基于实施国家知识产权战略的欠发达地区知识产权战略的基本框架以及实施途径，即如何构建与国家知识产权战略衔接和协调的欠发达地区知识产权战略的基本框架及其实现路径；分析了欠发达地区实施国家知识产权战略的重点、原则、方法和典型领域，即如何针对欠发达地区的重点问题和突出矛盾，切中要害地确定欠发达地区实施国家知识产权战略的重点。选择资源型知识产权战略模式是欠发达地区实施国家知识产权战略的核心目标，也是突出特色。为此，欠发达地区知识产权优势品种、支柱产业、特色优势产业是其知识产权战略设计的重点突破口。

目 录
CONTENTS

　　与古老的普通民事权利相比，知识产权是权利家庭中的新成员。但是随着科学技术的发展和知识经济时代的到来，西方有学者认为，知识产权在当代是私有财产权中最重要的一部分。[1] 在我国，有远见的学者也较早地认识到了知识产权的重要性，郑成思先生就曾经说过："知识产权的作用，在许多情况下已经显得比设备、资金更加重要。"[2]

　　然而，知识产权给这个世界更大的思想冲击是它进入了国家战略的视野。从 20 世纪 80 年代末开始，发达国家为了巩固其在技术领域的优势，充分利用其在国际舞台的话语权，制定或强化有利于其自身的知识产权和贸易游戏规则，知识产权悄悄地从私权领域走向了国家的政策范畴，变成了企业和政府获取竞争优势的利器，其中以美国为最甚。美国 20 世纪 80 年代开始将知识产权作为抵御国外竞争、保住经济霸主地位的战略手段，并从法律和政策的层面完善知识产权制度，为在国外有效保护本国利益采取了一系列措施。在卡特总统时期，美国就将知识产权上升为国家战略。[3] 此后美国进一步将知识产权战略体现于相关立法、知识产权利益关系的调整、对外贸易政策中。可以说，美国政府将知识产权作为国家的最高政

---

　　〔1〕　［英］詹姆斯·哈里斯：《论西方的财产观念》，彭诚信、黄文艺译，载《法制与社会发展》2003 年第 6 期，第 103 页。

　　〔2〕　郑成思：《知识产权论》，法律出版社 2007 年版，第 41 页。

　　〔3〕　冯晓青：《美、日、韩知识产权战略之探讨》，载《黑龙江社会科学》2007 年第 6 期，第 157 页。

策列入其全球贸易政策的优先日程，将知识产权在国外的有效保护作为其在冷战结束后经济安全战略的主要内容之一。继美国后，知识产权制度以势不可挡的态势进入了很多国家的战略视野。20 世纪末至 21 世纪初，欧盟、日本、韩国、印度，以及一系列发展中国家纷纷建立起自己的国家知识产权战略。知识产权已经成为国家竞争力的根本体现、国家创新能力的重要指标。

在此背景下，2005 年我国正式启动知识产权战略制定工作，2007 年中共十七大正式提出"实施知识产权战略"。2008 年 6 月 5 日，《国家知识产权战略纲要》颁布实施，知识产权战略成为彼时我国三大国家战略之一。[1]"这是在改革开放新时期，党中央、国务院根据国内外新形势做出的一项重大战略部署，是关系国家前途和民族未来的大事。"[2]

实施知识产权战略是我国为推动经济和社会发展而做出的重大战略决策，意义非凡。国家知识产权战略站位很高、非常宏观，而我国各地知识产权发展不平衡，经济社会发展水平也不相同，各自的优势也有所差异。特别是西部欠发达地区，那里一方面自然资源非常丰富，文化资源极为多样；另一方面社会经济文化相对落后，创新能力相对较弱，民众知识产权意识和法制意识相对淡薄，民族关系相对复杂。因此，欠发达地方能不能实施以高技术开发、利用和保护为核心和标志的国家知识产权战略？如果能够实施国家知识产权战略，如何处理好地方知识产权战略与国家知识产权战略的关系，使之既与国家战略在共性问题上达成一致，又在个性问题上体现特色？这是需要加以认真研究的。这不仅关系到欠发达地区实施国家知识产权战略的成败，也关系到整个国家知识产权战略的成败。所以研究欠发达地区实施国家知识产权战略问题已不可回避。本课

---

〔1〕 我国三大国家战略是"国家知识产权战略""科教兴国战略"和"人才强国战略"，参见在 2009 年 3 月 5 日召开的十一届全国人大三次会议上所作的《政府工作报告》。

〔2〕 向利、崔静思：《乘势扬帆逐浪高——〈国家知识产权战略纲要〉实施 5 周年纪实》，载《中国知识产权报》2013 年 6 月 5 日。

题就是研究欠发达地区贯彻落实国家知识产权战略时需要解决的基本问题。

关于欠发达地区知识产权战略问题的研究仍然比较匮乏。关于知识产权战略问题，国外对实施国家、企业知识产权战略与提升竞争力的关系等宏观层面，专利战略、商标战略等微观层面，尤其是实证方面的研究已到很高的水平，研究的范围也较为广泛，涉及产业理论、竞争优势理论、对外直接投资理论、技术创新理论等领域，但欠发达地区实施国家知识产权战略问题则少见研究文献。

国内对知识产权战略研究主要围绕知识产权战略概念，国外尤其是美国、日本和韩国的知识产权战略经验[1]，国家知识产权战略、行业知识产权战略和企业知识产权战略研究。其中行业知识产权战略和企业知识产权战略研究最为充分[2]，还有些学者较早从资源配置的视角较为系统阐述了国家宏观知识产权战略、主要产业（领域）知识产权战略和企业微观知识产权战略的关系[3]。现有研究中，涉及本课题研究问题的成果也初现端倪。比如，传统医药的知识产权保护[4]、民族文化与生物多样性保护[5]、传统知识保护机制研究[6]、遗传资源保护研究[7]，个别学者从知识产权与竞争

〔1〕 徐明华、包海波等：《知识产权强国之路——国际知识产权战略研究》，知识产权出版社 2003 年版。

〔2〕 冯晓青：《企业知识产权战略》，知识产权出版社 2001 年版；徐家力：《高新技术企业知识产权战略》，上海交通大学出版社 2012 年版；王黎萤：《中小企业知识产权战略与方法》，知识产权出版社 2010 年版。

〔3〕 陈昌柏：《知识产权战略——知识产权资源在经济增长中的优化配置》（第 2 版），科学出版社 2009 年版。

〔4〕 杜瑞芳：《传统医药的知识产权保护》，人民法院出版社 2004 年版。

〔5〕 裴盛基、龙春林编著：《民族文化与生物多样性保护》，中国林业出版社 2008 年版。

〔6〕 李发耀：《多维视野下的传统知识保护机制实证研究》，知识产权出版社 2008 年版；李发耀：《论民族地区传统知识的积极性保护机制》，载《贵州民族研究》2011 年第 5 期。

〔7〕 蒲莉：《遗传资源与相关传统知识的民法保护研究》，人民法院出版社 2009 年版。

优势关系初步探讨了区域知识产权战略和西部知识产权保护战略[1]。这些研究为本研究奠定了良好的基础。但是由于我国知识产权制度建立时间较短，知识产权战略研究起步较晚，加上此前我国学界关注焦点是国家知识产权战略的制定问题，所以至今对地方实施国家知识产权战略的研究还不够，特别是对欠发达地区实施国家知识产权战略的研究严重不足，因而也就无法回答欠发达地方能不能实施知识产权战略、实施怎样的知识产权战略、如何实施知识产权战略这些基本而重大的问题。

---

[1] 马治国主编：《西部知识产权保护战略》，知识产权出版社 2007 年版。

问题研究的基本切入点

欠发达地区，以及研究欠发达地区实施国家知识产权战略问题所要涉及的基本概念和原理等前置问题，是本研究的基本切入点。作为新兴的民事权利，知识产权从私有财产领域走向公权领域，并成为公权领域的政策工具，有着其内在动因和外在动力。梳理知识产权战略形成的基本脉络，能更清晰地看到知识产权战略产生、变化和发展的历史必然和基本规律。

一、欠发达地区的界定

（一）欠发达地区的理论诠释

在学理上，"欠发达地区"这个词是一个汇合了多学科理论观念的概念。从经济学来讲，"发达"与"欠发达"是一个带有主观描述性的发展概念；从政治学的角度看，"发达"与"欠发达"是一个需要政府干预的政策概念；从地理学来说，"区（域）"是一个根据某种标准划定的空间概念。因而综合起来看，"欠发达地区"这个概念横跨了经济地理学、发展经济学和政治经济学学科领域。随着社会的发展，判断地区发达程度的内容和方法也会不断更新和发展。正因为如此，不同的理论和政治机构，对"欠发达地区"作出了有差异的解释和划分。表1-1通过列表的方式对比发展经济学、我国和相关国际组织或区域性国际组织（如联合国开发计划署以及原欧共体），从各自角度总结欠发达地区的概念和特征。

表1-1 不同学科或机构对"欠发达地区"解释的对比

界定角度（主体）	内　涵	表现特征
发展经济学	经济发展速度、人均国民收入、劳动生产率、社会文化教育及经济主体发展程度都相对较低的地区。	①低下的人均收入或人均产值，从而消费水平较低；②以农业为主体的产业结构和就业结构，大部分人口生活在文明程度较低的农村地区；③交通、能源等基础设施落后；④失业率高，劳动生产率低下；⑤人口出生率高，人口素质差；⑥收入分配不均，城乡间收入差距较大；⑦积累能力弱，建设资金不足等。
原欧共体经济结构划分法	经济发展水平低下，第一产业占产业结构比例极高，生产手段落后，商品化率低，市场经济很不发达的地区。	①农业占经济地位；②生产手段落后；③商品化率低，市场经济很不发达的地；④文化教育水平落后。
联合国开发计划署（每年公布《人类发展报告》）	用人类发展指数（HDI，包括寿命、知识和生活水平三个基本要素）方法综合测定一个国家或地区的经济社会发展程度。	用人类发展指数替代国内生产总值，评估某个时期各国和地区的发展程度，从而决定政策干预的重点。
我国经济地理划分法	（1）按"七五"计划对全国经济地带所作出的划分，将全国确定为东部沿海、中部和西部三大地带。西部为欠发达地区，常常称为"西部欠发达地区"。（2）按国务院原劳动人事部有关文件对边远地区农村作出的划分。	（1）①自然资源丰富；②经济发展不平铺；③科技创新能力不足；④农业人口比重大，城乡间收入差距较大；⑤少数民族多而集中；⑥民族文化丰富多彩。（2）①地理位置偏远；②自然资源分布不均；③经济发展水平较低；④居民收入较低；⑤文化教育落后。
其他经济划分法	不同学者依据不同指标划分不同的发展区域。	

　　注：此表部分参考了杨凌2011年昆明理工大学博士学位论文《欠发达地区农民专业合作组织模式研究》第4页相关内容。

借鉴已有研究成果，我们可以认为，所谓欠发达地区，是指具有增长潜力，目前尚未开发或尚未充分开发，与其他经济区域相比社会经济文化发展比较滞后的地区。欠发达地区有如下一些共同特点：

第一，经济发展水平较低。主要表现在产业结构比较单一，第一产业占产业结构的比例高，生产手段落后，民众收入水平和消费水平较低等。

第二，市场开发程度低。商品率低，市场经济不发达，这类地区的农村总体上仍处一种自然经济阶段，但某一局部区域市场经济活动比较活跃，区域总体上看与迅速发展的市场经济极不适应。

第三，发展的动态性。欠发达地区的状况不是一成不变的，欠发达地区是一个相对和动态的概念。所谓相对概念是指这类地区的"不发达"是相对其他空间范围而言，比如就整个世界经济社会发展程度而言，我国相对西方国家是欠发达国家；在我国，中西部省份相对东部省份是欠发达地区，中部省份相对西部省份是发达地区，西部对东部和中部属于欠发达地区。动态的概念是指经过一定时间的开发建设和空间政策调整，"不发达"的状态将发生变化。

"欠发达地区"这一概念有多种叫法，如"贫穷地区""贫困地区""低收入地区""不发达地区""发展中地区""落后地区""后进地区"等。这些叫法内涵相差不大，只是由于统计的要素不同、解决问题的目标不同或研究的侧重点不同，各概念所描述出来的"欠发达"程度有所差异。

"贫穷地区"或"贫困地区"与"富裕地区"比较而言，指的是生活水平达不到温饱的水平线、需要进行扶贫攻坚的地区。一般认为，"欠发达地区"包含了"贫困地区"或"贫穷地区"，"贫困地区"或"贫穷地区"是"欠发达地区"的最底层，是"欠发达"的一种极端表现形式。因此，"欠发达地区"面临着追赶发达地区和扶贫攻坚的"双重压力"。[1]"低收入地区"主要是从居民收入水平的角度来评价这一类地区人民的经济状况;"不发达地区""发展中地区"与"欠发达地区"系同义异词,均指那些与其他经济区域相比社会经济文化发展比较滞后的地区,只是用"不发达地区"之称似乎侧重强调该地区生产力、科技水平等发展的核心要素与发达地区的差距较大。"落后地区"或"后进地区"这两种称呼的内涵与上述各种解释也是比较接近的,但从字面上看,似乎不太妥当。因为它不仅含有低下的意思,而且好像表明这个地区一向贫穷落后,并且还将继续贫穷落后下去。[2]因此,本研究所称"欠发达地区"不指"落后地区"或"后进地区",但不可避免地被学界和各种组织称为"贫穷地区""贫困地区""低收入地区""不发达地区"和"发展中地区",这些概念相容相通。

(二) 欠发达地区划分的政策依据与本课题研究地域范围的确定

界定课题涉及的空间概念,既要紧紧围绕研究目标,总结现有研究成果,挖掘概念内涵,同时还要参考官方相关政策规定。作为国家研究课题,本课题的研究对象应以国家正式政策文本为基本依据,参考国际组织的文件和国内外的研究成果进行界定。至今我国与欠发达地区界定有关的正式文件主要包含两个层面:

一是1986年全国人大六届四次会议通过的"七五"计划的经济地理对西部地带的划分。即按照经济技术发展水平和地理位置相结合的原则划分,东部沿海地带包括沿海地区的11个省、市、自治区(未包括台湾);西部地带包括西南、西北地区的9个省、自治区;其余省、自治区为中部地带,西部地带包括四川、贵州、云南、西藏、陕西、甘肃、青海、宁夏、新疆等9个省(区)。1997年全国人大八届五次会议决定设立重庆市为直辖市,并划入西部地区,西部地

---

〔1〕 杨凌:《欠发达地区农民专业合作组织模式研究》,昆明理工大学 2011 年博士学位论文,第 4 页。

〔2〕 肖慈方:《中外欠发达地区经济开发的比较研究》,四川大学 2003 年博士学位论文,第 9 页。

区所包括的省级行政区就由 9 个增加为 10 个。由于内蒙古和广西两个自治区人均国内生产总值的水平正好相当于上述西部 10 省（市、区）的平均状况，2000 年国家制定的在西部大开发中享受优惠政策的范围又增加了内蒙古和广西。"10+2+2"是西部地区的最新定义，中国西部由四川、云南、贵州、西藏、重庆、陕西、甘肃、青海、新疆、宁夏和内蒙古、广西，以及湖南的湘西、湖北的恩施两个土家族苗族自治州共 14 个省（自治区、直辖市、自治州）组成。[1]

二是 1983 年国务院原劳动人事部有关文件关于边远地区的确定。[2] 该文件对"边远地区"概念做出了定义：边远地区具有地域（如边疆）、自然地理（如高寒）、政治（如民族自治区）、经济（如穷困）等多种含义，共 681 个县、市。681 个县、市大体分为三类：其一为边远省界县、穷困山区县；其二为边疆国境县、边疆县（指执行边疆政策的县）、少数民族自治县和海拔二千米以上的高寒山区县；其三为海拔三千米以上的高寒县等。自 2001 年，部分县市区的类别进行了重新划分，边远地区总数目前已经是 984 个。按照人力资源和社会保障部、财政部发布的《完善艰苦边远地区农村津贴制度实施方案》，全国有 20 个省（直辖市、自治区）的 954 个县、市、区纳入实施艰苦边远地区政策。

与此相关的概念是少数民族地区。我国少数民族按省区来划分，主要有内蒙古、广西、西藏、宁夏、新疆、贵州、云南、青海等省（区）；按民族自治地方来分，包括 5 个自治区、30 个自治州、120 个自治县。至今为止，我国大部分少数民族地区的经济和文化仍然普遍落后，因此，少数民族地区往往与欠发达地区存在密切的联系，有些人可能会把两者等同理解。但从经济发展水平和地区分布看，少数民族地区与欠发达地区还是有区别的。

---

〔1〕《国务院办公厅转发国务院西部开发办关于西部大开发若干政策措施实施意见的通知》（国办发〔2001〕3 号）；《财政部、海关总署、国家税务总局关于深入实施西部大开发战略有关税收政策问题的通知》（财税〔2001〕58 号）。

〔2〕《劳动人事部关于边远地区范围的通知》（劳人科局〔1983〕064 号）。

综合各种因素考虑，本研究以 1986 年全国人大六届四次会议通过的"七五"计划确定的西部及其后决定扩大的西部范围为研究的空间范围，即以四川、云南、贵州、西藏、重庆、陕西、甘肃、青海、新疆、宁夏、内蒙古和广西作为研究的空间范围。主要理由有：

第一，在现有的国家文件选择上，研究我国"三大国家战略"之一的知识产权战略，选取"七五"计划确定的、及其后决定扩大的西部范围，要比 1983 年国务院原劳动人事部有关文件确定的"边远地区"更契合主题。

第二，从现有国家知识产权战略的层级结构来看，欠发达地区的战略空间布局范围主要至省一级，省以下行政区划很少有知识产权战略的全面部署。

第三，"七五"计划确定的西部及其后决定扩大的西部地区经济相对不发达。该区域经济发展迅速，但从综合经济发展水平和实力来看，目前仍然比不上东、中部发达。这就是如前文所说，"欠发达地区"是与"发达地区"相对而言的，并不是说欠发达地区内任何地方都是不发达的。同理，也不是说"发达地区"内任何地方都是发达的。西部并非所有地方都是欠发达地方，甚至有些中心城市已经进入发达地区的行列。就本研究课题来说，只要现阶段西部在全国的经济社会格局中比不上东中部发达，则西部就是欠发达地区，在学术研究和政策扶持上把它作为不发达地区是成立的。而客观上，就现在经济社会发展来看，我国西部地区相对东中部地区来确实是欠发达的[1]，还存在着经济追赶的目标和任务，这或许就是官方划分经济地理概念的真正意义。

第四，虽然西部地区经济实力相对比较弱，但发展迅速，且自然资源非常丰富，文化资源极为多样，实施国家知识产权战略已经具备一定的基础和条件。

---

[1] 杨秋宝：《西部大开发：区域定位、环境把握与思路创新》，载《学术论坛》2000 年第 5 期，第 5 页。

第五，从研究的技术性和科学性来说，并无必要也无可能选取全国所有的欠发达地区作为研究的样本。

因此，我们认为，不论是从理论诠释，还是从政策解读；不论是从研究方法论意义，还是研究目标上看，本课题界定"欠发达地区"在"西部地区"是合乎逻辑的。

二、知识产权的概念、内容和特征

（一）知识产权概念辨析

知识产权的定义对于界定知识产权的范围至关重要，而知识产权范围是知识产权保护战略制定和实施的基础问题。

在我国，知识产权是"舶来品"，其在我国的成长也不过三十多年。知识产权在英文中叫"intellectual property"，我国大陆绝大部分学者翻译为"知识产权"，我国台湾地区学者则一般翻译为"智慧财产权"。实际上，大陆也有学者认为"intellectual"翻译为"智慧"或"智力"比较贴切，"knowledge"才是知识。[1] 但是"知识产权"的译法已经普遍为学界和社会所接受。

知识产权在现代经济社会中的作用已经越来越大，地位越来越高，但是对于"什么是知识产权？"学界看法颇有不同。总结起来，主要有三个代表性观点：

一是认为知识产权是人们对其创造性的智力劳动成果依法享有的专有权利，代表人物是郑成思先生。从字面上看，这一定义最大的问题是它排除了非创造性的智力劳动成果成为知识产权的客体，如商标等商业性标志。

---

〔1〕 郭寿康主编：《知识产权法》，中共中央党校出版社 2002 年版，第 2~3 页。刘春田教授后来在《中国社会科学》撰文指出，我们是否应当提出一个疑问，英文当初选择用语时使用"intellectual"本就不恰当，不如用"knowledge"合适。比如罗素的名著《人类的知识》，用的就是"knowledge"，该书所研究的内容也是指人类的知识，而不是指人类的智慧。参见刘春田：《知识财产权解析》，载《中国社会科学》2003 年第 4 期，第 110 页。

二是认为知识产权是人们对其创造性的智力劳动成果和商业标记依法享有的专有权利，代表人物是刘春田教授和吴汉东教授。显然这两位教授特别关注了商业标志这一工商业重要的经济符号。

三是认为知识产权是民事主体所享有的支配创造性智力劳动成果、商业标志以及其他具有商业价值的信息并排斥他人干涉的权利，代表人是张玉敏教授。

综合上述著名学者的意见，我们对知识产权的概念作如下的界定：知识产权是指民事主体基于智力劳动成果、工商业标志和特定信息而依法享有的权利。

应该说本研究对知识产权的界定，总结概括了上述几个主要的观点，基本能体现学界主流的看法，也与下文中将介绍的我国法律和有关世界公约相符合。

(二) 知识产权的内容

财产权体系包括物权、债权、继承权和知识产权等类型。相对来说，知识产权的权利内容是最广泛的，形成了一个庞大的权利体系，被誉为"权利束（a bundle of rights）"[1]，而且一直都呈现扩张的态势，这是它成为战略工具的重要原因。但是为了研究方便，我们仍然从控制、使用、处分和收益等权利行使方式的角度给其分类，这样分类，其下每一种权利行使方式可以包括数种权能。

1. 控制权

知识产权的控制权是指权利人对权利保护的对象进行控制的权利。控制权相当于物权的占有权能。由于物权的保护对象是物质财产，权利人通过对物的实际占有就可以实现对物的控制，因而占有权成为物权的重要权能。而从本质上看，知识产权的保护对象是非物质性的信息，不能像对物质财产那样实施占有，权利人对权利的保护对象的控制只能依靠法律赋予的权利。控制权是行使其他知识

---

[1] Peter Drahos, *A Philosophy of Intellectual Property*, Dartmouth Publishing Company Limited, 1996, p. 10.

产权的前提条件。

2. 使用权

知识产权使用权指权利人对其权利保护对象进行运用的权利。知识产权庞大的权能主要表现在其使用方式上，如我国法律列举的著作权使用方式就有 16 种之多。使用权包括自行使用和授权他人使用知识产权。著作权人复制、展览、改编、表演自己的作品，专利权人使用专利方法生产产品，商标权人在自己生产或销售的产品上使用自己的商标等属于自行使用知识产权行为，而权利人许可他人通过上述行为行使权利人的知识产权行为就属于授权使用行为，如著作权人同意出版单位发表其作品的行为。

3. 处分权

知识产权处分权指知识产权人按照自己的意思处置自己权利的权利。包括设定质权、许可他人使用、转让（出卖、赠与、投资）等权利。值得注意的是，处分权包括权利人抛弃权利的权利，如专利权人通过不缴纳专利费的方式放弃专利权的权利。

4. 收益权

收益权也叫获得报酬权，即知识产权人通过使用或处分的方式获得财产利益的权利。获得收益是知识产权设定最重要的目标之一，对知识产权人来说，通过收益的方式，使知识产权人获得利益回报；对于整个社会来说，通过利益回报机制，激发人们的创新积极性，从而整体推动人类的创新能力。

此外，作为一种法律上的权利，知识产权当然含有禁止他人侵害的权利，这是不言而喻的。当然，制止他人侵权是基于法律保障这一基础的，也正因为如此，保护战略是知识产权战略的重要内容。

相对于其他财产权，特别是物权，知识产权具有自身的一些法律特征。

（三）知识产权的法律特征

知识产权个性化的法律特征是其进入国家战略体系的又一个重

要原因。[1] 作为一种特殊的民事权利，从法律的角度看，它除了具备一般民事权利的对世性和支配性之外，还有以下一些特征：

1. 客体的无形性

即知识产权保护对象是无形的智力劳动成果、工商业标志和特定信息。物权的客体是有形物体，比如动产或不动产，主体作用的对象就是动产或不动产本身，否则难以发挥物尽其用的功效。但知识产权保护的对象却不是装载某一特定知识——智力劳动成果、工商业标志的物体和信息——的载体。人们平时用肉眼看到的书籍、光碟等有形物品只是知识产权的载体，知识产权法所要保护的是附载在载体上的智力劳动成果、工商业标志或特定信息。

由于知识产权客体的无形性特点，它具有易受侵犯、侵权手段隐蔽等问题。因此，知识产权的保护手段不同于一般的财产权利，而是需要特殊的保护策略。

2. 客体的可复制性

所谓复制是把原来的对象制成两份或两份以上的行为。智力劳动成果、工商业标志和特定信息等知识产权保护的对象在物理上是可以复制的。进一步说，作品、专利、商标等知识产权客体在物理和技术上可以用不同的载体进行复制，而物权、债权的客体是不能同时复制的，即便复制了，其产生的新的客体已经不是原来物权和债权的客体了，而是新物和新债的客体。知识产权客体的可复制性大大增加了知识产权保护的难度，特别是现今社会，由于技术的迅猛发展和信息的快速传递，作品、专利、商标等知识产权客体极易被复制，且手段非常隐蔽，保护难度较大。

3. 专有性

所谓知识产权的专有性，是指知识产权权利人在法律上具有的对其知识产权合法的垄断地位。其他民事权利也具有专有性，但知识产权的专有性与其他民事权利的专有性内涵和原因都不同。物权

---

[1] 同为财产权体系成员，物权、债权在人类的生活和生产中的地位是非常重要的，但似乎无须以该两种权利名义制定国家战略加以部署。

的专有性是指"一物一权"，这是物的物理性质决定的。物在空间上的唯一性导致一物之上只能设立一个所有权，而不能同时设立两个或两个以上的所有权。知识产权的专有性既指"一体一权"，也指"多体一权"。即虽然知识产权在物理上具有可复制性，但所有的复制行为都是必须为权利人许可或符合法律规定的条件，所有基于复制行为或复制品所获得的利益必须是经过授权或法律许可的，否则视为侵权。

4. 地域性

所谓知识产权的地域性是指在某一国家或地区取得的知识产权原则上只在本国或本地区内有效。物权和债权是不会有地域性的，否则国与国之间的贸易和投资就极不安全，很难想象在一国合法经营所得财产在正常情况下不为他国法律所承认。就是因为如此，在国际货物贸易中，持有提单就拥有提单项下货物的所有权，转移提单也就转移了所有权。不存在在 A 国生产的商品经过法定的程序进入 B 国后法律地位无效的问题。在权利体系中，是否唯独知识产权具有地域性？有学者从法的国家意志性来解释。"地域性是主权国家的意志体现，是法律规范的基本属性，它适用于一切民事权利。把地域性当作知识产权的独有特点来认识是没有根据的。"[1] 显然，这里把知识产权法的空间效力与知识产权的地域性混淆了。我们认为，知识产权的地域性与知识产权法的空间效力是不一样的。知识产权法是主权国家的意志体现，只在本国有效，是指知识产权法的空间管辖范围；知识产权的地域性是指知识产权的空间有效性。法的空间效力与该法调整之下的权利的空间效力是不一样的。比如，《中华人民共和国物权法》与其他法一样，也具有空间效力，但这并不影响物的空间效力。外商在我国投资所得转到其所在国，在正常情况下该国财产法当然承认其对财产的所有权。因此，不能用知识产权法的空间效力来否认知识产权的地域性。其实，知识产权的地

---

〔1〕　刘春田：《知识财产权解析》，载《中国社会科学》2003 年第 4 期，第 120 页。

域性产生的主要原因是各国知识产权发展的水平和知识产权保护的水平差异。各国的创新能力因经济基础和激励机制不同而有所差异，各国为了扶持本国工业或是为了保护本国的知识产权优势，往往会采取地域性保护措施。

5. 时间性

所谓时间性是指知识产权的时间效力有法定期限，超过这一期限，权利归于消灭，其保护对象从私有领域进入公有领域，为全世界任何人自由使用。这个特点与物权、债权也是不同的。物权以物的存在为前提，物不存在，权利归于消灭。而债权通过履行、解除、抵消、提存、免除、混同等方式，因某种关系的终结而消灭。知识产权的时间性是由知识产权的保护对象是本质上是信息这一特点决定的。[1] 因为信息作为精神财富，具有永久存续的特点，其本身不会因为使用或时间的推移而消灭。但是信息从本质上看还是公共资源，任何创新都是在现有知识信息的基础上进行的再创造，如果允许所有信息初始控制者具有永久的专有权，对于公众来说是不公平的。因此，法律基于公共利益考量，平衡信息所有人和社会公众的利益，促进社会的发展，有必要在法律上规定知识产权的存续期间。正因为如此，对于不影响公共利益的专有权利，法律不必要规定其期限。一般来说，创造性成果对应的知识产权具有时间性，如专利权、著作权、集成电路布图设计权和植物新品种权等；而识别性标记和特定信息对应的知识产权在法律上没有时间性，前者如商标权[2]，后者如商业秘密权。对识别性标记的保护，不产生权利人利益和社会公共利益冲突的问题，对识别性标记的充分保护，也就是对社会公共利益（公平竞争秩序）和消费者利益的保护。[3] 商标等

[1] 张玉敏：《知识产权的概念和法律特征》，载《现代法学》2001 年第 5 期，第 109 页。

[2] 经注册所取得的商标权虽然有法定的有效期，但是法律允许其续展注册，而且续展的次数不限，可永久持有。

[3] 张玉敏：《知识产权的概念和法律特征》，载《现代法学》2001 年第 5 期，第 109 页。

识别性标记使用的时间越久，识别性就越强，其维护社会公共利益和消费者利益的作用也就越强。因此，法律不对商业标志权规定绝对的期限。

三、知识产权的范围及其扩张

（一）知识产权范围的涵义

所谓知识产权的范围是指知识产权法所要调整的对象。在知识产权法学术研究中，有的把"知识产权范围"称为"知识产权对象"[1]，有的称之为"知识产权客体"[2]。为何出现这些差异？实际上这是认识的角度不同而导致的区分。"范围说"主要从法律调整的领域角度界定；"对象说"侧重从法律调整的客观范畴（事实或行为）的角度界定；"客体说"主要从法律调整的社会关系角度界定。但是不管是哪一种认识，法律基于知识产权利益进行调整的结果状态是基本一致的。本研究取"范围说"，主要考虑在知识产权保护战略中，各国或各经济组织是根据自身的知识产权优势来确定法律调整领域的，从下文的介绍中，我们会发现，在不同的组织、不同的国家，确实是根据本国或本组织知识产权发展需要或知识产权优势来确定知识产权范围的大小的。传统知识产权理论一般认为知识产权的范围包括三大知识产权客体，即作品、专利和商标。但随着科学技术的发展、人类改造自然界能力的提高和认识水平的提升，知识产权的范围明显出现了扩张的趋势，这种扩张的态势在一定程度上也得到了法律层面的确认。

（二）知识产权范围在法律上的规定

1. 有关国际组织对知识产权范围的规定

目前在国际法层面上对知识产权范围有明确规定的有两个重要的

---

〔1〕　刘春田主编：《知识产权法》（第4版），高等教育出版社、北京大学出版社2010年版，第6页；张玉敏等：《知识产权法》，中国人民大学出版社2009年版，第6页。

〔2〕　齐爱民、朱谢群主编：《知识产权法新论》，北京大学出版社2008年版，第4页。

组织，即世界知识产权组织（World Intellectual Property Organization，简称 WIPO）和世界贸易组织（World Trade Organization，简称 WTO）。

根据世界知识产权组织在《建立世界知识产权组织公约》（The Convention Establishing the World Intellectual Property Organization）中的规定，[1] 知识产权包括下列客体的权利：①文艺、艺术的科学作品；②表演艺术家的表演、录音和广播；③人类一切领域的发明；④科学发现；⑤工业品外观设计；⑥商标、服务商标、厂商名称和标记；⑦制止不当竞争；⑧在工业、科学、文学和艺术领域内由于智力活动而产生成果的一切其他权利。综合起来看，《建立世界知识产权组织公约》对于知识产权范围的规定包括了作品、发明、发现、外观设计、商标、厂商名称和标记、反不正当竞争 7 个对象。

世界贸易组织的《与贸易有关的知识产权协议》（Agreement on Trade-related Aspects of Intellectual Property Rights，简称 TRIPs 协议）也规定了知识产权的范围，只不过它是以权利的形态来描述，不像《建立世界知识产权组织公约》直接列举知识产权范围名称。根据《与贸易有关的知识产权协议》的有关规定，知识产权包含下列权利：①版权与邻接权；②商标权；③地理标志权；④工业设计权；⑤专利权；⑥集成电路布图设计权；⑦未披露过的信息专有权。

这里列举的各种知识产权所对应的客体范围包括了作品、商标、地理标志、外观设计、专利、集成电路布图设计和商业秘密。

上述两个国际公约规定的知识产权范围有所不同，但都大大突破了传统知识产权理论认识的三大知识产权客体的范围，即作品、专利和商标。从《建立世界知识产权组织公约》到《与贸易有关的

---

〔1〕 从时间上来说，世界知识产权组织是在《建立世界知识产权组织公约》获得通过后建立的。1967 年，为了加强各国和各知识产权组织间的合作，进一步促进全世界对知识产权的保护，国际保护工业产权联盟（巴黎联盟）和国际保护文学艺术作品联盟（伯尔尼联盟）成员国在瑞典首都斯德哥尔摩共同建立了世界知识产权组织。1974 年，世界知识产权组织成为联合国组织系统的一个专门机构，肩负着管理国际知识产权事务的任务。

知识产权协议》，知识产权的范围实际上也扩大了。[1]《建立世界知识产权组织公约》规定的对象中，传统财产权的色彩更浓，而且其中"文艺、艺术的科学作品"和"表演艺术家的表演、录音和广播"就是《与贸易有关的知识产权协议》中的"版权和邻接权"。而"科学发现"目前是一个有争议的民事权利，世界各国知识产权法基本没有调整这一对象形成的社会关系。"在工业、科学、文学和艺术领域内由于智力活动而产生成果的一切其他权利"是立法上的兜底条款，没有特定的对象。在《与贸易有关的知识产权协议》中，除了传统的要素之外，出现了较多新的知识产权客体，如"地理标志"和"集成电路布图设计权"。由于 TRIPs 协议与国际贸易制裁挂钩，具有相当的强制力，其对知识产权客体权利的规定，已经成为世界各国知识产权所认同和遵守的保护范围。

在区域经济组织中，知识产权也呈现了扩张的态势。如《欧盟数据库指令》（EU Database Directive）把没有原创性的数据库纳入了版权保护的范围。[2] 根据 2004 年欧盟《知识产权执法指令》第 2 条第 1 款的声明，知识产权至少包括：著作权、著作邻接权、数据库制作者权、半导体布图权、商标权、外观设计权、专利权（包括补充性保护证明）、地理标志权、实用新型权、植物新品种权以及商号权。[3]

2. 我国法律对知识产权范围的规定

在我国，法律对知识产权范围的规定体现在《中华人民共和国民法总则》和《中华人民共和国民法通则》（以下分别简称《民法总则》和《民法通则》）两部基本法中。《民法总则》第 123 条规

---

〔1〕 这是以美国为代表的西方发达国家为了保持和强化其在技术领域的竞争优势而强力推进的世界知识产权制度改革的结果，下文将在相关部分具体介绍。

〔2〕 1996 年欧盟发布了《欧盟数据库指令》，于 1998 年 1 月 1 日生效。该指令确认了数据库领域的版权制度，还专门为不具有"独创性"的数据库创设了一种新的专有权利，从而构成了完整、全面的数据库保护体系，是一次具有里程碑意义的重大突破。

〔3〕 余敏友、廖丽：《欧盟〈知识产权执法指令〉述评》，载《欧洲研究》2009 年第 6 期，第 84 页。

定民事主体依法就作品、发明、实用新型、外观设计、商标、地理标志、商业秘密、集成电路布图设计、植物新品种，以及法律规定的其他客体的享有知识产权。即具体规定了七种客体作为知识产权保护的范围。

《民法通则》第五章第三节规定了知识产权包括下列内容：著作权（版权）、专利权、商标专用权、发现权，以及发明其他科技成果荣誉申请权和奖励申请权。值得注意的是，这里除了包括了传统的三大知识产权，还包括了世界各国少有的"发现权"。此外，1993年我国颁布了《中华人民共和国反不正当竞争法》（以下简称《反不正当竞争法》），一部分属于侵犯知识产权的不正当竞争行为也纳入了知识产权的调整范围。

随着科学技术的迅速发展，知识产权保护对象的范围可能还会不断扩大。不断涌现的新型的智力成果。

从上述分析，我们不难看出，知识产权特征及功能表现与其他财产权利相比有较大差异，从内容到范围都呈现出扩张态势。因此，其被利益集团和国家作为战略工具也是必然的。

四、知识产权战略与国家知识产权战略

（一）战略的初始含义及其延伸运用

"战略"英文叫"strategy"，这个词源于希腊语"strategos"，意为军事将领、地方行政长官。后来其演变成军事术语，指军事将领指挥军队作战的谋略。在中国，"战略"一词历史久远，"战"指战争，"略"指"谋略"。《左传》和《史记》中已使用"战略"一词，西晋史学家司马彪还曾写以"战略"为名的著述。[1] 家喻户晓的春秋时期孙武的《孙子兵法》更是从战略的高度对战争进行了全局性的筹划。因此在初始意义上理解，"战略"显然是军事领域的概

---

〔1〕 陆奇岸等：《企业竞争论——企业谋求和提升竞争优势的战略》，中国文献出版社 2002 年版，第 145 页。

念，指的是战争或战斗的计划和谋略，意为在敌对状态下，军队双方基于对战略全局的分析和判断，运筹制定克敌制胜的艺术和方法。

由于"战略"一词有着"计划"和"谋略"的含义，其目标指向是"竞争的胜利"，且其字面表达对竞争行为有着生动、形象的描述，因此它往往也被引申到具有竞争性的非军事领域使用，特别是经济、管理和政治领域。最早把战略思想引入经济管理中的是美国经济学家康芒斯，他把"战略因素"一词用于企业经济制度中经济管理活动和交易活动的某些方面，用于说明在不同的情况下决定事物发展的关键变数。[1] 在早期，经济学家主要是在企业管理层面上使用"战略"一词，"战略"多指"企业战略"。现今，战略的运用已经覆盖了几乎所有的社会领域，如政治战略、经济战略、文化战略、国防战略、科技战略、外交战略等。按照不同的层级，还可以把上述列举的各领域战略往下层层分类，如经济战略又可以分为资源战略、发展战略、企业战略、知识产权战略等；而企业战略又可分为市场布局战略、产品开发战略、商品销售战略、质量管理战略、知识产权战略等。知识产权战略在不同层级分类中往往交叉出现，这恰好说明了其在经济社会生活中的重要战略地位。

（二）知识产权战略的概念及种类

虽然知识产权战略已经成为世界很多国家，特别是经济大国经济实力和综合实力竞争不可或缺的举措，但对于这个概念的研究还不是很充分。在现有的研究中，对知识产权战略主要有两种界定：

一是认为知识产权战略是运用知识产权保护制度，为充分地维护自己的合法权益，获得与保持竞争优势并遏制对手，谋求最佳经济效益而进行的整体性筹划和采取的一系列策略与手段。[2]

二是认为知识产权战略就是以知识产权制度为基础，健全和完善知识产权管理体系，激励知识产权创造、知识产权保护和知识产

---

〔1〕 陆奇岸等：《企业竞争论——企业谋求和提升竞争优势的战略》，中国文献出版社 2002 年版，第 146 页。

〔2〕 冯晓青：《企业知识产权战略》，知识产权出版社 2001 年版，第 41 页。

权转化与应用，提高知识的国际竞争力，推动经济持续发展的行动方案及相关政策措施。[1]

上述知识产权战略概念已经比较细致地描述了其基本内涵和本质特征，但是对于概念的内涵过于细致地描述，也有包容性不足的缺憾。我们认为，对知识产权战略概念的界定，除了遵循传统认识之外，也要考虑知识产权战略的现代发展，如现代知识产权制度比较注重知识产权创造与开发、利用的平衡保护。同时，从语言学的角度，概念应尽量简洁明了。因此，我们结合我国《国家知识产权战略纲要》的方针，给知识产权战略作如下的定义：

知识产权战略是知识产权创造、开发、利用与保护的总体筹划及其落实措施。在成文法国家，知识产权战略往往以文本形式表现出来，这样便于部署与实施。也有些国家并不以完整、系统的法律或政策文本表现知识产权战略内容，而是以相关措施直接落实该战略组织主体的战略思想和步骤。

随着知识经济的到来，几乎所有的社会经济领域都涉及知识产权问题，因此知识产权战略的覆盖面非常广泛，要对所有的知识产权战略的类型化归总比较困难，但是为了方便认识和研究，我们还是对常见而重要的知识产权战略进行分类：

（1）根据管辖的区域范围不同可以划分为国家知识产权战略、地区知识产权战略、行业知识产权战略等。

（2）根据实施的行业对象不同可分为专利战略、商标战略、版权战略、国防知识产权战略和特定领域知识产权战略（包括遗传资源知识产权战略、地理标志知识产权战略、集成电路布图设计知识产权战略）。

（3）根据具体组织单位的不同可以分为企业知识产权战略、高校知识产权战略和科研院所知识产权战略。

（4）根据采取的手段不同可以分为知识产权开发战略和知识产

---

[1] 徐明华、包海波等：《知识产权强国之路——国际知识产权战略研究》，知识产权出版社 2003 年版，第 71 页。

权保护战略。

还可以根据需要和有关标准对各层次和领域的知识产权战略进行细分,如知识产权保护战略可以分为知识产权防御保护战略和知识产权侵权保护战略等。

(三) 国家知识产权战略的起源及发展

1. 国家知识产权战略的起源:知识产权法律制度的建立

从当今国家知识产权战略的形态上看,它是一个"国家性"很强的综合性的制度和政策体系。其实,在知识产权制度的产生和形成过程中,它的"国家性"就很强。从权利性质上看,知识产权属于私权利,但这个私权利却起源于国家的"特许"制度。"知识产权并非起源于任何一种民事权利,也并非起源于任何一种财产权。它起源于封建社会的'特权'。这种特权,或由君主个人授予、或由封建国家授予、或由代表君主的地方官授予。""知识产权正是在这种看起来完全不符合'私权'原则的环境下产生,而逐渐演变为今天绝大多数国家普遍承认的私权的一种民事权利。"[1] 这是一种非常符合知识产权成长机理的制度安排。知识产权制度,从广义上看,就是知识产权的形成、开发、利用和保护的规则和机制;从狭义上看,就是保护知识产权不受侵犯的规则。根据知识产权保护制度,知识产权人基于法律赋予其对特定的智力成果的独占权,在法定的期限内,非经其许可或不符合法律规定,他人不得行使知识产权,否则权利人有权采取法律手段予以制止,并要求行为人承担相应的法律责任。

在早期,知识产权制度主要是一种狭义上的制度安排,即知识产权的保护制度。这正符合了刚刚兴起的知识产权发展的策略需要。文艺复兴时期,意大利著名城市威尼斯在 1474 年颁布了世界上第一部专利法,该法规定,权利人对其发明享有 10 年的垄断权,任何人未经同意不得仿造与受保护的发明相同的设施,否则将赔偿百枚金

---

〔1〕 郑成思:《知识产权论》,法律出版社 2007 年版,第 2 页。

币，并销毁全部仿造设施。通过保护技术发明人的权利这样的策略，达到吸引更多掌握先进技术的人才进行再发明创造的目的。同样，从战略意义上讲，1709 年英国颁布的具有对现代著作权制度意义的《安娜女王法》率先实行对作者权利的保护；1803 年法国在《关于工厂、制造场和作坊的法律》中将假冒商标按私造文书处罚，确立了对商标权的法律保护，都可以理解为激励知识产权创造的一种初始战略。这种战略的机理就是以民事权利的形态，实现知识产权制度设定的基本目标。就主要的和典型的形态而言，知识产权制度就是通过法律对人们特定的智力成果在一定期限内的专有权的确认和保护，来鼓励智力成果的生产、传播和利用，从而刺激经济增长的机制。[1]

由此，我们认为，早期知识产权保护制度就是知识产权战略的最初形态，而且一直沿用至今，成为现代知识产权战略的制度基础和重要组成部分。

2. 国家战略及其兴起

当"计划"和"谋略"这些竞争的艺术和方法在国家意义上使用，并以国家作为制定和实施的主体时，就上升为国家战略了，知识产权战略也不例外。国家知识产权战略，是知识产权战略中层次最高的战略。

所谓国家战略就是为实现国家总体目标而制定的竞争和发展的总方略。国家战略的任务是依据国内外形势和自身条件，综合运用政治、经济、军事、科技、文化等国家手段和力量，筹划、指导和实施国家建设，维护国家安全，提升国家竞争力，达成国家发展目标。简单来说国家战略就是国家基于竞争、利益和发展等目的而研究设计的谋略。

国家战略处于战略体系中的最高层次。从涉及的范围来看，国家战略可以是一个国家整体发展和长远规划的战略，也可以是政治、

---

〔1〕 王先林：《从个体权利、竞争工具到国家战略——关于知识产权的三维视角》，载《上海交通大学学报（哲学社会科学版）》2008 年第 4 期，第 6 页。

经济、文化、军事、科技等某一领域的战略，但是这些领域战略应该以国家整体利益为目标。从战略的要素结构来看，国家战略通常由下列三个相互影响、相互制约、共同作用的基本要件组成：一是国家所要追求的目标和利益；二是国家为达到所追求的目标应该采取的政策和策略；三是国家在追求利益目标的过程中需要采用的途径和手段。[1]

国家战略这个概念来源于大战略。第二次世界大战中，英国的大战略概念传入美国，到战后逐渐演变成为国家战略。[2] 显然，"国家战略"兴起绝不仅仅是一个学术概念的传播，而是世界利益集团斗争和国家竞争的产物。第二次世界大战是法西斯轴心国与反法西斯同盟的对决，为了取得战争的胜利，交战双方不仅进行了政治和军事的战略博弈，同时配之以经济和科技的战略发展布局。最终，军事战略让以中国、苏联、美国和英国等反法西斯同盟和全世界反法西斯力量为一方的正义力量取得了胜利。

3. 从国家科技战略到国家知识产权战略

二战后各国纷纷为各自的利益而制定和实施经济、政治、文化等方面的发展政策和战略，其中核心战略是产业振兴计划和政策，如美国的国家干预经济政策、"欧洲复兴计划"。实行不同政治制度的美国和苏联，战后合作的基础已经不存在，其向心力自然逐步消失，二者由原来的合作转为为各自的国家利益而争斗，这种争斗，最后演变成为以美国、北约为首的资本主义集团，与以苏联、华约为首的社会主义集团之间的政治、军事斗争的"冷战"（Cold War）[3]。虽然双方分歧和冲突严重，但是"冷战"并非以"枪战"

---

〔1〕　张俊国：《略论国家战略》，载《云南社会主义学院学报》2006 年第 3 期，第 10 页。

〔2〕　王辉耀：《国家战略——人才改变世界》，人民出版社 2010 年版，第 5 页。

〔3〕　冷战指的是从 1947 年至 1991 年之间，以美国、北约为首的资本主义集团，与以苏联、华约为首的社会主义集团之间的政治、军事斗争。一般认为，1946 年 3 月，英国时任首相丘吉尔在美国富尔顿发表反苏、反共演说（史称"铁幕演说"）拉开了冷战序幕。1947 年美国杜鲁门主义出台，标志着冷战正式开始。1955 年华约成立标志着两极格局的形成。1991 年苏联解体，宣告了苏联模式的社会主义失败，也标志着冷战结束。

为主要方式，双方没有发生直接的大规模战争，战争仅仅是通过局部代理人进行，更多的是采用竞争战略，特别是科技和军备竞赛。而这种竞赛客观上刺激了人类技术的创新和进步。以空间技术为例，1957 年，苏联发射了世界上第一颗人造地球卫星，开创了空间技术发展的新纪元，也极大地刺激了美国。第二年，美国也发射了人造地球卫星。苏联马上给予有力回敬：1959 年（即美国发射人造地球卫星的第二年）发射了"月球"2 号卫星，这是人类最先把物体送上月球的卫星；1961 宇航员尤里·阿列克谢耶维奇·加加林乘坐飞船进入太空，这是第一个进入太空的地球人。美国不甘落后，1960 年代开始了规模庞大的登月计划，1969 年尼尔·阿姆斯特朗和巴兹·奥尔德林实现了人类登月的梦想。1970 年代以后，苏联、美国，以及由英国、法国、比利时等 10 个西欧国家参加的欧洲空间局先后建立了各自的空间站。[1] 此后，许多国家和地区都计划投入大量人力物力，发展航天飞机、太空车和空间站等，进一步开发和利用太空资源。

苏联和美国的空间科技的竞赛目的是为军事活动寻找新的场所，这其实就是"设局"和"破局"的战略博弈过程，即战略布局和战略实施过程。但从结果上看，两大超级大国的航天技术竞赛客观上刺激和推动了空间科技的重大发展，使人类挣脱地球引力的羁绊进入广袤无垠的外层空间成为现实。[2] 这一场以空间科技竞赛为核心的战略竞赛最终催生和引领了"推动人类社会经济、政治、文化领

---

〔1〕《中国大百科全书》（航空航天），中国大百科全书出版社 1985 年版；何庆芝主编：《航空航天概论》，北京航空航天大学出版社 1997 年版。

〔2〕 关于第三次科技革命开始的时间，学界有不同看法。有的认为第二次世界大战催生了人类第三次科技革命，见彭树智：《第二次世界大战与第三次技术革命》，载《西北大学学报（哲学社会科学版）》1995 年第 3 期，第 5 页；于德惠、赵一明：《理性的辉光：科学技术与世界新格局》，湖南出版社 1992 年版，第 13~16、17~20、39 页。有的认为始于二战后初期，见吴于廑、齐世荣主编，彭树智本卷主编：《世界史·现代史编》（下卷），高等教育出版社 1994 年版，第 280、291~293、280~294、298~301、302~303 页。笔者认同第二种观点，并认为第三次科技革命的高潮是在战后苏美两大军事集团的科技和军事竞赛之后才形成的。

域变革，影响人类生活方式和思维方式”的第三次科技革命[1]，第三次科技革命是以原子能、空间技术、电子计算机和生物工程的发明和应用为主要标志，涉及信息技术、新能源技术、新材料技术、生物技术、空间技术和海洋技术等诸多领域的一场信息控制技术革命。这次科技革命不仅使人类社会生活和人的现代化向更高境界发展，而且使世界竞争在更高的平台、更复杂的关系上展开了，即在知识经济的平台和知识产权国际关系上展开。同时，第三次科技革命使世界各国认识到，只有掌握高新技术才能享有竞争的优势。科技发展战略及其实施催生了更具全局性的国家战略——国家知识产权战略。

第三次科技革命中，掌握新技术的国家认识到防止技术流失是保持竞争优势的关键。二战后，由于恢复战争重创的经济以及两大利益集团科技和军事竞争的需要，各主要国家高度重视科学技术研发和促进科学技术发展的相关政策和法律的建设。特别是美国，积极采取措施推动科技事业的发展，直接促成第三次科技革命首先在美国兴起。[2] 随着科学技术及其运用的迅猛发展，美国经济以知识和技术为内核，与信息和服务融合发展，形成了非常现代的产业体系，这些产业与专利、版权、商标、商业秘密等知识产权具有十分密切的联系。然而，20世纪70年代中后期开始，由于知识产权保护不力，国外企业大肆模仿美国技术，然后凭借其廉价的劳动力打开市场、实现经济腾飞，这引起了权利人和企业要求政府帮助维权的强烈要求。为了捍卫产业的经济利益和国家的经济竞争力，20世纪80年代开始，美国将知识产权战略作为抵御国外竞争、保住经济霸主地位的战略手段，并从法律和政策的层面完善知识产权制度，为

---

〔1〕 所谓第三次科技革命，是相对于人类此前于18世纪中期至19世纪的第一次科技革命（以蒸汽机的发明与使用为主要标志）和19世纪70年代至20世纪初的第二次科技革命（电力的广泛应用）而言，第三次科技革命以空间技术、原子能、电子计算机和生物工程的发明和应用为主要标志。

〔2〕 彭献成：《试论第三次科技革命兴起于美国的原因》，载《湖南师范大学社会科学学报》1993年第6期，第90页。

在国外有效保护本国利益采取了一系列措施。在卡特总统时期，美国将知识产权上升为国家战略。里根总统时期提出了美国依靠知识产权、服务贸易来重建强大国家的思想，使美国传统的反垄断法发生了质的变化。[1] 克林顿总统时期则进一步将美国的知识产权战略体现于相关立法、知识产权利益关系的调整、对外贸易政策中。可以说，美国政府将知识产权作为国家的最高政策列入其全球贸易政策的优先日程，将知识产权在国外的有效保护作为其在冷战结束后经济安全战略的主要内容之一。[2] 包括其在乌拉圭回合中迫使知识产权以国际条约的形式与贸易问题挂上了钩，而且规定保护的知识产权的范围之广、程度之深亦是空前的。国际社会及学者普遍认为，乌拉圭回合美国关于知识产权问题的主张是其国家知识产权战略的重要组织部分之一。[3] 因为，知识产权进入贸易范畴，美国几乎就可以随心所欲地发动贸易法"301条款"与"特殊301条款"来为自己的战略性贸易政策服务。[4]

继美国后，20世纪末至21世纪初，欧盟、日本、韩国、印度，以及一系列发展中国家纷纷建立起自己的国家知识产权战略。[5]

（四）国家知识产权战略的概念和特点

作为一个国家为促进经济社会发展目标的实现而进行的知识产

---

〔1〕 郑海东：《从乌拉圭回合看美国的知识产权战略》，载《复旦学报（社会科学版）》1995年第6期，第32页。

〔2〕 冯晓青：《美、日、韩知识产权战略之探讨》，载《黑龙江社会科学》2007年第6期，第157页。

〔3〕 郑海东：《从乌拉圭回合看美国的知识产权战略》，载《复旦学报（社会科学版）》1995年第6期，第27页。

〔4〕 美国"301条款"是美国《1974年贸易法》第301条规定的俗称，主要是针对贸易对手国所采取的不公平措施；"特殊301条款"是广义的"301条款"的一种，该条款始见于美国《1974年贸易法》第310条，《1988年综合贸易与竞争法》第1302条对其内容进行了补充。该条款的规定比"301条款"更强硬，适用范围更广泛，更具有浓厚的政治色彩，除不公平措施与知识产权保护问题外，还涉及出口奖励措施、出口实绩要求、劳工保护法令、进口关税及非关税壁垒等，是针对外国贸易障碍和扩大美国对外贸易的规定。故俗称为"特殊301条款"或"超级301条款"。

〔5〕 徐明华、包海波等：《知识产权强国之路——国际知识产权战略研究》，知识产权出版社2003年版，第185页。

权建设的总体谋划。

知识产权战略是一个极为重要的国家战略，它是通过各种综合措施加快建设和不断提高知识产权的创造、管理、实施和保护能力，加快建设和不断完善现代知识产权制度，加快培养数量充足的高素质知识产权人才队伍，以促进经济社会发展目标实现的一种总体谋划。国家知识产权战略有以下几个特点：

（1）国情性。由于经济、政治、文化、科技水平和其他社会条件的差异，各国在研究国家知识产权战略时，都会基于本国情况合理定位，充分论证，精心设计，制定出符合本国情的知识产权战略发展纲要。当今世界不少发达的国家纷纷制定实施了自己的知识产权战略，但各国知识产权战略从结构到内容都有所不同，因此，发展中国家在制定自己的知识产权战略时，可以有所借鉴，但不能照搬。实际上，"国情性"原理也对非国家层面的经济区域知识产权战略的制定与实施也适用，只不过在经济区域中，"国情性"变成了"区域性"。

（2）统筹性，或叫综合性。即国家知识产权战略是一个复杂的规划系统，它不仅仅指知识产权事业自身的发展战略，也不是单指知识产权保护战略，而是一个覆盖诸多领域的一个国家战略体系。正因为如此，国家知识产权战略的布局和实施都要从整个国家的宏观层面来考量，国家的法律政策、财政税收、人才队伍、经济发展模式、科技研发体系等都要统筹规划，协调推进。

（3）多元性，或叫结构性。即知识产权战略体系是由多个区域、行业、领域的知识产权战略组成的，各区域、行业、领域的知识产权战略的目标是非单一性的，他们共同促进国家经济社会发展总体目标的实现。国家知识产权战略作为知识产权建设的总体谋划，其站位很高、非常宏观。而一个国家中各地区、各行业知识产权发展水平不太平衡，经济社会发展水平也不相同，各自的优势也有所差异，国家知识产权战略应该按区域、行业和领域分层推进。知识产权战略，不同地区、行业和领域要根据自身科技水平和经济发展水平以及知识产权资源等各方面条件，制定各自的战略目标、实施方案和战略措施，共同推进国家知识产权战略。

（4）制度性。知识产权战略的政策性和制度性较强，前文已述，知识产权战略来源于制度构建，其最初形态是知识产权保护制度。尽管知识产权战略是综合性战略规划，但从本质上看，其实质是在制度的背景下和框架内研究有效运用和实施知识产权制度的科学措施。也就是说，国家知识产权制度是国家知识产权战略的制度基础，国家知识产权战略是国家知识产权制度的综合设计规划和整体运用方式。

可见，知识产权从私有领域财产保护的制度走向公权领域政策使用的工具，根本原因在于知识产权的内在价值，内因是权利人的利益诉求，外因是国家的利益竞争。或者说，国家知识产权战略的形成既有内在的动力，也有外在的压力。

欠发达地区实施国家知识产权战略的基础条件和目标定位

从知识产权战略形成的历史来看，它的确是建立在现代高科技条件基础之上的。就如前文的探讨发现，来自西方发达国家的知识产权战略是以第三次科技革命为起点的，较早实施知识产权战略的美国更是第三次科技革命的发源地。但是，也正如前文所说，知识产权战略是一种优势竞争策略，它可以建立在本区域或本领域的优势资源基础之上。事实上，半个多世纪以来，知识产权的客体已经突破纯智力性劳动成果的范围，不断向标志性和信息性对象扩张。同时战略主体要认清自己所具备的基本条件，要认识本区域或领域战略在整个战略体系中的地位、作用和使命。欠发达地区拥有良好的资源优势和丰富的历史积淀，并已经具备一定的经济基础。但是以西部为代表的欠发达地区经济整体上落后于东部发达地区，底子薄，劳动力水平不高，基础设施建设较为落后，多数处于内陆地区，还承担着国家生态环境保护等重要的社会责任。

一、欠发达地区实施知识产权战略的基础条件

（一）欠发达地区经济发展状况

以西部为代表的欠发达地区经过改革开放后的发展和 2000 年开始的西部大开发，已经具备了一定的经济基础，但仍然相对落后，以 2015 年为例。首先，2015 年西部 GDP 为 14.5 万亿元，人均 GDP

为 39 210 元，西部地区经济实力稳步提升，主要指标增速高于全国和东部地区平均水平。[1] 其次，欠发达地区的 GDP 总量已远远落后于发达地区。2015 年全国的 GDP 为 68.89 万亿元，同期东部地区 GDP 为 40.2 万亿元，人均 GDP 为 70 555 元，西部地区的经济总量只有东部地区的 1/3。可见，发达地区的发展速度已远远高于欠发达地区。最后，欠发达地区也是我国贫困人口的主要分布区。西部地区人均 GDP 大约是东部地区的一半，2015 年农村居民人均纯收入最低的 8 个省份均属于西部地区省份，欠发达地区经济仍然整体落后于东部发达地区。[2]

欠发达地区幅员辽阔，但是从区位条件上看并无优势。欠发达地区除广西外都属于内陆地区，缺乏良港，人口较为分散，交通密度稀，交通基础设施的建设仍比较落后。当前，我国整个欠发达地区的区位条件和质量在全国都处于中、差水平。[3] 欠发达地区的基础设施建设仍很薄弱，以交通设施基础为例，通过表 2-1 对比 2010—2015 年欠发达地区的主要交通设施建设指标可知，欠发达地区交通建设发展迅速，这得益于国家和欠发达地区长期以来将基础设施建设放在战略规划首位并狠抓落实。但是即使到 2015 年，欠发达地区铁路里程占也仅全国的 39.7%，公路里程占全国的 40.4%，高速公路里程占全国的 35.5%，与其占全国 71.4% 的土地面积不相符。

〔1〕 数据来自国家发展和改革委员会：《关于印发西部大开发“十三五”规划的通知》（发改西部〔2017〕89 号）。
〔2〕 数据统计自国家统计局：《中国统计年鉴——2016》。
〔3〕 中国科学院可持续发展战略研究组：《2012 中国可持续发展战略报告——全球视野下的中国可持续发展》，科学出版社 2012 年版。

表 2-1　2015 年西部交通基础建设主要指标

指　　标	2010 年		2015 年	
	西　部	全　国	西　部	全　国
铁路营业里程（万公里）	3.6	9.1	4.8	12.1
公路里程（万公里）	156.8	400.8	184.7	457.7
高速公路里程（万公里）	2.13	7.41	4.4	12.4

数据来源：《2010 年铁道统计公报》《2010 年公路里程》《2010 年高速公路里程》《2015 年铁道统计公报》《2015 年公路里程》《2015 年高速公路里程》，载交通运输部，http://www.mot.gov.cn/，最后访问时间：2017 年 7 月 21 日。

可见，欠发达地区经济发展速度高于全国平均水平，但发展水平仍不高。

（二）欠发达地区自然资源状况

欠发达地区相对发达地区而言，最大的一个优势就在于其拥有丰富的自然资源和广阔的土地。

首先，欠发达地区自然资源丰富。以西部地区为代表的欠发达地区自然资源丰富，主要资源的人均占有量超过东、中部地区，并拥有较高的人均耕地面积，以及占全国 40%的森林面积和全国绝大部分的草原。欠发达地区自然资源丰富：镍、铂、钛、钽、铜、汞、铅、锌等 30 多种矿产储量居全国第一位，其中铁矿的储量占全国的47%，有色金属储量占全国的 90%，钾盐储量占全国的 97%；能源储量丰富是西部地区的突出优势，我国探明煤炭储量最丰富的省区主要在西北地区，陕西、内蒙古、新疆都名列前茅，煤炭储量占全国的 39%；欠发达地区的石油储量占全国的 41%；西部地区的水能资源蕴藏量占全国的 80%以上，是我国水能资源最丰富的地区。[1]欠发达地区不但自然资源总量丰富，并且人均值也高于全国平均水

---

〔1〕　杨然：《从人口、资源、环境的角度谈我国西部地区的可持续发展》，载《可持续发展·环境保护·防灾减灾——2012 年全国环境资源法学研究会（年会）论文集》。

平，见表2-2。

从上述分析的基础条件来看，欠发达地区应该在自然资源、传统文化资源、农业植物资源等资源领域研究知识产权开发、利用与保护战略制定和部署。

表2-2　中国各区域主要资源分布（单位：%）

项　　目	西部地区	东、中部地区
耕地面积	34.40	65.60
草地面积	80.96	19.04
森林蓄积量	58.18	41.82
水资源总量	52.37	47.63
可开发的水能量	76.85	23.15
45种重要矿产资源探明工业储量潜在价值	49.31	50.69

资料来源：陆大道等：《2000中国区域发展报告——西部开发的基础、政策与态势分析》，商务印书馆2001年版。

表2-3　西部地区人均自然资源拥有量比较

项　　目	西部地区	东、中部地区	世　界
耕地面积（公顷）	0.16	0.12	0.31
草地面积（公顷）	0.70	0.03	0.66
森林蓄积量（立方米）	17.72	5.08	69.65
水资源总量（立方米）	4582.50	1663.30	9680
可开发的水能量（千瓦）	0.93	0.11	0.47
45种重要矿产资源探明工业储量潜在价值（万美元）	1.70	0.70	1.77

资料来源：陆大道等：《2000中国区域发展报告——西部开发的基础、政策与态势分析》，商务印书馆2001年版。

其次，欠发达地区土地广阔，有农业优势。西部地区幅员辽阔，面积达 685 万平方公里，占全国的 71.4%，南北跨越 28 个纬度，东西横贯 37 个经度。通过表 2-3 可知，西部的人均耕地、林地和草地面积都优于东、中部地区，并且欠发达地区的水资源总量占了全国的 75%。据统计，2000 年我国西部地区待开发土地资源中适宜开发成耕地的后备资源面积多，占全国总量的 73.3%，[1] 即使经过了十多年的西部大开发，西部的可开发耕地资源在全国所占比例依然超过 50%。内陆地区也有农业优势，比如西北平原虽然干旱少雨，但是也拥有高原带来的冰雪资源，河套走廊、河西走廊是我国重要的粮食基地。同时，西部地区更是我国畜牧业的主要产地，随着人民生活水平不断提高，对畜牧业的市场需求飞速增长，欠发达地区的传统农业知识产权开发空间较大。

(三) 欠发达地区生物多样性状况

首先，广袤的欠发达地区横跨不同的气候带，不同地区的光水热资源又各不相同，不同地区差异性很大，孕育了多样的生物资源。以云南为例，云南素有"植物王国"之称，其动植物品种在全国首屈一指，药用植物共有 4758 种（1989 年全省中药资源普查结果），其中常用草药有近 1300 种，目前已列入收购和生产的植物药有 360 多种；野生油料植物有近 200 种；野生花卉植物有 2100 种以上。同时，云南有十分丰富的野生动物物种资源和野生经济动物资源，野生脊椎动物种类 1671 种，居全国首位。被列为国家一、二、三类保护动物的珍稀动物种类占全国保护动物种类的 41.6%。云南还有一些古老的原始动物种类。其他的欠发达地区动植物资源也比较丰富，比如四川有高等植物上万种，约占全国的 1/3，其中裸子植物 88 种，居全国第 1 位，被子植物 8543 种，居全国第 2 位；脊椎动物 1100 余种，占全国的 40%以上，居全国第 2 位；拥有国家一级重点保护动

---

〔1〕 马克伟等：《我国西部地区土地资源利用状况分析》，载《中国土地科学》2000年第 2 期，第 2~3 页。

物 30 种，有小熊猫、大灵猫等国家二级重点保护动物 112 种，分别占全国的 30.9% 和 47.1%。[1] 欠发达地区拥有丰富并且独一无二的遗传资源，基因技术的发展已经使得这些资源变成了一个真正意义上的宝藏。

其次，欠发达地区是我国重要生态屏障，国家对其有更高的环境保护要求。我国西部地区自然生态环境脆弱，人口增长也较快。全国五大生态脆弱带，除江南红壤生态脆弱带，其余四大生态脆弱带均分布在西部地区，占全国生态脆弱区总面积 82% 的；全国 25% 以上的坡耕地，70% 在西部；92%～95% 的沙漠和沙化土地在西部；全国 80% 以上的水土流失发生在西部地区。[2] 国家为保护环境，自 1978 年开始安排"十大生态工程"，西部大开发后国家逐步开始实施退耕还林还草等多项工程，但是由于多年来人口的增加、工业发展、不合理的土地使用和对自然资源的过度索取，原来脆弱的生态早已不堪重负，近年来横行北方的沙尘暴正是环境破坏的真实写照。西部地区主要的生态环境问题包括：森林和草原生态破坏、水资源危机和水生态破坏、水土流失和土地荒漠化等。这些问题的存在不仅使得原来就很脆弱的生态环境更趋恶化，加速和加重自然灾害的严重性，造成巨大的社会经济损失，而且还极大地削弱了经济发展基础，严重阻碍了西部地区的可持续发展。[3] 欠发达地区的环境问题已呈现倒逼之势，国家已认识到了这个问题，先后制定了专门的十二五规划，比如《全国农村饮水安全工程"十二五"规划》《重金属污染综合防治"十二五"规划》《重点流域水污染防治规划（2011—2015 年）》《重点区域大气污染防治"十二五"规划》《联

---

〔1〕 云南省资源情况，载 http://www.dahe.cn/xwzx/zt/gnzt/wlmtynx/jjyn/t20060831_641456.htm，最后访问时间：2006 年 8 月 31 日。四川省概况，载 http://www.doc88.com/p-510930750203.html，最后访问时间：2012 年 7 月 2 日。

〔2〕 余瑞祥等：《中国西部自然资源竞争力评估研究》，中国地质大学出版社 2006 年版，第 23 页。

〔3〕 杨东升：《中国西部地区的农村经济发展与自然生态环境的可持续性研究》，载《经济科学》2006 年第 2 期，第 6 页。

合国生物多样性十年中国行动方案》等一系列规划，然而要保护环境并逐步恢复生态却是一个长久的过程，在这个过程中以西部为代表的欠发达地区必将承担很大的环境压力和环保成本。

（四）欠发达地区历史文化旅游资源状况

欠发达地区在中国的历史长河中有重要的地位，具备深厚的历史文化底蕴。黄土高原是中华文明的发祥地，以陕西西安为代表的城市述说着西部在中国历史上无比重要和辉煌的历史，其历史可追溯至西周时期，新疆的楼兰古城、西藏的布达拉宫、四川的三星堆和甘肃的敦煌等也都是西部地区悠久历史的代表。

欠发达地区的历史是各民族共同创造的，特色鲜明，精品旅游项目多，有很大旅游市场发展潜力。欠发达地区是我国少数民族的主要聚居地，全国56个民族，除满族、高山族等几个少数民族外，多数少数民族都分布在欠发达地区，全国的5个民族自治区也都在欠发达地区。各民族在长期的历史发展中孕育了灿烂的文化，并形成了自己的民族节日和文化，比如伊斯兰的开斋节、蒙古的那达慕大会、苗族的龙船节等。西部地区是中国旅游业新世纪发展的主要后劲所在，西部地区旅游资源数量多、品位高、垄断性强，在全国统计的74种旅游资源中，西部地区样样俱全。丝绸之路、桂林山水、西安兵马俑、喜马拉雅山等都是世界精品。经过初步评估，西部地区已开发的旅游资源大约是其资源总量的1/7。[1]

（五）欠发达地区劳动力资源状况

2015年我国的西部人口为3.71亿人，东部人口为5.69亿，中部人口为4.31亿[2]，欠发达地区在人口总数上并不占优势。通过分析国家统计局出版的2008年到2016年的《中国统计年鉴》可知：虽然西部地区15~64岁的劳动力比较充足，但是文盲比例一直较高，

---

〔1〕　徐继填等：《西部旅游资源的赋存环境及分类》，载《地理学与国土研究》2002年第4期，第59页。

〔2〕　数据统计自国家统计局：《中国统计年鉴——2016》。

劳动力受教育水平差；近半数的劳动者从事的是农业，从事第二、第三产业的从业人员比例明显低于东部发达地区，多数欠发达地区的劳动生产率也低于全国平均水平。虽然东部产业的转移为欠发达地区提供了机遇，但是完成产业转移需要一个较长的时间。与此同时，我国劳动力成本整体增加，而其他发展中国家劳动密集型产业也在崛起，西部地区仍然面对尽快提升劳动力素质以应对经济发展和产业转型的压力。在西部不少地方，劳动力资源可以成为传统文化知识产权开发的重要资源。比如，在广西桂北、桂中一些地方，一些手工制作的工艺品，其外观、构图和造型都包含着传统智力劳动成果的要素。

二、欠发达地区知识产权发展基础

2008 年《国家知识产权战略纲要》颁布实施，在这之前的知识产权基础状况对于推进欠发达地区的战略制定和实施具有重要的考量意义。

经过三十年多年的努力，我国知识产权发展迅速，欠发达地区的知识产权发展也同样取得了可喜的成绩。但是欠发达地区知识产权总量在全国所占比例仍然很低。欠发达地区已经初步建立了知识产权法律体系，相应的司法架构也已经建立，并且欠发达地区各省份都在推动知识产权的保护和知识产权文化的形成。然而，欠发达地区知识产权保护仍存在很多问题：知识产权保护的力度有限，欠发达地区各省份在执行中又受到地方经济发展、资金、人员配套等现实因素掣肘；西部地区社会相对闭塞，经济基础差，尚未真正形成知识产权文化；发明人、企业和公立单位缺乏对知识产权重要性的认识，对知识产权保护认识不足，对于申请知识产权普遍有畏难情绪；知识产权管理体系效率不高。以上种种因素决定了，欠发达地区的知识产权建设将是一个任重而道远的过程。

（一）欠发达地区知识产权的发展现状

欠发达地区专利、商标和版权经过多年的发展已经取得了量的积累，然而从其在全国所占比例可知其整体发展仍然较为落后。

1. 专利

专利申请总量是一个国家或区域内人们在一定时间段内申请专利的总和，反映了一个国家或区域内人们申请专利的意愿，也体现人们对专利活动认识和支持程度。只有当区域内知识产权保护的力度不断增强，人们认识到申报专利能够给其带来利益时，人们才会形成专利意识并不断申请专利。

表 2-4　1985—2015 年西部地区专利申请量和在国内所占比例

地　　区	累　　计
全国总计（件）	16 496 810
西部地区总计（件）	1 935 564
西部占全国比例	11.7%

数据来源：国家知识产权局：《2015 年国家知识产权局年报》。

通过表 2-4 可知，以西部为代表的欠发达地区在专利申请总量上已经初具规模。然而，2015 年我国的西部人口为 3.71 亿人，全国人口为 13.75 亿人，西部所占人口比重为 27%，这与其平均 11.7% 的全国专利申请量不成比例。说明西部地区人们的专利意识较差，专利申请不活跃。

专利有效统计说明了一国或一定区域内的专利积累量，体现了一国或一定区域内社会整体的专利发展水平和实力。专利有效统计是实力的体现，因为维持专利有效是需要相当的费用的，大量的专利得以维持说明当地从经济上认可知识产权的价值，可以从侧面反映出当地整体专利转化工作做得较好。

表 2-5 2015 年西部地区在国内三种有效专利的数量和比例

类型 地区	发 明	实用新型	外观设计
全国总计（件）	921 757	2 700 833	1 169 766
西部地区总计（件）	98 966	300 947	122 563
西部占全国比例	10.7%	11.1%	10.5%

数据来源：国家知识产权局：《2015 年专利统计年报》。

2015 年，全国 GDP 为 68.89 万亿元，西部地区 GDP 为 14.6 万亿元，西部地区 GDP 占全国 GDP 的 21.1%。表 2-5 显示以西部为代表的欠发达地区，2015 年国内三种有效专利在全国的比例相差不大，均在 10% 以上，平均比例在 10.8%。但是，专利在全国所占比例比 GDP 在全国所占比例大约低了 10%，这说明欠发达地区仍是以传统经济和资源经济为主，以专利为代表的知识经济并未在欠发达地区发展中起到应有作用。

2. 商标

商标累计有效量，是一定区域内有效商标积累的总量。因为当前我国的商标主要由企业等法人主体掌握，商标战略作为企业战略的一环，只有商标对于企业有价值，企业等法人主体才会加大对这方面的投入，因此商标累计有效量可以反映企业商标意识的强弱。

表 2-6 2015 年西部地区有效注册商标统计表

地　　区	有效注册量
全国总计（万件）	920.4
西部地区总计（万件）	122.4
西部占全国比例	13.3%

数据来源：国家知识产权局：《中国知识产权统计年报 2015》，知识产权出版社 2016 年版。统计数据截至 2015 年 12 月 15 日。

通过表 2-6 可知，商标在以西部为代表的欠发达地区的积累在全国所占比例为 13.3%。这个比例虽然比专利在全国的比例略高，但是其在全国所占比例比 GDP 在全国所占也是低 10% 左右。也就是说，商标在全国所占比例与专利一样，仍然比较低。这其中的原因与专利在全国的比例低差不多。此外，对比专利，商标申请是更纯粹的商业行为，属于企业商业战略布局的组成部分，其数量与企业数量直接相关，并且我国企业多是发展到一定规模开始品牌建设时才开始商标布局。表 2-6 说明了欠发达地区的企业市场品牌实力不强，整体的商标竞争力弱。

当然，欠发达地区认定著名商标的工作比商标积累的工作做得好。根据《中国商标战略年度发展报告（2012）》[1]对于全国各省份的著名商标认定情况的统计，以西部为代表的欠发达地区截至 2012 年认定著名商标 8547 件，同期全国认定著名商标 40 914 件，欠发达地区认定的著名商标占全国认定著名商标的 21%。可见，欠发达地区还是拥有了自己的一些著名商标，这些著名商标代表着欠发达地区的企业和它们的拳头产品，是欠发达地区最宝贵的财富。

3. 版权

版权即著作权，根据《中华人民共和国著作权法》的规定，中国公民、法人或者其他组织的作品，不论是否发表，依照本法享有著作权。我国公民、法人或者其他组织的著作自其创作就形成著作权，自然受到法律保护，因此著作权的数量可谓浩如烟海。版权合同登记和作品自愿登记并非法定程序，但能够一定程度上体现一个地区人们对版权的认识水平和版权的发展水平。

---

〔1〕 国家工商总局商标局、商标评审委员会编撰：《中国商标战略年度发展报告（2012）》。

表 2-7　2015 年西部地区版权合同登记与作品自愿登记数量及其占全国比例

类 型 地 区	版权合同登记	作品自愿登记
全国总计（件）	19 030	1 349 552
西部地区总计（件）	1739	47 751
西部占全国比例	9.1%	3.5%

数据来源：《2015 年全国版权统计》，载国家版权局，http://www.ncac.gov.cn/，最后访问时间：2017 年 7 月 21 日。

通过表 2-7 可知，以西部为代表的欠发达地区人们的版权意识较弱，在涉及经济利益的版权合同登记方面尚有一定保护意识，但是普通大众对于自身著作权的保护意识淡漠。

（二）欠发达地区知识产权的保护基础

对于欠发达地区知识产权保护现状，社会看法颇有不同。官方媒体和政府统计对于欠发达地区知识产权保护多以正面报道为主，突出成绩；而学者对欠发达地区知识产权保护的分析却相对保留，很多认为欠发达地区的知识产权保护存在意识差、管理机关思想不到位、整体效果不如人意等问题，急需改进。应该说双方是站在不同的角度看待问题，客观地说，欠发达地区的知识产权保护体系已经基本建立，欠发达地区的政府也有保护知识产权的意愿，只是受到经济基础、人才技术条件和法治环境的限制，欠发达地区的知识产权整体保护状况仍然较弱。

第一，欠发达地区初步建立了一套知识产权保护体系，政府有知识产权保护意愿。经调查，西部欠发达地区初步建立了一套省、市、县的知识产权保护体系，知识产权局、商标局等部门也按照现行体制建立保护知识产权的机构。欠发达地区向发达地区学习，积极探索在法院建立专门审理知识产权案件的法庭。比如，广西有 13 个中级人民法院先后成立了民三庭（专审知识产权案），北海市中级人民法院在民二庭成立了专门的知识产权合议庭。在全区 111 个基层法院中，南宁市青秀区人民法院和桂林市叠彩区人民法院有权管辖普通知识产权民事案件。此外，欠发达地区各省份每年都开展知识产权执法专项活动，知识产权文化宣传也年年抓。可见，欠发达地区的知识产权保护体系已经初步建立。

　　我国加入 WTO 后，不断加强对知识产权的保护力度，加强打击知识产权的犯罪，建立完善的知识产权制度，推动经济转型已经成为从中央到地方的共识。欠发达地区的知识产权保护工作，在很客观上对欠发达地区经济发展起到保驾护航的作用，在主观上表明了地方政府保护知识产权的态度，即在当前产业转型和产业向内地转移的大背景下，欠发达地区逐步树立了保护知识产权的意识。以专利为例，见表 2-8：

表 2-8　截至 2015 年底西部地区部门专利执法统计表

地　区	侵权纠纷		其他纠纷		查处假冒专利案件
	立　案	结　案	立　案	结　案	结　案
全国累计（件）	46 916	41 287	3950	3389	72 079
西部地区累计（件）	5049	4248	549	366	14 025
西部所占比例	10.8%	10.3%	13.9%	10.8%	19.5%

数据来源：国家知识产权局：《2015 年专利统计年报》。

　　如表 2-4、表 2-5 显示，欠发达地区的专利总量占全国比例为 11% 左右。然而表 2-8 显示，以西部为代表的欠发达地区查处专利案件和专利执法的数量，总体而言，占比已经超过了 11%，查处假冒专利案件其至达到了 19.5%，说明欠发达地区是有保护知识产权的意识的，某种意义上其执法力度已经超过了其本身知识产权的拥有量水平。应当注意的是，为了获得发达国家对我国市场经济地位的承认和应对 WTO 的要求，我国的知识产权发展水平经常超越我国实际的经济发展水平。欠发达地区在执法上已取得的成绩是值得肯定的。

第二，欠发达地区的知识产权保护仍然较弱欠发达地区的知识产权制度建立晚，相关机构人员编制少，受制于当地社会经济，加上技术能力不强、综合实力有限，还不能很好地发挥知识产权管理职能。为了更好地了解欠发达地区的知识产权保护力度，本课题组通过对广西、云南等省份发放并收集调查问卷，结合走访知识产权专家和知识产权局的方式，对欠发达地区的知识产权保护现状有了更为直观的了解。

其一，欠发达地区侵犯知识产权现象依然严重，民众的知识产权意识淡薄。一直以来，西方发达国家都指责我国知识产权保护不得力，知识产权侵权现象严重，侵犯知识产权是长期困扰我国对外经济交往的一个重要问题。侵犯知识产权的问题在部分欠发达地区相当普遍。在调研期间，课题组走访了广西、云南、重庆、四川4个省市的12个市，发现侵犯知识产权的行为在经济社会生活依然严重：在一些城市的电脑城，只要稍加询问都可以找到盗版光盘；在广大的乡村地区，各种标注与著名商标近似的商标的商品很容易就可以找到；在高校的周围，都可以找到销售盗版书刊的书店；即使在繁华的闹市区，也经常可以看到各种仿冒名牌商品堂而皇之地在销售。

课题组通过问卷调查发现，欠发达地区民众的知识产权意识普遍较差，多数民众对于盗版侵权等并无真正的抵触情绪，明知其是假冒商品但考虑价格便宜也会购买的现象很普遍。不只是普通民众意识淡薄，甚至一些政府官员认识也不到位，认为由于招商引资的需要，侵犯知识产权现象是不可避免的。

其二，行政执法力度不强，效率低。表2-8显示了以西部为代表的欠发达地区在行政执法上的成绩，但是不少欠发达地区进行知识产权保护只是在完成国家安排的任务，习惯于通过专项活动使指标达到规定的量以完成任务。从调查情况看，相比东部发达地区，欠发达地区政府职能的转变仍然比较缓慢。突出的表现有：一是执法不积极。行政机构依职行使行政管理权的积极性不够，甚至有的对于好处不明显的投诉只是应付式地走个过场。二是工作的效率低下。整体的技术基础和法律基础都落后，许多执法人员并不具备相应的知识产权技能和意识，导致欠发达地区处理同类案件要比发达地区花费更多的时间。三是仍有较强的地方保护势力，在行政执法的过程中容易受到外部因素的干扰。

其三，欠发达地区知识产权人才储备少，转化能力弱。一直以来，欠发达地区缺乏具有创新能力的团队，科技人才储备少。东部发达地区的基础设施好，配套条件齐备，市场更大，知识产权保护也更得力，知识产权人才在发达地区更容易找到更好的发展条件并容易获得更高的待遇，因此发达地区对欠发达地区人才被收刮的现象长期存在。发达地区对知识产权人才的聚集效应，类似于美国通过"托福"考试在全国进行的人才收刮。欠发达地区的知识产权转化能力弱，知识产权中介机构的发展滞后。有专家指出，作为科技成果转化的关键组成部分，中介的力量并没有被纳入整个创新体系中，其重要作用没有得到应有的发挥。[1] 近十年来，虽然我国专利代理行业发展较快，截至 2015 年底，专利代理机构数量已达 1256家[2]，但发展不平衡现象明显，代理机构的专利代理量两极分化严重。专利代理机构多数集中在北上广地区，欠发达地区的专利代理机构整体体现出数量少、规模小的特点。以 2013 年为例，全国专利代理机构营业总收入为 87.1 亿元，其中仅北京、上海、广东 3 个省市的专利代理机构营业收入就达 71 亿元，占比高达 81.51%；欠发达地区的专利代理机构营业收入仅为 1.7 亿元，占比为 1.95%。[3]

---

〔1〕　陈丽霞：《知识产权服务机构专业人才匮乏》，载《联合时报》2012 年 12 月 4日。

〔2〕　国家知识产权局《关于印发专利代理行业发展"十三五"规划的通知》（国知发法字〔2017〕13 号）。

〔3〕　国家知识产权局条法司：《中国专利代理行业年报（2013）》。

三、欠发达地区实施国家知识产权战略的目标定位

(一) 知识产权战略目标定位的含义及表现形式

任何战略都有目标定位问题。知识产权战略目标定位，就是知识产权战略设计者根据战略需要、自身条件，运用科学知识与经验知识确定合理恰当、可以完成的目标。

知识产权战略目标定位在其内部体系中视其细微程度，可以分为宏观层面和微观层面的表现形式。以我国国家知识产权战略这例，其宏观目标是：提升我国知识产权创造、运用、保护和管理能力，建设创新型国家，实现全面建设小康社会目标。[1] 微观目标以时间远近可分为两个阶段：一是到 2020 年，把我国建设成为知识产权创造、运用、保护和管理水平较高的国家。知识产权法治环境进一步完善，市场主体创造、运用、保护和管理知识产权的能力显著增强，知识产权意识深入人心，自主知识产权的水平和拥有量能够有效支撑创新型国家建设，知识产权制度对经济发展、文化繁荣和社会建设的促进作用充分显现。二是近五年的目标：①自主知识产权水平大幅度提高，拥有量进一步增加。本国申请人发明专利年度授权量进入世界前列，对外专利申请量大幅度增加。培育一批国际知名品牌。核心版权产业产值占国内生产总值的比重明显提高。拥有一批优良植物新品种和高水平集成电路布图设计。商业秘密、地理标志、遗传资源、传统知识和民间文艺等得到有效保护与合理利用。②运用知识产权的效果明显增强，知识产权密集型商品比重显著提高。企业知识产权管理制度进一步健全，对知识产权领域的投入大幅度增加，运用知识产权参与市场竞争的能力明显提升。形成一批拥有知名品牌和核心知识产权、熟练运用知识产权制度的优势企业。③知识产权保护状况明显改善。盗版、假冒等侵权行为显著减少，维权成本明显下降，滥用知识产权现象得到有效遏制。④全社会特

---

[1] 《国务院关于印发国家知识产权战略纲要的通知》（国发〔2008〕18 号）。

别是市场主体的知识产权意识普遍提高，知识产权文化氛围初步形成。[1]

（二）欠发达地区知识产权战略目标定位的理论依据

战略目标定位问题非常重要，定位高了目标无法实现，定位低了达不到战略目的。知识产权战略定位一方面要有科学理论的指导，另一方面也受到现实条件的约束，这两个要素缺一不可。从理论依据上来看，欠发达地区知识产权战略问题涉及区域经济学和发展经济学两个学科相关理论。区域经济学是研究区域与经济相互影响、相互作用规律的一门学科，它研究市场经济条件下生产力的空间分布及发展规律，探索促进特定区域经济增长的途径，分析发挥各地区优势的基础上实现资源优化配置和提高区域整体经济效益的措施。发展经济学是研究贫困落后的经济区域如何实现工业化、摆脱贫困、走向富裕的经济学。在区域经济学和发展经济学中，有一个追赶型经济理论。追赶型经济理论认为战略目标是经济增长的导向力量，战略目标是战略体系中的关键要素，战略目标的定位要遵循一些基本原则，其中关键的原则是主体需要原则、优势原则和竞争力原则。[2] 这一理论对于欠发达地区知识产权战略定位具有理论指导意义。从主体需要原则来看，在知识产权战略与经济增长关系中，知识产权是知识经济的主导经济，是带动区域经济持续发展的关键因素，显然是欠发达地区经济发展战略的重要组成部分。因此，欠发达地区实施国家知识产权战略实质就是以"知识产权追赶"实现"经济追赶"，欠发达地区实施国家知识产权战略是实现经济追赶的历史必然选择；从竞争优势来看，西部欠发达地区有无优势？优势是什么？这是制定知识产权战略首先要考虑的问题。上文我们已经分析，西部地区具有自然资源优势、民族传统文化优势、传统农业

---

〔1〕《国务院关于印发国家知识产权战略纲要的通知》（国发〔2008〕18 号）。

〔2〕钟阳胜：《追赶型经济增长理论：一种组织经济增长的新思路》，中共中央党校出版社 2005 年版，第 77~87 页。

优势、人口资源，总的来说就是原生性的传统资源优势。从竞争力来看，由于西部地区社会经济文化相对落后，科技能力相对较弱，民众知识产权意识和法制意识相对淡薄，民族关系相对复杂，用传统的知识产权竞争方法，竞争力明显差于东部发达地区。

（三）欠发达地区知识产权战略目标定位的影响因素

知识产权战略定位是受到现实条件约束的。综观西部地区的现实情况，影响其知识产权战略定位的因素主要有：

1. 经济发展因素

上文有关资料已经显示，改革开放以来，特别是实行西部大开发以后，欠发达地区经济增长速度已经高于全国平均水平，经济势力大增，这为知识产权战略的实施奠定了一定的基础。但是相对东部发达地区，西部欠发达地区经济发展水平不高，经济总量依然较小。因此，欠发达地区知识产权的目标面不应定位于高投资的风险项目上，而应定位于短平快而又有规模效应的创新创意项目领域。

2. 自然资源因素

欠发达地区相对发达地区而言，最大的一个优势就在于其拥有非常丰富的土地资源、自然资源、民族民间文化资源。对于这些丰厚的资源，以往的用法是简单的粗放型开发，没有研究提高资源利用的附加值。这种开发方式资源回报率低，而且往往以高消耗能源作为代价，不符合科学发展的要求。欠发达地区的知识产权战略定位应侧重于提高资源的利用率，减少能源消耗，减少环境污染，同时重点研究资源的绿色使用，如利用欠发达地区土地广阔、有农业优势的特点，发展农业知识产权；利用丰富多样的动植物资源，发展植物新品种知识产权；利用丰厚历史底蕴，发展旅游业知识产权和传统文化知识产权等。

3. 科技开发能力因素

由于历史、文化、政治和经济等原因，相对东部地区，西部科学技术的投入、开发和应用能力尚需大力提高。主要表现在两个方面：一是科技投入的能力有限，据权威统计，2015 年高技术产业 R&D 经费及其投入强度从地区分布上看，东部地区高技术产业 R&D 经费投入规模占全国 68.0%，西部地区占比为 12.2%，远落后于东部地区。[1] 二是开发和应用能力有限。2015 年全国及各地区科技进步统计监测结果表明，2014 年、2015 年综合科技进步水平指数倒数的 5 个省区都是西部省区。在地区综合科技进步水平评价中，根据综合科技进步水平指数，可以将全国 31 个省区划分为五类，其中第四类为综合科技进步水平指数在 40% 以下、但高于 30% 的地区，第五类为综合科技进步水平指数在 30% 以下的地区。据统计，第四类、第五类全部为西部省区。[2]

（四）欠发达地区知识产权战略目标定位思考

基于上述理论和现实因素，我们认为，欠发达地区实施知识产权战略要坚定不移地结合本区域的优势资源和特色资源，定位于"资源型知识产权战略"的思路。

所谓"资源型知识产权战略"就是基于区域各种资源优势进行知识产权的开发、利用、管理和保护的整体规划和筹措。它有下面两个突出特点：

第一，以优势和特色资源的开发、利用与保护为核心。"资源型知识产权战略"并非只以资源的开发、利用和保护为唯一的战略设计对象，而是基于本区域的优势和特色资源，制定以本区域优势和特色资源为重点的知识产权发展战略，开发某一领域具有自主知识产权的产品，建立具有优势竞争力的主导产业。

第二，"绿色"战略。知识产权制度是基于正义价值构建的，即对于破坏人类生活和生产、影响人类关系、对人类社会有副作用的所有智力成果不授予知识产权。因此"资源型知识产权战略"意味

---

〔1〕　国家统计局、科学技术部、财政部：《2015 年全国科技经费投入统计公报》。

〔2〕　中国科学技术发展战略研究院科技统计信息中心：《2015 全国及各地区科技进步统计监测结果（一）》，载 http://www.jssts.com/UploadFiles/2016/7/2016070409210272 50.pdf，最后访问时间：2017 年 7 月 21 日。

着它包含积极的规划和措施。上文已经统计，在我国西部地区，镍、铂、钛、钽、铜、汞、铅、锌等30多种矿产储量居全国第一位，其中铁矿的储量占全国的47%，有色金属储量占全国的90%，钾盐储量占全国的97%；已经探明煤炭储量最丰富的省区主要在西北，其中陕西、内蒙古、新疆都名列前茅，煤炭储量占全国的39%。由于技术和认识原因，传统资源的开发与利用大多是粗放型的，其特点是以资源灭失性消耗为开发方式，资源利用率低，对环境污染严重，没有考虑资源的循环利用等。而"资源型知识产权战略"就隐含着"绿色发展"的内涵。所谓"绿色发展"亦称"绿色增长""包容性增长"，是指通过经济、环境与资源均衡发展的方式，以绿色技术和清洁能源产业创造新的增长动力和"绿色"就业机会的国家经济发展新模式。其实质是通过激励"绿色"技术创新促进清洁能源产业或绿色产业的发展，从而推动经济发展方式向"绿色"增长转变。资源型知识产权战略要致力于"绿色"知识产权制度的建设，"绿色"技术自主创新及自主知识产权的创造、运用、保护和管理，为我国绿色产业的振兴提供战略支撑和制度保障。[1] 因此，"资源型知识产权战略"的目标定位对于扶持和发展具有地方特色的支柱产业、特色产业和优势产业，培育区域优势竞争优势，提升经济追赶力，保护自然环境与资源，保护和弘扬民族传统文化具有重要的意义和深远的影响。[2]

在资源经济时代，人们主要以资源优势来实现经济追赶，这一特点早期尤甚。进入现代社会后，西方经济学揭示了人类经济追赶的最终制胜法宝是知识经济，而知识经济的核心价值是知识产权。

---

〔1〕 郑友德：《创建"绿色"知识产权制度初探》，载《中国知识产权报》2011年3月25日，理论版。

〔2〕 实际上，从政策环境上看，这一认识已经得到政府的支持。我国实施国家知识产权战略中要求"继续推进西部地区特色产品地理标志培育和保护。积极开展传统知识、民间文艺和遗传资源知识产权保护工作，充分发挥西部地区文化底蕴丰富的优势，促进文化旅游产业发展"，见《关于实施知识产权战略，促进西部地区知识产权事业加快发展的若干意见》。

因此，从根本上来说，当今时代的经济追赶就是知识产权追赶。无技术领域优势的欠发达地区，应基于自然资源、文化资源优势定位于"资源型知识产权"战略发展模式。

欠发达地区知识产权战略制定

一、我国国家知识产权战略解读

2008 年 6 月 5 日，我国颁布了《国家知识产权战略纲要》（下文或称《战略纲要》），决定实施国家知识产权战略。国内外对这一重要的知识产权纲领性文件给予了高度关注[1]，认为这是在改革开放新时期我国根据国内外新形势做出的一项重大战略部署，是关系国家前途和民族未来的大事。国家知识产权战略是欠发达地区知识产权战略制定的重要依据和范本。

（一）我国知识产权战略的背景

1. 国内背景

我国的知识产权战略思想是一个不断发展的过程，在《战略纲要》出台之前我国就已经开始知识产权发展规划工作，伴随着我国经济政治的发展，我国的知识产权战略经历了一个从"科学的春天"

---

[1] National Intellectual Property Strategy issued by the State Council of the Peoples Republic of China on June 5, 2008, available at http://www. law－now. com/law－now/sys/getpdf. htm? pdf＝outlineofthenationalintellectualpropertystrategy1. pdf;"Compendium of China National Intellectual Property Strategy issued", Intellectual Property Protection in China, SIPO. gov. cn, June 6, 2008, available at http://english. ipr. gov. cn/ipr/en/info/Article. jsp? a_no＝214475&col_no＝925&dir＝200806.

到创新型国家[1]的发展过程。改革开放之初，我国经济科技发展水平严重落后，为了发展经济和获得新技术，我国提出了以技术换市场的方略，进而"引进、吸收、转化"。但是随着时间的推移，我国逐渐发现引进的技术多是国外早已成熟的一般技术，高精尖技术往往难以引进，甚至美国等国家出台相应的国内法限制或禁止向中国输出特定的技术。当然，这是国际经济社会发展的规律，因为最适合市场竞争的技术不必然是最高新的技术，成熟的技术已经经受了成熟市场的考验，引入发展中国家就其实用性来说已经足够。保持一个国家高新技术的优势是每个国家的基本战略，为提高产业技术水平，推动知识产权的发展，增强国家的综合竞争能力，我国开始制定并实行科技发展规划，国家发展五年计划中涉及知识产权的相关内容逐步增多就是明显的表现。进入 20 世纪 90 年代以后，我国在经济高速发展的同时也面临融入国际经济大环境的压力，对美的最惠国贸易谈判、入世谈判等都倒逼我国建立和完善知识产权制度与法律。我国加入世界贸易组织之后，国际国内的环境不断变化，为保证经济发展的活力，促进科技更新换代赶超国际先进水平，进一步增强国际竞争力，我国在保持高速的经济发展的同时，开始反思产品经济附加值低、产业结构不合理、环境污染严重等问题，寻找一条创新型国家的发展道路，制定了《国家中长期科学和技术发展规划纲要（2006—2020 年）》。《战略纲要》就是在编制《国家中长期科学和技术发展规划纲要（2006—2020 年）》的战略研究中提出的。

2. 国际背景

实事求是地说，国际社会特别是美日对我国知识产权战略的制定和实施起了很大的推动作用。美国和日本两国在推进知识产权战略方面，都有共同的背景和目的：都面临外部竞争压力，都是为了

---

[1]　路甬祥：《从科学的春天到建设创新型国家》，载《光明日报》2008 年 3 月 18 日。

增强本国的核心竞争力，提升各自的综合国力。[1]

美国在传统的人力密集型行业没有优势，但是在信息技术、金融、医药等方面优势突出。美国的优势产业多属于科技、人才、资金密集型的行业，这些优势产业如果没有知识产权体系的保护极容易受到模仿被侵权。进入 20 世纪 70 年代，美欧的经济竞争，导致了产业界巨大的压力，美国将最大的资源和竞争优势定位于科技创新和人才。1979 年美国总统卡特将知识产权战略作为国家发展战略，20 世纪 80 年代，里根政府用专利政策作为"复兴美国"的工具，美国为了维护和巩固其在市场竞争中的优势，实施了进攻性的知识产权战略。[2] 美国制定了一个专门的知识产权战略文件，其战略的推行在国内是通过国内立法完善知识产权的保护范围和力度，鼓励知识产权的创新，在国际上是通过各种知识产权条约的签订，并运用贸易审查制度迫使其他国家提高知识产权保护力度。

日本经济的崛起，很大程度上得益于过去欧美忽视知识产权保护，其通过大规模的引进、模仿和改造形成了强大的经济竞争力。但随着欧美逐步加大知识产权保护并给其施压，日本政府不断调整战略：从以外观设计为主的改进型技术向独立的发明创造转变；改变传统的追求专利数量的做法，而代之以注重专利质量的政策，极大地促进了科技创新对日本工业发展的经济作用。[3] 2002 年 7 月日本出台《智慧财产战略大纲》，2002 年 12 月 4 日日本颁布了《智慧财产基本法》，2003 年 7 月 8 日日本通过了《与智慧财产的创造、保护以及利用相关的推进计划》。日本作为中国的邻国，其在知识产权战略方面的行动，给予中国很大的触动和启示。

综上，在国际国内综合环境的影响下，我国国内就应当建立我国的知识产权战略体系逐渐形成共识。2005 年初，国务院成立了国

---

〔1〕 易继明：《编制和实施国家知识产权战略的时代背景——纪念〈国家知识产权战略纲要〉颁布实施 5 周年》，载《科技与法律》2013 年第 4 期，第 69 页。

〔2〕 冯晓青：《美、日、韩知识产权战略之探讨》，载《黑龙江社会科学》2007 年第 6 期，第 157 页。

〔3〕 曲三强：《日本的知识产权战略》，载《法制日报》2004 年 4 月 15 日。

家知识产权战略制定工作领导小组，启动了战略的研究制定工作。2007 年，党的十七大报告首次提出"实施知识产权战略"。经过 3 年的准备，最终国务院于 2008 年出台了《国家知识产权战略纲要》。《战略纲要》可以说是我国知识产权战略体系基本形成的标志，因为它系统地论述了我国知识产权发展的背景、指导思想、战略目标、战略重点、专项任务和战略措施。因此，我国的知识产权战略体系是在一个发展的过程中形成的。

（二）我国知识产权战略体系及其特点

国家知识产权战略体系是为实现国家知识产权战略目标，通过有目的地制定制度体系，完善政策法律文件，建立的配套运行机构等方法，形成的一整套为国家知识产权战略服务的制度的总和。当前，我国知识产权战略体系以《战略纲要》为基础，强调制度建设，以提升知识产权创造、运用、保护和管理能力为重点，形成以联席会议为协调机制，各部委联合推进，各省份实际落实的组织结构体系。

1. 我国知识产权战略内容结构体系

我国知识产权战略内容结构体系集中体现在《战略纲要》这一高度凝练的知识产权纲领性文件中。其目标方向、指导思想、内容要求、层级关系、步骤措施都是一个逻辑严密、体例全面的内容体系。当前我国各层级的知识产权战略的规划、管理和推进都是以此文件为基础的。

（1）《战略纲要》的主要内容。制定《战略纲要》的目的是提升我国知识产权创造、运用、保护和管理能力，建设创新型国家，实现全面建设小康社会目标。《战略纲要》用五个部分说明如何实现这个目的，具体内容如下：

第一部分是序言，《战略纲要》阐述整个时代的背景，确认了知识产权制度是开发和利用知识资源的基本制度，阐述我国的知识产权发展水平低，实施知识产权战略有利于建设创新型国家、建设社会主义市场经济，因此有必要将知识产权战略作为国家重要战略。

第二部分是指导思想和战略目标，《战略纲要》确立了"激励创造、有效运用、依法保护、科学管理"的方针，确定了 2020 年的战略目标是把我国建设成为知识产权创造、运用、保护和管理水平较高的国家，以及近五年期目标。

第三部分确立了完善知识产权制度、促进知识产权创造和运用、加强知识产权保护、防止知识产权滥用、培育知识产权文化五个战略重点。

第四部分将知识产权分解为专利、商标、版权、商业秘密、植物新品种、特定领域知识产权、国防知识产权七个专项任务。

第五部分列举了九种战略措施，包括：提升知识产权创造能力、鼓励知识产权转化运用、加快知识产权法制建设、提高知识产权执法水平、加强知识产权行政管理、发展知识产权中介服务、加强知识产权人才队伍建设、推进知识产权文化建设、扩大知识产权对外交流合作。[1]

《战略纲要》为我国欠发达地区制定本区域知识产权战略提供了良好的范本。

（2）《战略纲要》的指导方针。我国知识产权战略纲要在"指导思想"部分明确了"激励创造、有效运用、依法保护、科学管理"的十六字方针。创造是首要位置，这对我国知识产权战略的执行影响很大。《战略纲要》第四部分七个专项任务中，每个任务都首先强调知识产权量的增长。第五部分战略措施第一点就是"提升知识产权创造能力"。知识产权是为社会经济生活服务的，如果不与现实结合产生效益，那就背离了建立创新型国家的目的，因此"有效运用"理所当然地被提出，这样也是避免地方政府为追求政绩而制造大量的垃圾专利等情况发生。"依法保护、科学管理"涉及制度运行公平性、正义性、效力性的要求。这十六字方针很大程度上影响了我国对地方政府执行国家知识产权战略力度和当地知识产权发展

---

〔1〕 柳福东：《中国知识产权三十年之成长》，载《知识产权》2008 年第 6 期，第 12 页。

水平的考核标准，也督促地方政府按照这十六字方针贯彻和理解知识产权战略。

2. 我国知识产权战略体系特点

（1）体系性强。《战略纲要》是我国知识产权战略的基础性文件，与零散式的美国国家知识产权战略不同，虽然《战略纲要》字数不多，但是结构很简洁紧凑，该纲要分序言、指导思想和战略目标、战略重点、专项任务、战略措施五个部分，共 65 个段落、6500字，形成一个比较完整的逻辑体系。

（2）重视制度构建。与美日相比，我国建设知识产权战略制度的背景不太一样。作为全世界最先进的技术汇聚之地，美国知识产权各种法案与制度比较完善，其知识产权战略的核心思想和措施是保持其知识产权优势并将其标准进行全球推广。日本是资源有限的岛国，战后的经济腾飞与美国文化对其的影响，使其知识产权制度迅速建立，外向型的经济和本田等大型企业的发展，也使日本不遗余力地建设知识产权制度，对很多基本问题已经形成共识，国内制度比较完善。

我国的知识产权制度建设仍然稍显落后。我国的知识产权战略的发展很长一段时间是一个被倒逼发展的过程，没有把科技发展和知识产权真正看作一个问题，知识产权制度的建设更多的是为了应对外界的压力。自改革开放以来，中美就知识产权问题等一直存在争议，我国在知识产权问题上作出了一定的让步，再加上我国为了加入 WTO，必须接受 WTO 一揽子协议中的 TRIPs 协议，故而我国进一步加快知识产权制度建立，加大知识产权保护力度。

因此，我国《战略纲要》第一个重要问题就是完善知识产权制度。制度的建设是相关建设中最基本的也是最难的，因为它涉及整个体系的构建、对现实问题的正确评判和对未来的正确预见。我国的知识产权战略建设涉及法律法规、行政管理和执法体系、司法保护体系等，以及这些体系间的统筹和协调。《战略纲要》第四部分专项任务中也将制度建设作为重点。以专利为例，该专项任务中提到制定和完善与标准有关的政策、职务发明制度、利益分配机制、专利申请程序、强制许可制度等与制度建设有关的重点。第五部分战略措施第三点是"加快知识产权法制建设"，其他分点内容也多与制度建设有关。知识产权内部的不同类别之间的政策，以及其他与知识产权不直接相关但间接相关的产权，尤其是标准的制定、外贸等，这些构成了我国的知识产权制度。

二、欠发达地区知识产权战略制定的实证考察

国家知识产权战略是一个全局性的制度和政策体系，站位很高，非常宏观，知识产权战略的推进实施要充分发挥中央和地方两个积极性，在实施国家知识产权战略中，欠发达地区必然要制定符合本区情的区域战略。早在《战略纲要》颁布前，为了保证地方知识产权战略与国家知识产权战略的有机衔接，国家知识产权局于 2007 年 12 月下发了《关于贯彻落实党的十七大精神 做好地方知识产权战略制定工作的若干意见》，要求充分认识制定地方知识产权战略的重要性和紧迫性，明确了制定地方知识产权战略的基本原则，并就深入调查研究、确保地方知识产权战略制定工作扎实有效开展提出了具体意见。《战略纲要》颁布后，为配合西部大开发、中部崛起、东北地区等老工业基地振兴、东部沿海地区继续发展这四大战略的实施，2010 年 6 月，国家知识产权局印发了《关于加强地方知识产权战略实施工作的若干意见》，提出要以《战略纲要》为指导，坚持"统筹兼顾、突出重点、分类指导、协调发展"的原则，提高各地方知识产权综合水平，并对各地区开展知识产权战略实施工作提出了要求，提出"西部地区要加快能力培育"。不仅如此，为服务西部大开发战略的深入推进，2011 年 1 月，国家知识产权局还专门制定了《关于实施知识产权战略，促进西部地区知识产权事业加快发展的若干意见》，指出了未来 10 年西部地区知识产权事业发展的方向，即显著提高知识产权申请和注册量占全国的比重，大幅度提高政府对知识产权工作的引导能力和企业的知识产权运用能力及中介组织的

服务能力，培养一支能满足西部地区经济社会发展要求的知识产权专门人才队伍，加强法制建设和知识产权知识普及，形成良好的市场与社会环境。与此同时，《中小企业知识产权战略推进工程实施方案》《中国生物多样性保护战略与行动计划（2011—2030 年）》《农业知识产权战略纲要（2010—2020 年）》《关于加强中医药知识产权工作的指导意见》《全国专利事业发展战略（2010—2020 年）》等战略性配套文件相继出台，科技部、工信部、农业部、文化部、广电总局、版权局、林业和草原局等部门专门制定了本部门、本领域的知识产权战略、实施意见或具体工作方案，铁路、中医药、钢铁等行业还率先开展了知识产权战略实施试点。

在此背景下，区域层面的知识产权战略纲要或战略实施意见也相继出台，地方知识产权战略实施工作呈现从省到市县，从东部向西部全面开展、递次推进的良好局面。从欠发达地区来看，除西藏等个别地区外，都制定了本地区的知识产权战略性文件[1]（如表 3-1）。

表 3-1　各地区及其知识产权战略文件名称[2]

序　号	地区及其知识产权战略文件名称	备　注
1	贵州省知识产权战略纲要（2006—2015）（已被修改）	黔府发〔2006〕29 号
2	陕西省知识产权战略推进计划（2008—2010） 陕西省知识产权战略纲要（2008—2020 年）	陕政发〔2008〕56 号
3	青海省贯彻落实《国家知识产权战略纲要》实施意见（现已失效）	青政〔2008〕78 号

　　〔1〕 除内蒙古、湖南湘西外，数据来源于国家知识产权战略实施工作部际联席会议办公室组织编写：《国家知识产权战略实施工作手册》，知识产权出版社 2011 年版，第 538~658 页。

　　〔2〕 本书所列的一些文件有的经过一段时间的实施等原因已经失效，但是在进行欠发达地区知识产权战略制定的实证考察中，仍然有必要列举，以便分析使用。

序　号	地区及其知识产权战略文件名称	备　注
4	重庆市人民政府关于创建知识产权保护模范城市意见	渝府发〔2009〕41 号
5	四川省知识产权战略纲要（2009—2020）	川府发〔2009〕15 号
6	云南省人民政府关于贯彻国家知识产权战略的实施意见	云政发〔2009〕118 号
7	广西壮族自治区实施知识产权战略意见	桂政发〔2009〕109 号
8	新疆维吾尔自治区知识产权战略纲要	新政发〔2010〕40 号
9	新疆生产建设兵团知识产权战略纲要	兵发〔2010〕18 号
10	甘肃省知识产权战略纲要	甘政发〔2010〕49 号
11	宁夏回族自治区知识产权战略纲要	宁政发〔2011〕130 号
12	内蒙古自治区知识产权战略纲要（2013—2020 年）	内政办发〔2013〕92 号
13	湘西自治州知识产权战略实施方案	州政发〔2009〕12 号

注：以上文件按出台的时间顺序排列。数据根据查询各省（自治区、直辖市）公布的相关《知识产权实施意见/方案》或《知识产权战略纲要》汇总形成。

欠发达地区有着共同的经济文化发展水平及特点，因此反映在知识产权战略制定实施中亦有不少相似之处。

（一）发挥地区优势，突出核心竞争力

区域知识产权战略不仅仅是知识产权事业发展的战略，同时也是地区总体发展战略的有机组成部分，它应以发挥地区优势为基点，以突出地方特色产业为重点，以强化地方核心竞争力为目标。基于此，欠发达地区在其知识产权战略制定过程中，都特别注重将其与地区的其他战略及资源优势紧密结合。如广西的战略纲要提出组织知识产权支撑重点优势产业发展行动和广西北部湾经济区知识产权跨越行动，推动"千亿元产业重点科技攻关工程"有效实施及其成果的充分运用，壮大产业集群，建设知识产权发展新高地，形成产业竞争优势。贵州纲要提出了6个重点产业发展的知识产权战略，即以烟酒为主的传统支柱产业知识产权战略，以优势原材料为主的新兴支柱产业知识产权战略，以中药、民族药为主体的中医药产业知识产权战略，以航天航空、电子信息和先进制造业为代表的高新技术产业知识产权战略，农业、林业产业化和生态畜牧业知识产权战略，旅游和文化产业知识产权战略，也是发挥和增强其比较优势的战略部署。四川立足区域功能分工，注重发挥特大城市和大城市的带动作用，提出"以成德绵国家级知识产权试点示范城市为依托，把成德绵高新技术产业带打造成为知识产权聚集区和示范区"。陕西的战略纲要紧紧围绕关中经济区、陕北能源化工基地、陕南绿色产业基地做文章，重点支持西安高新技术产业开发区、西安经济技术开发区和杨凌农业高新技术产业示范区等园区，促进知识产权聚集区形成。

（二）突出增强知识产权创新能力建设的战略导向

与欠发达地区经济技术发展阶段相适应，提升知识产权工作对地方经济社会发展的影响力，必须牢牢把握创新战略导向，大力提高原始创新能力、集成能力和引进消化吸收再创新能力。而自主创新作为一种具有很高外部经济性的活动，往往很难仅仅依靠市场就使之处于最优水平。[1] 换句话说，政府应做好自主创新的第一"推手"。纵观欠发达地区的知识产权战略，其显著特征就是把增强企业创新、掌握自主知识产权作为本地区政府的重要任务，积极发挥组织、协调、聚合、催化等职能，系统、充分、有效地予以政策引导、资金扶持和法制保障，为自主创新注入活力。如新疆维吾尔自治区在重大技术改造、重大科技专项等经济活动中建立知识产权审议制

---

〔1〕 郑新建、寇占奎、赵雅琨：《从经济大省到知识经济强省——知识经济发展与河北省知识产权战略布局与战略推进》，载《河北广播电视大学学报》2006年第4期，第27页。

度，强化知识产权政策导向作用。重庆市作为我国摩托车的制造基地和高等学校、科研院所相对集中的地区，政府积极鼓励生产企业自主创新，在其纲要中提出围绕摩托车等重点产业，实施自主创新基础能力改造提升工程，从研究试验、产业技术开发与企业技术创新等五个层面推进知识产权创造基础能力建设，构建以重点实验室、企业技术中心、科技孵化器、产业集群集区等为关键环节的知识产权创造链条，加快完善产学研相结合的开放式知识产权创造体系，大幅度提高自主知识产权创造能力。云南实施原创性专利培育专项计划和中小企业专利培育专项计划，每年培育100项左右具有原创新、前瞻性和较强适用性的发明专利及200~300项具有较大应用价值的技术创新成果专利，为重点产业发展提供专利技术储备和支撑，为创知名品牌提供专利技术支撑。青海省实施核心产业知识产权政策倾斜制度，对高新技术产业在立项、财税、金融、科研、产业、能源、环保等方面都加大支持和倾斜力度，通过政策加大知识产权创造的经费和人员投入，并且以一些服务型政策为辅，有效提高了知识产权创造绩效。[1]

（三）强化传统优势与特色领域专项建设

运用知识产权大规模全方位地保护传统文化是欠发达地区知识产权战略实施的重要课题。根据国家的指导意见，欠发达地区普遍"继续推进西部地区特色产品地理标志培育和保护。积极开展传统知识、民间文艺和遗传资源知识产权保护工作，充分发挥西部地区文化底蕴丰富的优势，促进文化旅游产业发展"[2]。如广西在其战略纲要中提出，"加强对传统医药特别是桂产道地大宗药材知识产权保护工作，建立传统医药资源信息库，建立开发、管理、保护和利用

---

〔1〕 宋伟、徐飞、张心悦：《政策溢出视角下的区域知识产权政策绩效提升研究——基于我国29个省、市、自治区的实证分析》，载《科学学与科学技术管理》2012年第7期，第77~83页。

〔2〕 摘自《关于实施知识产权战略，促进西部地区知识产权事业加快发展的若干意见》。

协调机制……扶持我区具有自主知识产权的中医药（壮、瑶医药）产业做强做大……充分利用中国-东盟博览会和南宁国际民歌艺术节等平台展现广西民间文艺，推动广西民间文艺产业的发展"。又如陕西其纲要提出，加大推进地理标志产品保护工作力度，结合实施"一村一品"千村示范万村推进工程，扶持培育一批"名、特、优、新、稀"产品，积极探索建立以专利、商标、地理标志、植物新品种、标准相结合的农业知识产权立体保护架构。云南和湖南湘西还分别于 2000 年和 2006 年颁布了《云南省民族民间传统文化保护条例》《湘西土家族苗族自治州民族民间文化遗产保护条例》，将民族民间文化等知识纳入地方法律保护轨道。贵州于 2002 年 7 月颁布了《贵州省民族民间文化保护条例》，并自 2003 年 1 月起实施，至今已初步形成了包括防御性保护、积极性保护、社区保护和市场保护在内的多种保护机制。

（四）积极加强知识产权发展的制度与环境建设

知识产权战略的本质是营造知识产权运营、保护的良好机制和社会环境，提高知识产权产出的效率。[1] 在知识产权战略制定和实施过程中，欠发达地区都积极致力于知识产权政策法规和服务保障体系建设。如新疆维吾尔自治区在重大技术改造、重大科技专项等经济活动中建立知识产权审议制度，以强化知识产权政策导向作用。贵州省在全国率先出台了《贵州省重大经济活动知识产权特别审查机制（试行）》，以遏制知识产权侵权行为的发生，同时制定《贵州省知识产权奖励办法》《贵州省重大科技项目知识产权管理暂行规定》，逐步形成促进自主创新和保障经济运行安全的系列政策措施。云南把加强知识产权领域的国内外合作与交流作为加强知识产权管理和服务能力建设的重要内容，一方面，结合珠三角"9+2"区域合作，推进与"长三角"地区的知识产权合作；另一方面，围绕云

---

〔1〕 郑新建、寇占奎、赵雅琨：《从经济大省到知识经济强省——知识经济发展与河北省知识产权战略布局与战略推进》，载《河北广播电视大学学报》2006 年第 4 期，第 26 页。

南加快中国连接东南亚、南亚国际大通道建设的总体要求，适应中国-东盟自由贸易区建设、大湄公河次区域经济合作、孟中印缅合作发展的需要，扩大对外知识产权合作与交流，同时加强与欧美发达国家的合作，促进"走出去"战略的实施。此外，各地区都把知识产权人才培养、文化宣传，建立健全信息平台体系和中介组织服务体系，加大资金投入和开展试点示范等工作作为知识产权战略深入有效实施的基础和重要保证。

国家知识战略和地方知识战略是一个有机整体，国家战略更偏向宏观，侧重指导性，地方战略则是国家战略的补充、延伸和实践，强调可操作性，两者的有效配合才能最大限度地保障战略实施的效果。[1] 欠发达地区经济社会发展的实践表明，模仿别人的技术比较容易，而模仿制度就比较困难。根据以往的经验教训，欠发达地区要想在未来激烈的竞争中实现跨越发展，亟须在制度规则方面进行一番"伤筋动骨"的变革和重新安排。但从目前欠发达地区知识产权战略实施的配套立法来看，这些地区还缺乏体现地方特色的地方立法以及一些全国性法律的配套立法，缺少直接鼓励知识创新的法律措施，也缺少快速转化知识产权的制度安排，[2] 进而在改革开放过程中与东部地区的差距越来越大。与此同时，受历史原因和条件限制，难以留住现有人才，未能创造条件吸引更多人才，也是欠发达地区跨越发展的"瓶颈"。令人遗憾的是，恰恰在这方面，欠发达地区在其战略中普遍是泛泛而谈，务实管用的政策措施不多。

国家知识产权是一个全局性的制度和政策体系，站位很高，非常宏观，而我国欠发达地区由于知识产权成长历史短暂，制定知识产权战略经验储备不足，必然存在不断优化和调整的过程，应建立动态发展机制，这也是在知识产权战略实施过程中需要调整和重构

---

〔1〕 于君伟：《论我国知识产权战略的制定与实施》，中国政法大学 2009 年硕士学位论文，第 35 页。

〔2〕 赵丽莉：《民族自治地区知识产权战略建设思考》，载《合作经济与科技》2009年第 22 期，第 23 页。

的关键问题之一。

三、欠发达地区知识产权战略的价值定位

知识产权战略的价值定位取决于其目的和层次，欠发达地区知识产权战略的价值定位是知识产权在一定范围内的地位和作用问题。[1] 我国不同地区在经济发展和科技进步以及知识产权资源方面存在很大差异，知识产权的利用和实施也不平衡，其知识产权战略的定位自然有别。从功能定位来看，欠发达地区知识产权战略应该上与国家知识产权战略相衔接，下为国民经济与社会发展规划、地区科技中长期发展规划以及行业产业发展规划中的知识产权工作提供战略指导，纵向涉及知识产权创造、管理、保护和实施的各个环节，横向覆盖知识产权所有类别，作为提升地区科技经济核心竞争力的基本战略和推进地区知识产权事业发展的行动指南。[2]

（一）是对国家知识产权战略的衔接和实施

地方知识产权战略与国家知识产权战略在基本范畴和基本功能上是一脉相承的，国家知识产权战略指导地方知识产权战略的制定和实施，地方知识产权战略是国家知识产权战略在地方的延伸和拓展，是全面推进国家知识产权战略实施的重要依托。[3] 统筹国家知识产权战略与地方知识产权战略协调发展，就是要实现国家知识产权战略与地方知识产权战略的自然对接和兼容激励。[4] 具体到欠发达地区也是如此，其知识产权战略作为国家知识产权战略在地区的融合及具体化，总体上应当从属于国家知识产权战略。对国家知识

---

〔1〕 徐疆：《论国家与区域知识产权战略的关系》，载《特区经济》2012 年第 8 期，第 228 页。

〔2〕 王海涛、高宇辉：《论云南实施知识产权战略的基本问题和战略重点》，载《云南科技管理》2006 年第 3 期。

〔3〕 国家知识产权局于 2007 年 12 月 3 日印发的《关于贯彻落实党的十七大精神 做好地方知识产权战略制定工作的若干意见》。

〔4〕 周昕：《论统筹国家知识产权战略与地方知识产权战略》，载《中国科技论坛》2006 年第 5 期，第 16 页。

产权战略提出的各项目标、任务和举措进行分解、细化和执行，既推动国家知识产权战略在本地区的实施，又进一步丰富和完善国家知识产权战略。

当然，欠发达地区知识产权战略并不是国家知识产权战略的简单重述，而是在强调全国"一盘棋"的前提下，立足于其更接近"需求"，更具灵活性、回应性的特点，通过地区知识产权战略这一中介和纽带，弥补国家知识产权战略因较强的普遍性、稳定性所可能导致的滞后性及针对性不够等问题，不断增强其适应性。特别是国家知识产权战略对某些知识产权事项只是作了原则性规定，但对该事项没有具体的可操作性的规定的，地方知识产权战略就要立足区情，把国家知识产权战略与本地实际有机结合起来，对之予以补充、落实，实现国家知识产权战略的"地方化"。

（二）是当地经济社会发展战略的组成部分

区域知识产权战略是国家知识产权战略在地方层面的落实和深化，因而应该与区域经济社会发展战略紧密衔接，直接服务于区域中心工作和总体战略，并在区域发展中发挥应有的作用。[1] 对于欠发达地区也是如此，其知识产权战略是贯彻落实国家政策，立足区域发展水平、特点及未来发展方向，站在全局高度对知识产权融入经济社会发展的基础性、关键性和长期性问题进行顶层设计，[2] 涵盖了知识产权法律、政策、管理、服务等整个知识产权运作体系，涉及经济、贸易、科技、教育、文化、人才等诸多领域，体现的是地区发展战略意图和公共政策的要求，具有全局性的深远影响，因而是与可持续发展战略、人才强区战略、科技强区战略处于同一层次的宏观发展战略。

---

〔1〕 郭民生：《确定区域知识产权战略的重点》，载《创新科技》2011 年第 8 期，第 227~228 页。

〔2〕 徐正祥：《对制定实施北京市知识产权战略的思考》，载《中国科技投资》2008年第 2 期，第 44 页。

（三）是维护地区利益和竞争优势的战略举措

在知识经济时代，智力资源是一个国家、区域、产业及企业形成和保持可持续竞争优势的核心资源。研究发现，知识产权居于智力资源价值链的高端，在促进区域产业创新中具有举足轻重的地位和作用。[1] 作为一项公共政策，区域知识产权战略是区域创新、经济发展、核心竞争力提升的基础，实现地区利益最大化是其出发点和终极关怀。"知识产权政策之所以必要，是因为选择公共政策来解决知识资源配置与知识财富增长的问题，较之于市场自发解决问题所产生的社会成本更低而带来的收益更高。"[2] 历史证明，经济发展的速度、质量与知识产权事业状况具有很强的相关性，后者堪称前者的"晴雨表"。因此，欠发达地区应以制定知识产权战略为契机，积极介入知识产权事务，充分发挥战略指导、政策扶持、舆论导向等作用，引导本地区走上经济、科技、文化和社会协调发展的轨道。

四、欠发达地区知识产权战略制定的原则

知识产权战略制定是一个涉及内容广泛、关联部门众多，政策性、法律性很强的决策过程，需要坚持特定的原则。从国家知识产权战略及其配套政策文件的指导意见和欠发达地区制定知识产权战略的实践来看，主要遵循了以下基本原则：

（一）把握总体要求与突出区域特色相结合

国家知识产权战略与区域知识产权战略是一般和个别的关系。地方知识产权战略是国家知识产权战略的有机组成部分，地方知识产权战略的制定与实施是国家知识产权战略在地方层面的推进。但

---

〔1〕　唐恒、朱宇编著：《区域知识产权战略的实施与评价：江苏之实践与探索》，知识产权出版社 2011 年版，第 12 页。

〔2〕　吴汉东：《利弊之间：知识产权制度的政策科学分析》，载《法商研究》2006年第 5 期，第 6 页。

我国地方资源禀赋、产业结构不同，创新能力、法治环境相异，经济发展水平、知识产权综合能力自然有别，因此地方知识产权战略的制定要充分结合地方实际，因地制宜。[1]

欠发达地区制定知识产权战略，一方面要把国家知识产权战略作为纲领性文件遵循，贯彻国家知识产权战略提出的指导思想、基本原则，紧密围绕国家知识产权战略提出的重大任务和政策措施，全面落实和实施国家知识产权战略所涵盖的内容。另一方面要根据地方经济发展水平，结合区域和产业发展布局，充分发挥本地区人力资源和科技、文化优势，将国家的一般要求进行"本土化"，解决本地区重点行业和优势领域所面临的一些共性问题，大力扶持和发展具有地方特色的支柱产业、优势产业和特色产业，更好地服务于产业结构调整和经济社会的协调发展。

（二）政府主导与市场机制相结合

知识产权是一项民事权利，权利人是个体利益的最佳判断者，能够在市场中决定自己利益最大化的途径和方式，[2] 开放、有序、健全的市场是知识产权充分发挥增进经济社会发展作用的基础。与此同时，知识产权战略是一种以权利为重要内容的整体战略，它不仅仅是法律问题，更多的是与国家的科技政策、产业政策、教育政策和文化政策等相关的公共政策选择问题。[3] 欠发达地区的知识产权水平相对滞后，企业创新能力不强，政府在制定实施知识产权战略中理应发挥更重要的角色。易言之，知识产权战略的制定必须坚持政府主导与市场运作相结合，理清政府与市场的界限，既强调政府对知识产权事业的正确引导、积极扶持和适当干预，又强调发挥

---

〔1〕 2010 年 6 月 3 日国家知识产权局办公室《关于加强地方知识产权战略实施工作的若干意见》（国知发协字〔2010〕56 号）。

〔2〕 梅术文：《实施知识产权战略的正当性之维》，载《法制与社会发展》2008 年第 4 期，第 136 页。

〔3〕 吴汉东：《中国知识产权的国际战略选择与国内战略安排》，载《今日中国论坛》2006 年第 Z1 期，第 51 页。

市场在知识产权资源配置中的基础作用。概括地说，政府主导主要是完善知识产权管理的体制和运行机制，弥补市场不完全、不完善和不成熟的缺陷，发挥知识产权管理、创造、保护和运用中的正效应，遏制其负效应，维护和实现公共利益。市场机制强调加强知识产权创造、管理、保护和运用的市场化建设，消除现有的行政化、计划性色彩，让企业成为研发投入、技术创新及成果集成应用的主体。

（三）整体推进与重点突破相结合

知识产权各要素之间、知识产权战略与其他战略之间，既相对独立，又相互联系、相互制约，特别是专利、商标、著作权、制止不正当竞争之间，以及知识产权战略与科教兴区战略、人才强区战略、可持续发展战略之间，必须从整体上把握，统筹来安排，保证知识产权战略结构的整体性、系统性和战略内容的适用性，形成系统完整、布局合理、结构严谨、可操作性强的战略体系。同时，区域的知识产权战略并不需要如国家知识产权战略般"面面俱到"，而更强调"有所为，有所不为"的理念，[1] 做地方需要做、适合做的事情，要着力理清地方知识产权事业发展中的优势和薄弱环节，突出区域重点，优先解决影响全局发展的关键问题，有计划、分类别、分阶段地研究解决重点难点问题，使战略既有主动进攻方向，又有积极防御屏障，形成重点突破、重点带动全面的态势。

（四）借鉴吸收与积极创新相结合

欠发达地区知识产权战略的制定与实施，遵循趋利避害、保护自身利益的原则，既注重学习、借鉴国内外尤其是发达地区的经验，避免"走弯路"，又坚持立足区情，积极探索符合自身实际、以增强自主创新能力和核心竞争力为根本出发点的新举措。尤其重要的是，应吸纳本地区人民充分参与知识产权战略的制定，而不是盲从发达

---

〔1〕　徐疆：《论国家与区域知识产权战略的关系》，载《特区经济》2012 年第 8 期，第 228 页。

地区的相关法律和措施。

五、欠发达地区知识产权战略的基本框架

按照知识产权形成和运用的循环过程，知识产权战略体系包括创造战略、应用战略、管理战略和保护战略，其中，创造是基础，运用是目的，保护是关键，管理是保障。欠发达地区知识产权战略的制定就是从激励知识产权创造、促进知识产权运用、强化知识产权保护、加强知识产权管理、建立健全知识产权服务体系、加强知识产权人才队伍建设、加强宣传培训及对外合作交流等方面，提出自己的具体战略措施。

（一）指导思想与战略目标

知识产权战略的制定与实施，应当以科学发展观为指导，遵循"激励创造、有效运用、依法保护、科学管理"的方针，根据经济社会发展需要，结合知识产权工作实际，把握重点、突出特色，着力解决区域经济和社会发展中的重大与关键问题。

总体上看，欠发达地区知识产权事业发展还处于自主知识产权数量快速增加、质量持续提高，对促进产业结构调整、技术升级，推进新型工业化产生重要作用的关键时期，同时也是处于提升知识产权发展能力，推进创新型省区建设，为经济社会发展提供全面支撑的重要战略时期。[1] 其实施知识产权战略的条件和时机已基本成熟。基于此，欠发达地区的知识产权战略应以完善政策工具体系和知识产权管理服务体系，促进具有自主知识产权的核心技术与配套技术的开发运用，提升企业知识产权创造、管理、保护和实施能力为基本思路，以实现优化保护环境，加快重点行业产业的可持续发展，提升企业核心竞争力，推进经济社会发展的战略目标。

---

〔1〕 王海涛、高宇辉：《论云南实施知识产权战略的基本问题和战略重点》，载《云南科技管理》2006 年第 3 期，第 51 页。

（二）主要战略任务

区域的知识产权战略纲要应从其经济社会发展实际出发，以突出地方特色、提升重点产业和特色优势产业，建设知识产权密集区和示范区为战略重点。[1] 与发达地区相比，欠发达地区的知识产权发展水平相对滞后，企业创新能力不强，但民族民间传统文化资源和自然资源丰富，要实现知识产权事业的跨越发展，其知识产权战略任务的确定应当遵循"扬长补短"的策略，既突出加强创新体系建设、增强企业参与市场竞争的能力，又注重传承和创新民族民间传统文化，提升优势自然资源的开发能力，促进知识产权的转化运用。

1. 大力培育产学研相结合的创新体系，提升各领域知识产权发展水平

当前，中国正处于加快转变发展方式和提升发展质量的关键时期。"我们要准确把握国家和社会发展需要，把知识产权工作与创新发展、提升发展质量深度融合，将知识产权制度内化至中国创新体系运行机制中，全面深入实施知识产权战略。"[2] 欠发达地区应当将知识产权战略融入区域创新体系运行机制，结合区域知识产权发展状况，以能力建设和制度建设为主线，统筹知识产权创造、运用、保护和管理，通过完善科技、文化、产业、贸易等方面的政策法规，设立专门制度，实施推进计划，健全行政保护、司法保护、权利人保护、行业自律、中介机构服务和社会监督等举措，不断提升本地区各领域知识产权事业的发展水平。

2. 突出企业主体地位，提升其参与竞争的能力

企业是市场经济的微观基础，也是自主创新和实施知识产权战略的主体。其自主创新和运用知识产权的能力及水平决定着企业的

---

〔1〕 李丽婷：《对西北民族地区知识产权战略实施绩效的初步评价》，载《法制博览（中旬刊）》2013 年第 10 期，第 25 页。

〔2〕 孙自法：《田力普：将知识产权融入中国创新体系运行》，载《中国新闻网》2013 年 11 月 11 日。

核心竞争力，也在很大程度上决定着一个国家、一个地区的综合竞争力。[1] 因此，要突出企业的基础地位和主体作用，大力实施企业知识产权战略推进计划，着力提升企业运用知识产权制度的能力和水平。要把知识产权工作纳入企业发展的全过程，重点在本地区优势产业、主导产业中的骨干企业、承担重大科技成果转化项目的企业培训知识产权专业人员，开展知识产权创造、转化的价值评估和创业投资、生产管理、品牌营销等环节的具体指导，支持行业组织、企业参与标准制定，鼓励企业将专利技术纳入国家标准、国际标准，引导重点领域企业建立技术标准联盟和产业联盟，走好"技术专利化—专利标准化—标准许可化、国际化"之路，[2] 全面提升运用知识产权制度的能力和应对知识产权竞争的能力。

3. 保护民族民间传统文化

对于民族民间文化来说，文化多样性与生物多样性紧密相关，社区自然资源和人文资源都可能成为文化产业中不可丢失的知识产权资源，影响着一个地区乃至整个国家人文和自然的可持续发展。[3] 我国欠发达地区天然地与传统相联系，有自己特殊的传统文化和知识，如陕西的皇帝以及秦文化、繁荣的唐文化等。传统文化和知识被广泛应用于生产生活中，加速了科学技术的进步应用和扩展市场的能力，其商业贸易价值相当可观，[4] 其中一些已被开发并取得不菲的收益。如我国的民间文学故事《花木兰》被美国迪士尼公司制作成卡通片，迪士尼公司因此获得了数亿元的收入。故此，欠发达地区在对外开放和西部大开发的背景下制定知识产权战略，既要注意合理发挥民族民间文化的作用，更要注意保证传统文化的

---

〔1〕 祁青：《政府在提升企业知识产权综合能力中的行为研究——以江苏省为例》，南京理工大学 2010 年硕士学位论文，第 1 页。

〔2〕《苏州市知识产权战略实施纲要（2006—2020 年）》（苏府〔2006〕154 号）。

〔3〕 张勤、朱雪忠主编：《知识产权制度战略化问题研究》，北京大学出版社 2010 年版，第 218~219 页。

〔4〕 马治国主编：《西部知识产权保护战略》，知识产权出版社 2007 年版，第 195~197 页。

特色得以续存、发展。

4. 体现自然资源优势

自然资源是人类生活和生产不可或缺的客体，因此，从根本上说，自然资源才是知识产权开发与利用的原始对象。欠发达地区具有自然资源优势，应以《战略纲要》为指导，在知识产权战略制订和实施中，充分体现区域的自然资源优势，强化在新能源、新材料、节能环保和生物医药等领域的开发和利用能力，实现资源优势向知识产权优势转化，逐步形成以知识产权为核心的自然资源产业竞争优势。

5. 积极促进知识产权的转化和运用

一项知识产权的价值只有投入到企业运营当中，实现了向产业转化之后才能真正彰显出它推动经济社会发展的作用。知识产权的创造、管理和保护都是为运用服务的，因此说，知识产权的运用和转化是知识产权战略的中心问题，也是知识产权战略实施中亟待加强的环节。欠发达地区实施知识产权战略要注重研究成果产业化的策略，围绕产业发展的重点领域，通过制定切实有效的政策措施，扶持一批市场前景好、技术含量高、带动效应强的自主知识产权项目，培育一批知识产权产业化基地，引导和支持支柱产业、优势产业、新兴产业和科技企业采取转让、许可、入股、质押等方式，实现其专利、版权、商标等自主知识产权的市场流通和转化，[1] 不断提高知识产权的商品化、产业化程度及水平。

（三）主要战略措施

地方知识产权战略举措的选择，既要体现国家战略的框架要求，更要针对本地知识产权发展的需要，指向战略任务的实现。欠发达地区拥有丰富的优势资源，其知识产权战略举措应根据整体性、系统性和时效性的要求，科学选定战略方向、有效配置战略资源，从

---

〔1〕《重庆市人民政府关于创建知识产权保护模范城市的意见》（渝府发〔2009〕41号）。

布局上体现制胜优势。

1. 推进新型工业化

工业转型升级是我国加快转变经济发展方式的关键所在，是实现工业大国向工业强国转变的必由之路，同时也是欠发达地区赶超跨越的必然选择。推进新型工业化，必须充分发挥科学技术的作用，依靠智力资源，使经济发展具有可持续性。这是新型工业化道路的可靠根基和支撑力。[1] 因此，欠发达地区制定实施知识产权战略，要不断提升工业领域知识产权创造、运用、保护和管理能力，加快推进新型工业化。一是以重大自主创新项目为支撑，培育一批具有自主知识产权的高新技术产品群和产业群；二是以机电一体化、电子信息、新能源、新材料、新医药及传统优势产业等为重点，围绕产业核心技术的继承创新与突破，重点培育一批以组合发明专利为核心的知识产权；三是运用先进适用技术和高新技术改造机械、建材、轻工、化工、食品等传统产业，不断提高传统产业的技术水平，并形成一批以改进发明专利为核心的知识产权。[2]

2. 实施支柱、优势产业知识产权战略

支柱产业是区域经济中发展较快，对区域经济发展起引导和推动作用的先导产业，对提升地区的经济实力有着广泛而深刻的影响。决定支柱产业发展优劣的关键因素是科学技术，更确切地说是自主知识产权特别是高端知识产权。[3] 随着知识经济的兴起，支柱产业发展的状况，已成为决定地区经济质量的重要指标。支柱产业知识产权战略的基本内容既包括根据不同客体制定的专利战略、商标战略、版权战略、集成电路布图设计战略、植物新品种战略、域名战略、商业秘密战略、地理标志战略等，又包括根据功能分别制定的知识产权创造战略、保护战略、运用战略和管理战略等。欠发达地

---

〔1〕 孙春升：《推进煤炭产业结构优化升级 走新型工业化道路大型论坛（一）关于新型工业化道路的综述》，载《煤炭经济研究》2003年第3期，第8页。

〔2〕《苏州市知识产权战略实施纲要（2006—2020年）》。

〔3〕 唐恒、朱宇编著：《区域知识产权战略的实施与评价：江苏之实践与探索》，知识产权出版社2011年版，第21页。

区制定实施知识产权战略，应当在支柱产业最大限度地发展具有高科技含量的自主知识产权并适应市场变化，不断地向广度和深度发展，从而占领经济科技制高点。当前，要特别注重把支柱产业发展的重点由"量"的扩张转移到"质"的提升上来，推动产品结构的调整、产业链的延长和优化升级。

3. 实施重点区域知识产权战略

众所周知，知识产权具有地域性，多数具有地域色彩的知识产权的利用与特定的地域环境及文化背景密不可分，这意味着与地域环境和文化氛围结合的产业开发具有不可重复性。据此，积极开发这些资源并将其转化为知识产权，以知识产权法定的垄断性将其转化为市场竞争优势，结合特定的地域背景强化这种优势，对优化区域产业结构、提高区域竞争力有重要促进作用。[1] 因此，欠发达地区制定、实施知识产权战略，应注重考查地区知识产权成果、管理、运用和保护等现状，了解地区知识产权事业所具有的优势、劣势及面临的机遇和挑战，然后进行综合研判及战略组合分析，进而确立发挥自身优势的区域战略。[2] 如面向国家西部大开发、泛北部湾国际经济开发区建设以及国家级科技园区建设、"一带一路"建设等确立地方知识产权事业发展的重点区域，推动形成知识产权发展新高地。

---

〔1〕 刘华，黄光辉：《论我国的知识产权地域性战略》，载《科技与法律》2005 年第 1 期，第 71 页。

〔2〕 赵丽莉：《民族自治地区知识产权战略建设思考》，载《合作经济与科技》2009 年第 22 期，第 23 页。

欠发达地区实施国家知识产权战略重点

一、欠发达地区知识产权战略重点的选择

与国家知识产权战略不同，区域知识产权战略更加关注区域经济的发展特色，注重突出知识产权工作对地方主导产业、特色产业和产业集群的促进作用。[1] 基于此，"抓住重点，突出特色"应该成为欠发达地区实施国家知识产权战略的核心理念，而且应该与国家知识产权战略形成和而不同的战略重点。只有明确了重点，各项知识产权工作围绕重点展开，才能切实有效地达成知识产权战略预定的目标。进一步说，欠发达地区知识产权战略重点的选择，应以国家知识产权战略为指导，结合区域资源禀赋、产业特点、科技水平，以发挥本土资源优势为基点，以发展地方特色产业为重点，以优势产业为突破口，有针对性地解决区域重点问题。[2]

（一）欠发达地区选择知识产权战略重点的理论关怀

经过四十多年的改革发展，我国已成为世界第二大经济体。随着经济全球化进程的加快，贸易环境发生重大变化，国际市场竞争日趋激烈，我国的许多产品在国际市场上面临诸多挑战。由于劳动

---

〔1〕 郭民生：《确定区域知识产权战略的重点》，载《创新科技》2011 年第 8 期，第 27 页。

〔2〕 赵丽莉：《民族自治地区知识产权战略建设的思考》，载《合作经济与科技》2009 年第 22 期，第 23 页。

密集型产品的附加值低、需求弹性小，我国出现了产业同质化、结构重型化和国民经济的"贫困化增长"，并由此产生了能源短缺、资源瓶颈、环境恶化、区域鸿沟和制度制约等一系列不和谐现象。[1]在入世过渡期结束、入世承诺基本兑现之后，我国的经济体制将全面与世界贸易组织规则接轨，国内市场进一步开放，国内产业和企业将面临更大的生存和发展压力。中国经济尤其是欠发达地区的经济要在激烈的全球竞争中掌握主动，不仅要吸收传统比较优势理论和竞争优势理论的思想，更要探索出一条以知识产权优势理论为指导的创新驱动发展之路。[2]

　　单纯就经济发展来看，西部等欠发达地区远落后于东部。西部大开发的根本目标就是要缩小东、西部经济发展的差距。西部等欠发达地区只有选择一个对经济发展有决定作用，而且与东部大体处于同一起跑线的领域，全力以赴发展，才有可能赶上东部，这就是知识产权保护。[3]在全球经济一体化背景下，知识产权已经成为市场经济主体最重要的竞争手段、致富工具和战略资源。[4]一个国家、一个地区要获得并维持持久的竞争优势，需要实现从比较优势到以知识产权为主导的竞争优势的战略转变。我国欠发达地区传统知识资源丰富，种类众多，形式多样，而且越是少数民族地区有待发掘的资源越丰富，越是现代化程度不高的地方其原始风貌保留得越完整，[5]其知识资源优势越明显。基于此，挖掘、培育和壮大知识产权优势，大力发展知识产权经济应当成为欠发达地区抢占战略

----

〔1〕　郭民生：《积累知识产权优势　实现市场竞争优势化》，载《创新科技》2011年第7期，第26页。

〔2〕　邵彦敏、李锐：《优势理论分析框架下的创新驱动发展战略选择》，载《当代经济研究》2013年第10期，第74页。

〔3〕　马治国主编：《西部知识产权保护战略》，知识产权出版社2007年版，第27页。

〔4〕　郭民生：《确定区域知识产权战略的重点》，载《创新科技》2011年第8期，第26页。

〔5〕　马治国主编：《西部知识产权保护战略》，知识产权出版社2007年版，第208页。

制高点、追赶发达地区的首要选择。

所谓的知识产权优势，是指在开放的国内外市场中，市场主体通过其成熟的制度和规则，把自己的人才、技术、管理和文化等方面的优势转化为市场垄断优势——知识产权优势，在创造、占有、转化和运营知识产权资源及其他生产要素的过程中，使自己处在市场竞争的有利地位甚至是全球产业链的高端，以最大限度地提升、保持核心竞争力并获取直接的、长远的利益。[1] 一般认为，知识产权优势具有垄断性、开放性、长期性等基本特征，主要体现在知识产权制度、规则、资源和运营四个方面。在当今世界全球经济竞争中，它不仅体现在一个国家或地区的高新产业及其具有战略意义的产业部门必须掌握具有自主知识产权的核心技术、建立以自主知识产权为基础的标准体系，同时还体现在传统的民族产业低端产品部门。也就是说，以知识产权优势为主导的竞争优势，既可以涵盖技术密集型产业和资本密集型产业，还涉及劳动密集型产业。[2]

当前，欠发达地区正处在重新调整发展思路、加快职能转变、选择发展重点的关键时期，要使区域经济从根本上从自然资源型、投资驱动型、数量规模型、模仿跟踪型向知识资源型、技术驱动型、自主创新型和质量效益型转变，知识产权优势是必须着力培育的一种后发优势。只有全面而有侧重点地实施知识产权战略，才能加快知识产权事业发展步伐，全面增强欠发达地区知识产权创造、运用、保护和管理能力，从而持续地为欠发达地区提升自我发展能力提供有力保障。

（二）欠发达地区选择知识产权战略重点的现实关切

区域知识产权具有区域性、阶段性等显著特点。欠发达地区知识产权战略重点的选择必须基于自身的资源环境条件，遵循"扬长

---

〔1〕 郭民生、郭铮：《"知识产权优势"理论探析》，载《学术论坛》2006 年第 2 期，第 75 页。

〔2〕 邵彦敏、李锐：《优势理论分析框架下的创新驱动发展战略选择》，载《当代经济研究》2013 年第 10 期，第 75 页。

补短"的策略，"找准工作重点，服务企业发展，结合地方经济实际需求、产业特点和企业需求，加强引导、深入服务，提高工作的针对性和有效性，增强知识产权工作的推动力"[1]。

就"长"的方面说，西部等欠发达地区是中华民族的发祥地，是长江、黄河的发源地，孕育了古代文明，其地理资源、民族文化资源之富有是东部无法比拟的，如西安的秦汉文化、四川的酒文化和电力产业、陕西的民间绣品⋯⋯这些资源都有可能以不同的方式转化为具有地区特色的知识产权优势。在产业发展上，优势产业的发展已经初具规模，这些产业既有技术含量高的现代产业，也有与当地的历史文化紧密结合的传统特色产业，均与专利、技术秘密、商标、地理标志等有关。

拿"短"的方面来论，欠发达地区知识产权法规不够完善，企业的知识产权意识在整体上比较薄弱，自主创新能力不强，甚至在一些省区知识产权事业发展的纲要性文件出台前，99%的企业未申请专利，80%以上的企业未注册商标，绝大多数企事业单位未建立知识产权管理制度，旅游商品的地理标志申请量还为 0。[2]

从当下的情况来看，一方面，欠发达地区正面临着发展优势特色产业、加快产业结构调整、转变经济发展方式的重大挑战。另一方面，由于缺乏国际通行规则的系统立法，并较为忽视优势领域知识产权资源的整理、挖掘和传承，加上欠发达地区"经济发展需求、环境与贫困、环境与遗传资源易受现代化冲击"之间存在着一种累积性、因果性关系[3]，这些地区一度成为生物遗传资源被掠取较为严重的地区，一些拥有诸多优秀民族文化资源的贫困地区甚至陷入了"贫困—牺牲文化资源保护以求短期经济效益—环境恶化—产生

[1] 参见《关于实施知识产权战略，促进西部地区知识产权事业加快发展的若干意见》。

[2] 张勤、朱雪忠主编：《知识产权制度战略化问题研究》，北京大学出版社 2010 年版，第 187、190 页。

[3] 钭晓东、郝峰：《科学发展观引领下的遗传资源知识产权法治保障战略论纲》，载《法学杂志》2010 年第 11 期，第 40 页。

新贫困"的恶性循环之中。优势领域的知识产权资源流失严重，原来所具备的部分优势正在逐渐消失，与东部发达地区的差距正进一步扩大。抓住机遇，迎接挑战，必须以科学发展观为指导，正确运用知识产权优势理论，告别"现代化""全球化"和GDP崇拜，克服短期行为、唯外资论和简单地以市场换技术等观念，充分认识到"边缘的精彩""贫困的财富"[1]，瞄准自身优势，进行科学的战略谋划，把这种资源的、战略的优势充分转化为知识产权优势，进而转化为经济的、社会的实际优势，以此带动企业、产业的迅速发展。

事实上，国家知识产权局《关于加强地方知识产权战略实施工作的若干意见》就有针对性地指出，西部欠发达地区要加快能力培育，完善知识产权法规、政策体系，探索开展地理标志、遗传资源、传统知识、民间文艺等特定领域的知识产权保护工作，较大幅度地提升各类知识产权的数量。开展传统优势、特色领域知识产权工作，充分发挥知识产权工作对文化产业、旅游产业的促进作用，扩大特色领域知识产权产业化规模，形成地方经济新的增长点。《2012年国家知识产权战略实施推进计划》也提出，要"整理、挖掘我国地理标志、遗传资源、传统知识和民间文艺等优势领域的知识产权资源，研究建立相关知识产权保护体系，推动相关知识产权立法进程"。这为欠发达地区抢抓机遇、加快发展指明了方向。从实践经验来看，在比较优势向竞争优势转化的过程中，关键在于培育和发展自主知识产权优势。欠发达地区要从战略布局上体现制胜优势，就必须选择对本地区战略全局起到关键性作用的领域，如传统知识、生物遗传资源、传统医药、地理标志、植物新品种、文化旅游等为战略突破口，实施资源转换战略和重点带动战略，统筹推进整个知识产权战略的实施。

（三）欠发达地区选择知识产权战略重点的原则规约

知识产权战略重点的选择关系到一个地区的经济结构布局，涉

---

〔1〕潘全英：《贵州省传统知识保护的优势探析》，载《贵州师范大学学报（社会科学版）》2006年第4期，第50页。

及地方性法规制定的导向及配套政策措施的出台，影响到一定时期内有限的人、财、物等资源的投入方向，制约着以重点带全面发展策略的实施及其战略目标的实现。因此，在战略重点选择过程中，应当遵循特定的原则，以保证其科学性、有效性。

1. 利益衡平原则

知识产权战略是一把"双刃剑"：既有正面功能，又有负面功能；既存在正相关，亦有负相关。我国幅员辽阔，经济发展水平不仅在东、中、西部经济区之间存在较大差异，即使是欠发达地区之间也不尽相同，同样的知识产权战略重点布局在不同的地区很可能会产生截然不同的效果。要充分扬知识产权之利，抑知识产权之弊，提高知识产权战略的外部适应性，就必须进行区域知识产权的SWOT分析，综合考量地区支柱产业、优势产业发展水平、行业竞争形势以及企业的生产经营实际，结合科教强区战略、人才兴区战略的实施及国家级经济开发区、高新技术园区及各类改革试验区的建设，把有限的资源集中投入到以优秀民族文化资源和优势产业为重点的领域，让资源优势、知识产权优势在服务特色产业、优势产业和支柱产业发展，培育优势和区域竞争力上发挥更重要的作用。

2. 差异化原则

本民族、本地区的传统文化和传统知识是开展知识创新的源头活水，也是自主创新的重要依托。运用战略手段实现知识资源的推陈出新，是具有浓郁文化的欠发达地区开展自主创新的重要途径。[1] 为了在与发达国家、发达地区的经济竞争中占有一席之地，欠发达地区知识产权战略的制定与实施，既要鼓励创新又要充分挖掘特有的知识产权资源潜力，选择能体现本地区优势、特色和潜力的领域作为战略重点，形成错位竞争，在彰显特色中形成竞争优势。

3. 动态调整原则

知识产权政策通过调节垄断和竞争的关系影响经济发展，已经

---

〔1〕　张勤、朱雪忠主编：《知识产权制度战略化问题研究》，北京大学出版社2010年版，第31页。

制定和实施的知识产权战略应当随着经济、科技和社会发展阶段和国内外竞争形势不断进行战略重点的调整。事实上，几乎所有建立和推动知识产权政策的国家和地区都在不同的发展阶段采取不同的知识产权政策和战略以适应当时经济发展的需要，促进经济发展。[1] 由此，欠发达地区选择知识产权战略重点也应当坚持动态调整原则。一方面，要把握知识产权变革以及知识产权立法动态，预测知识产权事业发展、竞争的规模和范围，合理确定人力、物力和财力的投入；另一方面，要留有调整空间，能够根据本地区形势变化以及战略实施的实际效果及时调整战略举措，努力抢占制高点，保持竞争优势。

二、传统知识的知识产权战略

传统知识是一种"生成于传统、成长于现代"的知识产品，也是一种决定人类生存与可持续发展的根基性要素与战略性资源，如何加强保护，扭转其极速消失的现实，已成为从传统到现代转型进程中日益凸显的战略性问题。[2] 我国虽然是传统知识资源最丰富的国家，但也是对传统知识进行整体保护较晚的国家之一。2008 年颁布的《国家知识产权战略纲要》把传统知识保护问题作为"战略重点"和"专项任务"之一作出了原则性规定。《全国生物物种资源保护与利用规划纲要》还提出了 2006—2020 年间传统知识保护的阶段目标和行动计划。这说明传统知识保护是国家知识产权战略的重要组成部分。我国欠发达地区蕴藏着极为丰富、价值巨大的传统知识，发展前景也非常可观。因此，欠发达地区制定实施传统知识的知识产权战略，既是国家战略的一部分，又是地方战略实施的关键之一。

---

［1］ 孙娜：《开放经济条件下我国知识产权政策及绩效评估研究》，对外经济贸易大学出版社 2013 年版，第 148 页。

［2］ 钭晓东、宋汉文、李国民：《论生态文明演进中传统知识的可知识产权性》，载《温州大学学报（社会科学版）》2012 年第 5 期，第 1 页。

（一）传统知识的概念和特征

"传统知识"是最近二十年才逐渐见诸国内外知识产权文件的术语。在探索传统知识保护的过程中，不同的国家甚至同一国家的不同地方，或者不同的机构、不同场合，使用相同或相近的术语表达的却是不同的含义，或者对于同样或相近的内容却使用不同的术语。除使用最多的"传统知识"外，还有"土著知识""社区知识""土著遗产""土著知识产权""无形文化遗产""传统医药"及"民间文学艺术表达"等。[1] 正因为这样，传统知识至今还是一个较为复杂且未获统一解释的概念，其术语的使用与概念的界定甚至成为讨论与研究传统知识时遇到的两个主要难题。

随着世界经济的发展，传统知识、民间文学艺术表达及遗传资源的保护逐渐成为全球共同关注的话题。1992 年通过的联合国《生物多样性公约》（Convention on Biological Diversity，简称 CBD）第 8（j）条将传统知识界定为："土著和地方社区传统生活方式而与生物性的保护和持续利用相关的知识、创新和做法。"此后，在 CBD 框架下，曾出现若干涉及传统知识概念的定义或解释，但总体而言，CBD 对传统知识提供保护以"与生物多样性的保护和持续利用相关"为前提条件，所提出的传统知识保护的概念描述过于模糊和宽泛。换句话说，对于 CBD 而言，传统知识并不是它直接保护的对象。[2]

1994 年联合国《防治荒漠化公约》（Convention to Combat Desertification，简称 UNCCD）对传统知识则使用"传统和地方性的技术、知识、诀窍和实践"这一术语来表述。[3] 1998—1999 年 WIPO《知

---

[1]　Wend B. Wendland, "Intellectual Property, Traditional Knowledge and Folklore", *WIPO's Exploratory Program*, IIC, 2002, Vol. 33, No. 4, pp. 490-491. 转引自朱雪忠：《知识产权协调保护战略》，知识产权出版社 2005 年版，第 296~297 页。

[2]　钭晓东、宋汉文、李国民：《论生态文明演进中传统知识的可知识产权性》，载《温州大学学报（社会科学版）》2012 年第 5 期，第 2 页。

[3]　参见 1994 年联合国《防治荒漠化公约》第 18.2 条。

识产权与传统知识事实调查报告——传统知识持有人的知识产权需要与期待》（Intellectual Property Needs and Expectations of Traditional Knowledge Holders. WIPO Report on Fact - Finding Missions on Intellectual Property and Traditional Knowledge 1998 - 1999）对传统知识进行了广义的界定，"传统知识"是指"以传统为基础的文学、艺术或科学作品；表演；发明；科学发现；设计；标志、名称和符号；未披露的信息；以及所有其他以传统为基础的、位于产业、科学、文学和艺术领域的、起源于智力活动的创新和创造。传统知识包括农业知识、科学知识、技术知识、生态知识、医药知识、与生物多样性有关的知识、音乐、舞蹈、手工艺品、设计、故事、插图（artwork）；语言要素如名称、地址标志和符号；可移动的文化财产"。但不包括产业、科学、文学、艺术领域内不起源于智力活动的事物，如人类遗迹、日常语言和其他类似的广义的文化遗产要素。2000年世界知识产权组织成立的"知识产权与传统知识、遗传资源、民间文艺政府间委员会"（the WIPO Intergovernmental Committee on Intellectual Property and Genetic Resources, Traditional Knowledge and Folklore，简称WIPO-IGC）将"传统知识"界定为："传统知识仅指在传统背景下作为智力活动成果和见识的知识的内容或实质，包括作为传统知识系统组成部分的专有技术、技能、革新、实践和学问，并包括体现某社区或其居民传统生活方式的知识，或者包含在编辑成典、世代相传的知识系统中的知识。"[1] 不过，自2003年7月第5届会议开始，IGC开始在狭义和严格意义上使用"传统知识"这一术语：所谓传统知识，是指"传统的诀窍、技术含量、习惯性做法（practices）和学问的内容或者实质等"。

2007年我国国家环境保护总局印发的《全国生物物种资源保护

---

[1] Secretariat of WIPO-IGC. Protection of Traditional Knowledge: Overview of Policy Objectives and Core Principles [EB/OL], 2011-10-20, http://www.wipo.int/meetings/en/doc_details.jsp? doc_id=32407. 转引自钭晓东、宋汉文、李国民：《论生态文明演进中传统知识的可知识产权性》，载《温州大学学报（社会科学版）》2012年第5期，第3页。

与利用规划纲要》则将"传统知识"定义为"当地居民或地方社区经过长期积累和发展、世代相传的，具有现实或者潜在价值的认识、经验、创新或者做法"。

根据上述定义，结合对"传统"和"知识"的理解，传统知识可以认为是以下知识的结合：传统的、当地的，与生态和环境相关的知识。它是土著和地方社区在长期的生活实践中逐步形成并主要依靠非正规方式世代传承或保持的，表现为凝结艺术、科技及习惯等要素的各种知识的总和。

传统知识在知识的创造主体、创造方式、传延方式等多个方面有别于现代知识产权的客体，在法律上具有以下特征：

1. 从权利主体上看，具有群体性

从总体上看，传统知识是由其所在的群体，甚至是相关联的多个群体在长期的生产生活实践中共同完成的。从其产生、发展和传承的方式来看，"任何一种传统知识都离不开它所属的社会群体，这个社会群体可以是一个民族或一个国家，也可以是一个村落或一个部落。社会群体是传统知识的承载者，任何传统知识整体离开它所属的社会群体就不会存在"。[1] 因此，虽然某些传统知识能够通过有形的产品或者约定俗成的固定表达来体现，但却没有任何一个单个的成员能对其主张"创造者的权利"。[2] 传统知识的这种创造过程、存续状态构建了权利主体的群体性质，因此，保护传统知识主要是保护集体（国家、村庄、部落、社区等）的权利。

2. 从权利客体的控制状态来看，具有相对公开性

传统知识是特定群体通过代代相传共同开发、共同培育的知识的集合。在传统社区内，此类知识一般是共同掌握、共同拥有，且与大多数群体的生活自然相伴，没有刻意的保密制度或措施。同时，传统知识大多以口头形式表达和流传，整个社区甚至邻近区域亦可

---

〔1〕 何星亮：《新疆民族传统社会与文化》，商务印书馆2003年版，第376页。

〔2〕 唐广良：《遗传资源、传统知识及民间文学艺术国际保护概述》，载郑成思主编：《知识产权文丛》（第8卷），中国方正出版社2002年版，第54~57页。

能并容易对此知识有所了解，这是造成传统知识具有相对公开性的原因。[1] 当然，这种公开和公有并不意味着每个群体成员都能掌握和运用，更不等于已经进入公有领域，亦有别于特定个体或机构开发并控制的私有知识，这是由其所处的环境和所起的作用造成的。

3. 在保护期限上，应当是个长期而不间断的过程

传统知识与该社群的生产生活方式的自然演进一同进步和发展，在历史长河中慢慢积累而成，每一历史单元都是文化的传承时期，也是再创作时期，因此它没有确定的产生日期，也永远不可能完成和静止下来。[2] 传统知识的这种特殊性决定了其保护的长期性，否则就失去了保护的意义。

（二）传统知识保护存在的主要问题

传统知识是传统群体共同创造完成并世代相传的成果，其主体关系复杂。有的是以严格保密的方式由直系亲属或者师傅口头传授，没有文献化资料；有的很久以前就已经文献化，或者以其他方式进入公知领域，权属也不明确。这些都为传统知识的知识产权保护增加了难度。[3]

改革开放以来，一方面，接受了现代工业文明的土著居民纷纷抛弃传统的美学样式、传统的艺术手段，追求流水线上生产出来的整齐划一的现代工业产品，致使他们世世代代保留下来的传统知识产品渐渐被市场所遗忘，被当地群众所抛弃。没有经济收入、没有社会认可，造成了传统知识在当地少人问津，无人愿意学习、传承知识。[4] 传统知识保护面临后继无人的问题。另一方面，人们惊奇地发现，一些传统知识适应现代社会市场经济的要求，与高科技手

---

〔1〕 邹腊莨：《我国传统知识法律保护问题研究》，东北财经大学 2007 年硕士学位论文，第 11~12 页。

〔2〕 徐家力：《传统知识的利用与知识产权的保护》，载《中国法学》2005 年第 6 期，第 113 页。

〔3〕 薛达元：《民族地区生物多样性相关传统知识的保护战略》，载《中央民族大学学报（自然科学版）》2008 年第 4 期，第 13 页。

〔4〕 马治国主编：《西部知识产权保护战略》，知识产权出版社 2007 年版，第 208 页。

段很好地融为一体，在新时代焕发出新的活力。比如，将现代医疗技术与传统的民族医药相结合，生产的许多药品获得了广泛的市场认可。在欠发达地区，传统知识的知识产权保护也不乏成功的范例。如，重庆铜梁龙舞是我国宝贵的非物质文化遗产之一。它源于铁炉业的行业龙，历史悠久，是流传于重庆市铜梁地区的一种传统龙舞表演，通常由两条火龙配合玩舞，外加吹灯乐队、干花队、铁水花队以及喷花、烟火、火流星等助阵。2004年6月4日，国家商标总局核准铜梁县高楼镇火龙文化服务中心注册"铜梁火龙"为商品商标的申请。核定服务项目为：文娱活动、组织表演、演出、节目制作、录像等。2005年，商标注册人变更为重庆市铜梁县高楼镇文体服务中心。通过商标注册，权利人取得了"铜梁火龙"的注册商标在铜梁火龙的龙具造型、队员着装、龙舞套路、火花施放、吹打乐等在表演、节目制作、录像等核定服务项目上的独占性使用权。[1]

　　与其他形态的知识产权相比，传统知识是一个特殊的对象，它与现行知识产权制度的保护标准不在一个平面，利用现行知识产权制度保护它，存在有限的保护对象与众多的保护需求、有限的保护时间与长期历史创造和历史传承、单一私权化的保护方式与集体权利等多元化的权利诉求的矛盾，[2]使得大部分传统知识的知识产权利益无法得到直接或间接的保护。由此，如何控制传统群体以外的人对传统知识的商业性使用，如何公平合理地进行利益分配，是传统知识持有人面临的共同困难。而当传统知识被"不当占有（利用）"[3]时，如何维护所有者的应得利益就成为一个急需解决的重要问题。

　　近些年来，由于法律的缺失和权利意识淡薄，传统知识流失和

---

〔1〕　齐爱民、赵敏：《非物质文化遗产的商标权保护模式》，载《知识产权》2006年第6期，第63~64页。

〔2〕　李发耀：《论民族地区传统知识的积极性保护机制》，载《贵州民族研究》2011年第5期，第46页。

〔3〕　不当占有（利用）是指行为人的占有（利用）行为虽不违背法律，但使他人利益受损失而引起的一种事实状态。

丧失的情况严重。一些国外机构在获得我国传统知识后，加以研究和开发，获得了高额利润。更为严重的是，少数国外机构在未披露传统知识来源的情况下，通过提交专利申请，取得了相关物种开发的垄断权、排他权，限制了我国相关专利的申请，损害了我国的利益。随着改革开放的进一步深入，这种状况有愈演愈烈的趋势，我国欠发地区的遗传资源、传统知识及其载体处境的后续发展十分令人忧虑。

针对这种现象，国务院和一些地方政府先后制定了一些针对某类传统知识的保护条例或规章，比如《传统工艺美术保护条例》，但条例的保护范围过窄，经费扶持不直接针对传统工艺，规定较为笼统，缺乏可操作性，许多保护措施没有落到实处，大规模的保护活动也鲜有进行。

（三）加强传统知识保护的基本原则

总的来说，对传统知识应当实行保护为主、抢救第一、合理利用、继承发展的方针。具体来说，应当遵循以下几项基本原则：

1. 保护为主、抢救第一的原则

欠发达地区蕴含着丰富的传统知识，但由于保护意识不强、政策法规不健全、生态环境恶化等诸多原因，现在很多已失传或流失。陕西地区的"西安鼓乐"就曾面临失传的危险，为此国家已将其列为我国传统知识重点保护的对象之一。当下，积极主动地抢救濒临消失的传统知识对欠发达地区乃至中国来说都有着重要的意义。要正确处理抢救、保护和利用的关系，抢救记录、保存和保护是利用与发展的前提和基础，也是工作的重点，在确保获得有效保护的前提下，促进抢救、保护和利用的有机结合与协调统一。

2. 合理使用和利益分享的原则

"利益是社会主体需要在一定条件下的具体转化形式，它表现了社会主体对客体的一种主动关系，构成了人们行为的内在动力。"[1]

---

[1]　张文显主编：《法理学》，高等教育出版社、北京大学出版社1999年版，第215页。

保护传统知识的许多建议正是建立在公平的考虑之上，只有合理地整合与协调各种利益诉求，才能使保护行为不至于走向片面或反面。由于民族自觉缺乏、文化生态恶化、传承链条脆弱等原因，传统知识的价值还没有得到充分的理解、承认和补偿，相反，正遭遇歧视、剽窃甚至破坏，使本来处于弱势边缘的传统知识更进一步"弱势化""边缘化"。加强传统知识保护，就是要建立传统知识获取与惠益分享制度，改变目前这种不公正、不公平的局面。

3. 私法与公法相结合的原则

传统知识很长时间以来被人们认为是公有领域的概念，加上行政法规具有很强的强制性特点，可以较好地适应我们目前传统知识保护的需要，因而主要适用公法对其进行规制。但是传统知识的特点和日益凸显的价值决定了公法对其调整的局限性，当传统知识所有人、传承人的利益分享权益遭到侵犯时，公法显然很难及时公正地给予物质赔偿或消除影响。有学者指出，2011 年颁布的《中华人民共和国非物质文化遗产法》注重发挥政府的主导作用，但只是较简单地将包括传统知识在内的非物质文化置于政府的庇护之下，而没有很好地反映传统社群的权利要求，从长远来看是利弊参半。[1] 实际上，传统知识范围广泛，客体多种多样，内容丰富，涉及的法律关系纷繁复杂，必然要求对其采取多样性和交叉性的保护策略。也就是说，应当坚持公法与私法相结合的原则，力求切实有效地保护传统知识所有人、传承人的权益。

4. 人文与自然可持续协调发展的原则

保护传统知识，即保护特定的历史、文学、艺术、科学、社会价值，直接关系到人文与自然知识的多样性，影响着人与自然的可持续协调发展。因此，保护传统知识必须以人为本，遵循人文与自然可持续发展的原则，坚持产业发展、文化多样性、人权保障三位一体，既把传统知识及其知识产权权益作为地区和传统部落维护及

---

〔1〕 周方、马治国：《非物质文化遗产开发利用法律规制研究》，载《西部法制报》2012 年 6 月 1 日。

实现发展权的一个重要途径，又坚持求同中存异，推动文化的交流与创新，促进文化多样性的持续，即使传统知识回归本真，又为其保护提供动力，进而使其成果源源不断地惠及当地人，惠及全体人民。

（四）传统知识知识产权战略的基本框架

1. 战略目标与任务

关于包括传统知识在内的传统文化的保护，在世界知识产权组织关于 WIPO-IGC 第七次大会上，大会秘书处综合各成员会内外提出的意见和建议，专门就传统文化保护的政策目标形成了文件《保护传统知识的政策目标和核心原则》（Protection of Traditional Knowledge：Policy Objectives and Core Principles）。该文件经过大会的不断修订和讨论，最终确定传统文化保护的政策目标应包括以下 13 项内容：承认价值；增进尊重；满足社区的实际需要；防止对传统文化的不正当占有；授权给社区；维持习惯做法与社区合作；有助于保护传统文化；鼓励社区创新与创造；促进智力与艺术自由、研究与平等条件下的文化交流；有助于文化多样性；鼓励社区发展与合法的贸易活动；排除未经认可的知识产权；增强确定性、透明度和相互信任。《保护传统知识的政策目标和核心原则》比较全面地表述了包括传统知识在内的保护传统文化的政策目标，其主要内容已成为一些国家或地区和其他国家性组织的立法参考。[1]

欠发达地区可以根据本地区传统知识的特性与价值以及《国家知识产权战略纲要》与《全国生物物种资源保护与利用规划纲要》，确立传统知识的知识产权战略目标。这一战略应该涵盖以下基本任务：全面完成传统知识的调查和数据库建立，制定传统知识保护目录，继承、弘扬和推广具有应用价值的传统知识，建立和完善有效的传统知识保护制度，确保在共同商定条件下与传统知识拥有者分享

---

〔1〕 See Traditional Cultural Expressions/Expressions of Folklore（TCEs/EoFs），General Remarks by Brazil，http://www.wipo.int/tk/en/igc/pdf/brazil_tk-tce.pdf. 转引自黄玉烨：《保护传统文化的政策目标论纲》，载《法商研究》2008 年第 1 期，第 86 页。

惠益。[1]

2. 战略重点

从传统知识的知识产权战略实施过程、依托力量及其要实现的目标来看，应重点实施以下四个战略：

（1）原真性保护战略。原真性保护是原生性保护和真实性保护的抽象融合，[2] 主要包括原生性、真实性、学者参与和有效监控等基本要求。具体来说，就是根据就地保护原则、"活态保护"原则和整体保护原则，完整的、全面地保护原来的状态，在这个基础上进行疏通传承渠道、存留文化空间和延续文化事件的工作，在必须修复时，要经过严谨的研究，使之尽可能恢复原有的特征和风格，保留传统知识资源的原始、原真特征。

（2）展示战略。传统知识保护与传承的目的是在传统知识得到原真性保护的基础上，使其价值得到有效的阐发和展示。这是传统知识保护和传承的本质要求，也是传统知识从深闺走向台前，从习惯的沉默逐渐得到外界知晓和认可的起始环节，更是传统知识价值实现的有效途径。其中，阐发是价值提炼的关键和基础，也是价值实现的前提，展示是价值的实现。因此，要注重挖掘传统知识的价值，积极向社会阐发传统知识文化的精神，继承、弘扬祖源、族源人文精神特质，凸显传统知识资源普遍的人文价值、文化价值、审美价值，给人以历史的、哲学的、经济的、政治的、民俗的乃至自然的、科学技术的知识与教育，使人们得到很多真善美的启示乃至对于自然法则、历史规律、人生意义的思考。[3]

（3）原住民依托战略。传统知识保护和传承离不开当地居民的支持和参与，只有正确处理原住民与外来管理者和开发利用者的关系，才能使传统知识得到较好的保护及开发利用。因此，传统知识

---

〔1〕《全国生物物种资源保护与利用规划纲要》第 4 条第 11 款第 3 项。

〔2〕吴育标：《中国世界遗产战略管理模式研究——以西江千户苗寨为例》，中国地质大学 2010 年博士学位论文，第 109 页。

〔3〕吴育标：《中国世界遗产战略管理模式研究——以西江千户苗寨为例》，中国地质大学 2010 年博士学位论文，第 109 页。

的保护必须以人为中心，把依托和优先原住民作为重要的战略。该战略要求遵循社区自主原则，尊重并保持原住民的习俗和风情，保障原住民的根本利益和主人地位，在分析社区传统知识保护中面临的问题、提出解决方案时，要充分听取社区居民的意见，合理考虑社区居民的具体权益，最终方案要在社区居民中公开，使传统知识保护的成果源源不断地惠及当地人及利害关系人，既让传统知识回归本真，又为其保护添加动力。

（4）拓新与产业发展战略。原真性保护的目的是为现世及后世的人类服务，尤其是要满足传统知识持有人对传统知识传承和发展的需要，服务于传统知识持有人的福利及经济、文化和社会发展。虽然传统知识作为人类社会发展的智慧成果与知识产品已被激发并逐渐成形，但由于多数传统知识产生、成长并运用于传统社区或部落中，其产业价值至今仍处于"休眠"状态，其商业价值和经济利益的实现也在"传统与现代的对话中"出现断层。[1] 随着现代化进程的加快，传统价值与现代价值的冲突将进一步加剧传统知识资源变革创新的紧迫性。因此，在市场经济体制下，唤醒正处于沉寂中或遭遗忘的传统知识之知识产权利益，促进市场交换，激发沉睡中的商业价值和经济利益，填补相关的产业断层，[2] 是当前知识产权制度及其战略配置的应有之义。

进一步说，传统知识的保护和发展，应坚持拓新与适度产业化发展战略，对传统知识的现代价值、现代利用和保护加强研究，深入挖掘它的文化内涵，使之适应现代社会的时代精神。特别是要紧紧抓住机遇和市场，对那些具有一定商品属性、能够适度开发的传统知识项目实施"生产性保护"策略，即遵循自身存在规律和精神内质，在不造成曲解和贬损的前提下适当促进传统知识资源的经济

---

〔1〕 钭晓东、宋汉文、李国民：《论生态文明演进中传统知识的可知识产权性》，载《温州大学学报（社会科学版）》2012年第5期，第5页。

〔2〕 钭晓东、宋汉文、李国民：《论生态文明演进中传统知识的可知识产权性》，载《温州大学学报（社会科学版）》2012年第5期，第5页。

开发并使之产业化，让传统知识进入市场的"炼丹炉"中寻求新的发展空间，转化为"文化资本"，实现更高层次的保护。

3. 战略措施

社会在发展，传统知识也是在不断延续中发生变化，并呈现出不同的状态。采取什么战略措施来对传统知识进行更有效的传承保护，是传统知识的知识产权战略最终要解决的问题。从战略的角度看，加强对传统知识的保护，普查掌握情况是前提，保存保护是基础，扶持发展是重点，立法保护是必然选择。

（1）深入开展普查整理，对传统知识进行保存保护。普查是摸清传统知识资源家底、掌握地区内传统知识资源蕴藏状况和建立传统知识数据库的主要数据来源，也是对传统知识进行有效保护尤其是对濒危传统知识进行抢救的重要基础。因此，要进行全面普查了解掌握传统知识资源种类、数量、分布状况、生存环境、保护现状及存在问题，运用文字、图像、影音等各种数字化多媒体方式进行真实、全面和系统的记录。[1] 对一些被列入非物质文化遗产名录的项目，需要制定科学的保护计划进行有效保护；对一些在实际生活中已没有市场，由于无法带来利益而无人经营，却蕴含着丰富的文化，能够代表一定历史的传统知识，应委托有关单位积极征集、妥善保存；对原本分散的、零碎的、不成系统的传统知识资源，要根据现代社会文化发展方向和市场需求进行整合，将现代社会审美观念和价值理念融入传统知识资源中，丰富表达内容、拓展表现形态和创新展示风格；对一些具有深厚文化积淀和广泛群众基础的项目，要结合时代特征，进行合理开发利用，创新表现方式和手段，使其更具现代价值。我国西部地区民间保有着非常丰富的传统文化和非物质文化遗产，广西的情况便是如此。广西国家级和自治区级非物质文化遗产统计情况见表4-1、附录2"广西自治区级非物质文化遗

---

〔1〕《关于保护传承发展非物质文化遗产和推动文化撑州战略有关问题的建议案（摘要）》（2012年7月1日政协甘南州第十三届委员会常务委员会第二次会议通过），载《民主协商报》2012年7月27日，第5版。

产总体分布"。

表4-1 广西国家级非物质文化遗产分布

类　型	序　号	编　号	项目名称	分布地区或申报单位
民间文学	2	Ⅰ-2	布洛陀	广西田阳县
	23	Ⅰ-23	刘三姐歌谣	广西宜州市
	569	Ⅰ-82	壮族嘹歌	广西平果县
	1061	Ⅰ-117	密洛陀	广西都安瑶族自治县
	1241	Ⅰ-147	壮族百鸟衣故事	广西横县
传统音乐	59	Ⅱ-28	侗族大歌	广西柳州市、三江县
	61	Ⅱ-30	多声部民歌（瑶族蝴蝶歌）	广西富川县
	61	Ⅱ-30	多声部民歌（壮族三声部民歌）	广西马山县
	63	Ⅱ-32	那坡壮族民歌	广西那坡县
	83	Ⅱ-52	吹打（广西八音）	广西玉林市
	1084	Ⅱ-154	京族独弦琴艺术	广西东兴市
	1256	Ⅱ-162	凌云壮族七十二巫调音乐	广西凌云县
传统舞蹈	108	Ⅲ-5	狮舞（藤县狮舞）	广西藤县
	108	Ⅲ-5	狮舞（田阳壮族狮舞）	广西田阳县
	129	Ⅲ-26	铜鼓舞（田林瑶族铜鼓舞）	广西田林县
	129	Ⅲ-26	铜鼓舞（南丹勤泽格拉）	广西南丹县

续表

类 型	序 号	编 号	项目名称	分布地区或 申报单位
传统舞蹈	657	Ⅲ-60	瑶族长鼓舞	广西富川瑶族自治县
	657	Ⅲ-60	瑶族长鼓舞 （黄泥鼓舞）	广西金秀瑶族自治县
	1273	Ⅲ-120	瑶族金锣舞	广西田东县
传统戏剧	180	Ⅳ-36	粤剧	广西南宁市
	181	Ⅳ-37	桂剧	广西壮族自治区
	209	Ⅳ-65	采茶戏（桂南采茶戏）	广西博白县
	220	Ⅳ-76	彩调	广西壮族自治区
	226	Ⅳ-82	壮剧	广西壮族自治区
	227	Ⅳ-83	侗戏	广西三江侗族自治县
	739	Ⅳ-138	邕剧	广西南宁市
曲 艺	780	Ⅴ-87	广西文场	广西桂林市
	1299	Ⅴ-125	桂林渔鼓	广西桂林市
传统体育				
传统美术	350	Ⅶ-51	竹编（毛南族 花竹帽编织技艺）	广西环江毛南族 自治县
传统技艺	370	Ⅷ-20	壮族织锦技艺	广西靖西县
	380	Ⅷ-30	侗族木构建筑营造技艺	广西柳州市、 三江县
	881	Ⅷ-98	陶器烧制技艺 （钦州坭兴陶烧制技艺）	广西钦州市
	935	Ⅷ-152	黑茶制作技艺 （六堡茶制作技艺）	广西苍梧县
传统医药	1193	Ⅸ-18	壮医药 （壮医药线点灸疗法）	广西中医学院

续表

类　型	序　号	编　号	项目名称	分布地区或申报单位
民　俗	455	X-7	京族哈节	广西东兴市
	460	X-12	三月三（壮族三月三）	广西武鸣县
	462	X-14	瑶族盘王节	广西贺州市
	463	X-15	壮族蚂拐节	广西河池市
	464	X-16	仫佬族依饭节	广西罗城仫佬族自治县
	465	X-17	毛南族肥套	广西环江毛南族自治县
	494	X-46	壮族歌圩	广西南宁市
	495	X-47	苗族系列坡会群	广西融水苗族自治县
	509	X-61	壮族铜鼓习俗	广西河池市
	515	X-67	瑶族服饰	广西贺州市、南丹县、龙胜各族自治县
	516	X-68	农历二十四节气（壮族霜降节）	广西天等县
	981	X-74	宾阳炮龙节	广西宾阳县
	992	X-85	民间信俗（钦州跳岭头）	广西钦州市
	1197	X-122	中元节（资源河灯节）	广西资源县

数据来源：广西文化厅提供的资料、本课题组收集的文献资料和问卷调查整理。

（2）恢复或建立社区的传承组织和运行机制，扶持传统知识发展。传统知识是一种由过去延续发展至今的动态"活"知识，它依赖于传统社群和传承人对不断变化发展中的传统知识的总结、提炼和改造。[1] 只有不断加强对传承人、传承组织的培养和培育，才能释放其文化活力，使传承的知识和技艺因创新和发明而实现价值增值。然而，随着社会结构变迁，传统知识不断遭受冲击，加上传统知识的传承人普遍年事已高，许多已经离开人世，而新一代因对传统文化缺乏热情而选择放弃传统知识，造成"传习人"来源匮乏甚至是传统知识因没有人接班而失传。因此，必须致力于建立一种长效机制来调动广大传承人的积极性，并促进社区广泛参与，培育对传统知识具有深入研究能力、对文化创意具有探索求新精神且对文化市场运作具有整体把握能力的人才队伍。为此，政府应本着扶持的态度，致力于恢复或建立社区传统知识的传承组织和运行机制，避免传统知识因后继无人而灭绝的危险。一方面，要加强对数量庞大的、以个体或小群体为主的"作坊"和"工作室"产业化经营实体的有序化组织与扶持，如组建个体工作室行业联盟，给予一定的资金扶持，实现资源共享和"信息对称"，同时规范个体家庭作坊式经营秩序和交易营销平台构建；另一方面，多措并举，既鼓励社会文化团体"职业型"人才培养模式的发展，又扶持高校创新"理论实践型"人才培养模式，同时分级、分期、分批对"战略工程"传承人、相关管理人员和专业人员进行培训，多渠道培养一批懂专业、善管理的复合型人才。

（3）创建社区传统知识数据库，给予数据权保护。传统社区丰富的文化多样性资源是人类珍贵的甚至是不可再生的遗产。对这些文化多样性资源，传统知识持有人有着多重权利诉求，许多权利的内容远远超越一般经济权利。现有研究认为，创建传统知识数据库，争取与设置数据权是传统知识从防御性保护向积极性保护转变的一个重要环节，也是帮助传统社区有关成员取得、维护和管理、实施传统知识的知识产权及其他权利，实现传统知识基本权利的措施和保障。

---

〔1〕　熊莹、李杨：《江西传统知识资源的产业发展与综合保护》，载《民族艺术研究》2010 年第 6 期，第 80 页。

传统知识数据库创建需要大量的经济与时间投入，但并不能因此而消极等待，反而应该有针对性地对条件成熟的地区进行局部的甚至是小范围的资源数据库及相应信息工程建设，在有些地方甚至还可以采取点面结合、重点突破战略，先在点上积累经验，然后在面上展开，逐步建成统一的传统知识数据库。[1] 建成后的传统知识数据库宜实行登记制度，采取开放式登记、不开放式登记、代理式登记等多种形式进行记载，让传统知识持有人或群体以自愿的形式进行登记，经技术鉴定或者事实认定，录入数据库的传统知识可以获得相关数据权保护。

（4）探索地方专门立法，维护传统知识相关主体的权益。根据WIPO对传统知识保护形式的分析，关于传统知识保护的争辩中对知识产权制度特别提出了两项关键要求：一是要求承认传统知识持有人对此传统知识的权利，二是对于第三方未经授权就得到传统知识的知识产权的关切。[2] 据此，在消极层面，要从源头上防止传统知识权利人以外的人以不合法的手段获取对于传统知识的某种形式的知识产权；在积极层面，需要给传统知识持有人以某种权利，使其有资格针对传统知识的滥用行为采取措施或者找到救济方法。[3] 从国际公约来看，《与贸易有关的知识产权协议》（TRIPs）只对成员国知识产权保护提出最低要求，并不限制成员国通过国内立法提高保护水平。联合国《公民权利和政治权利国际公约》第27条规定："种族、宗教或者语言上的少数民族成员，与其他成员一样，享有他们自己的文化、信仰他们自己的宗教或者使用他们自己的语言的权利不应被剥夺。"联合国人权委员会已通过解释适用该条款来保护传统文化和传统知识。1994年联合国《防治荒漠化公约》还规定，缔

---

〔1〕 王隽、张艳国：《论地方政府在非物质文化遗产保护利用中的角色定位——以江西省域为个案的分析》，载《江汉论坛》2013年第10期，第120页。

〔2〕 WIPO：《知识产权与传统文化表现形式、民间文学艺术》，载百度文库：https：//wenku. baidu. com/view/eb04c888d0d233d4b14e6995. html，最后访问时间：2010年4月20日。

〔3〕 杨健：《知识产权国际法治探究》，吉林大学2013年博士学位论文，第85页。

约国应特别地保护、促进和运用有关传统技术、知识、诀窍和经验；同时确保其足够保护传统社区居民在平等的基础上并经相互同意从传统知识的任何商业化利用或任何源于传统知识的技术发展中直接受益。不仅如此，联合国粮食和农业组织（Food and Agriculture Organization of the United Nations，简称 FAO）1983 年通过的《植物基因资源的行动纲领》（Undertaking on Plant Genetic Resources，简称 UPGR）和 2001 年通过的《粮食和农业植物遗传资源国际条约》（International Treaty on Plant Genetic Resources for Food and Agriculture，简称 ITPGRFA），引入"农民权"的概念，确定了有关基因资源的采取、保护与提供的基本规则，成为保护该领域有关的传统知识的国际法律规范。而 CBD 第 8 条、ITPGRFA 第 9 条、《名古屋议定书》（The Nagoya Protocol on Access and Benefit-sharing）建立了与遗传资源有关的传统知识利益分享权制度，为创设新制度保护传统知识的积极知识产权利益提供了一定的国际法依据。实际上，目前已有巴西、哥斯达黎加、印度、尼日利亚、巴拿马、秘鲁、菲律宾、泰国等一些国家通过专门法对传统知识进行保护。欠发达地区可以在不违反 TRIPs 协议和国家法律法规的前提下，通过省、自治区和较大的市的立法加强对传统知识的保护。这种地方性立法不仅能够以其较强的针对性化解上位法不够细致的"弊病"，还可以为全国性立法提供基础经验。

对传统知识进行专门立法保护，权利主体的确定是一个至关重要的问题。众所周知，传统知识多产生于民间，最初的创作者可能是个人，但随着历史的推移，个人的作用被淹没，传统知识可能逐步成为某个地区、某个民族整体风格、智慧和情感的创造。传统知识的主体理所当然是产生这些智力成果的民族群体，作为传统知识保护人的社区、地方，也应对流传于其内的传统知识享有利益。由于区域特色的多样性和存续形式的复杂性，实践中认定"民族群体"

需要通过先占使用特定地区、文化特性等特定的要素来判断。[1] 在资格具体确认上，从便于管理和操作出发，可以由政府部门按照由小到大的原则将传统知识所（持）有者权利确定给个人、社区、族群甚至地区，由这些特定的个人、群体或政府部门统一行使其主体权利，或者委托给行业机构、社会中介组织行使。

目前，欠发达地区应尽快研究制定保护传统知识的专门法规，明确政府机关在传统知识保护中的职能，规定传统知识的认定、登记、保护资金来源与使用等具体办法，授予传统知识持有有人以传统知识来源得到承认和尊重的权利、控制公开和利用的权利、在商业利用中知情同意和利益共享的权利，以及防止贬损、攻击和谬误使用的权利，并针对各类传统知识的具体情况设定相应的保护目标，提出对于濒危状态的传统知识的抢救措施等。实际上，贵州、新疆、云南等传统知识资源丰富的地方，已经进行了有益的尝试，并取得了初步成效。

应当指出，传统知识种类繁多，性质各异，制定全国性的传统知识保护法律必定是一个非常缓慢的过程，但随着信息技术和生物技术的发展，传统知识的使用者很多来自国外并谋求在国外取得知识产权，此时国内保护传统知识制度的作用就有限，因此从国家层面呼吁尽快建立保护传统知识的国际框架，并签订有关国际公约是传统知识保护的努力方向和必然选择。

三、旅游业的知识产权战略

随着我国整体上步入"中等收入"水平国家，在居民收入稳定增长、经济发展环境良好和社会持续稳定等因素综合作用下，我国独具特色的旅游资源无论是对国外游客还是国内游客都有很强的吸

---

〔1〕 Daes, "Rights of Indigenous Peoples", *Paper resented at Pacific Work Shop no the United Nations Draft Declaration on the Rights of indigenous Peoples*, Suva: Fiji September, 1996, p. 28. 转引自马治国主编：《西部知识产权保护战略》，知识产权出版社 2007 年版，第 225 页。

引力。尽管在《国民旅游休闲纲要（2013—2020）》基础上，为了规范旅游行业各方利益主体的行为，促进我国旅游产业健康发展，国家颁布实施了《中华人民共和国旅游法》（以下简称《旅游法》，2013 年 4 月 25 日第十二届全国人民代表大会常务委员会第二次会议通过），但是，旅游产业赖以生存发展的根基——旅游产品知识产权侵权乱象丛生，恶意抢注、仿冒假冒、擅自利用等侵权形势严峻。因此，"加强知识产权运用和保护，健全技术创新激励机制"[1]不仅是当前我国知识产权保护工作的基本要求，也是做好我国旅游产品知识产权侵权行为认定的精神指南。

（一）旅游业知识产权战略的重要意义

国家知识产权战略应当是以国家为主体，通过加快建设和不断提高知识产权的创造、管理实施和保护能力，不断完善现代知识产权制度，造就宏大的专业人才队伍，使本国在国家竞争中获得和保持竞争优势，促进经济社会发展目标实现的总体谋划。[2] 但是就如有学者所指出的，"之所以会提出知识产权战略而不是物权战略、债权战略，还在于知识产权具有超越私人本位的全局性和根本性视野，它在促进经济繁荣、文化发展、科技进步等各方面既有积极作用，亦有消极影响，已经成为影响国家整体目标和企业经营目标实现的社会问题，因而才会出现战略考虑的需求"[3]。因此，旅游业知识产权战略跟我们通常所说的战略一样，不仅要根据《国家知识产权战略纲要》总体部署，而且要立足各地旅游资源和旅游业态发展实际，从发展目标、发展思路和工作重点以及保障措施等方面，合理谋划该地域旅游业发展的纲领性文件。

---

〔1〕 参见《中共中央关于全面深化改革若干重大问题的决定》（2013 年 11 月 12 日中国共产党第十八届中央委员会第三次全体会议通过）。

〔2〕 张勤：《关于国家知识产权战略的几点思考》，载《科技成果纵横》2005 年第 1 期，第 15～18 页。

〔3〕 梅术文：《知识产权战略的范畴界定与内容构成》，载《中华商标》2008 年第 1 期，第 23～27 页。

1. 发展壮大我国旅游产业的迫切需要

知识产权保护是旅游产业发展壮大的重要保障。旅游产业是围绕"吃、住、行、游、购、娱"等旅游活动发展起来的新兴产业。据国家统计局数据显示，2015 年全年国内游客达到 40 亿人次，比 2014 年增长 10.5%；国内旅游收入达到 34 195.1 亿元人民币，较上年增长 12.8%；入境游客达到 13 382.04 万人次，国际旅游外汇收入达到 1136.5 亿美元；[1] 出境旅游人数已达 1.17 亿人次，出境旅游消费达到 1045 亿美元，比 2014 年增长 16.6%。[2] 尽管以上数据显示了近年来我国旅游产业不断发展壮大，但是由于旅游业界对知识产权保护法律意识淡薄，对旅游产品知识产权保护客体把握不准，致使当前旅游市场上有关旅游产品知识产权侵权现象严重。这样不仅有损旅游产品经营者和旅游产品生产者的合法利益，也不利于我国在世界旅游产业市场竞争力的持久提升。因此，研究旅游产品知识产权及其侵权问题，是实现我国旅游产品经营者、生产者经济效益的重要内容，也是我国旅游产业发展壮大的重要保障。

2. 保护旅游产品知识产权权益的要求

知识产权是保护旅游产品知识产权权益的重要基础。随着知识产权保护意识增强和我国旅游市场日益开发，我国旅游产业作为新兴产业近年来获得了长足发展。但是，如同美国的兰德斯和波斯纳在著作《知识产权法的经济结构》一书中论述的一样，由于知识产权通常能够被竞争对手所复制，而其无须承担创造该产品的任何成本，所以就存在着这样的担心，即如果没有法律保护以防止复制，则创造知识财产的激励就会受到破坏。[3] 加之，长久以来形成的旅游资源公共属性大众观念，旅游业界对旅游产品知识产权保护认识不到位，以及我国旅游产品知识产权存在主体难以界定、客体形式

---

〔1〕 国家统计局：《中国统计年鉴——2016》。

〔2〕 国家旅游局：《2015 年中国旅游业统计公报》。

〔3〕 ［美］威廉·M. 兰德斯、理查德·A. 波斯纳：《知识产权法的经济结构》，金海军译，北京大学出版社 2005 年版，第 11 页。

多样、侵权认定复杂以及法律依据不明等问题，使得在旅游项目开发、旅游线路设计、旅游商品开发等活动中，存在"谁投资谁受损""投入越多、损失越重"的怪象。究其原因，我们认为，主要是旅游产品知识产权保护不力、旅游产品知识产权侵权责任难究，挫伤了旅游产品经营者和生产者开发新产品的积极性，严重影响旅游产品创新。这不仅是当前旅游产品同质化发展的直接原因，也是我国旅游产业发展速度减缓的根本原因。

3. 规范旅游市场有序发展的法律秩序

知识产权是规范旅游市场有序发展的重要手段。为了有效保护旅游产品创新积极性，就要依赖法律手段来规范旅游产品市场秩序，尤其是保护旅游产品生产者和经营者的积极性。如"山西省大槐树艺术书社"，先后通过著作权登记、外观设计专利和注册商标申请等手段，设计并制造出了数十种姓氏鼻祖的不锈钢蚀刻画像，将其作为旅游商品在各旅游风景点销售，保护了自己合法权益和旅游产品市场。但是，总体情况看，目前旅游市场的知识产权保护不尽人意，"有些旅游产品开发需要几个月、甚至数年，但复制山寨却只需要几个小时"现象相当普遍。如果任由旅游产品知识产权侵权行为持续蔓延，如果侵权行为人得不到法律惩处，权利人的权益得不到合理救济，那么不但会大大挫伤旅游产品经营者和生产者创新的积极性，而且更为严重的是会引起旅游产品市场向更加无序化的方向发展。

（二）旅游业知识产权及其发展战略的基本内涵

知识产权既是市场竞争的重要手段，也是资源保护的有效途径。随着旅游业在我国经济社会发展中地位日益提升，对于旅游资源丰富的我国欠发达地区而言，旅游业发展除了要运用市场经济规律合理有效开发旅游资源，还需运用知识产权法律对其进行有效保护。因此，厘清旅游业知识产权的基本内涵，以及在此基础上制定旅游业知识产权发展战略是我国欠发达地区旅游业发展的基础性工作。

1. 旅游业知识产权

"旅游业知识产权"，有的也称之为"旅游知识产权"或"旅游产品知识产权"。尽管知识产权理论界、从业人员一般都认为，"凡是基于智力活动所形成的、受法律保护的专有权利都归于知识产权范畴。旅游业新开发出来的旅游产品是开发人员的智力成果，应当获得知识产权的保护"[1]，但是在究竟如何界定旅游产品知识产权上却存在很大分歧。譬如，有的认为，旅游知识产权指旅游组织者基于创造性旅游产品的智力成果而享有的专有权。旅游知识产权的客体指旅游企业通过智力创造性劳动所获得的无形的智力成果——旅游产品。[2] 还有学者认为，"旅游知识产权的客体，不仅包括旅游企业通过智力创造性劳动所获得的无形的智力成果，也包括旅游产品。"[3]不过，旅游业知识产权主要涉及旅游商标权、著作权、专利权三种类型的知识产权，反不正当竞争等权利并不在旅游知识产权范围之内。[4] 尽管"旅游产品知识产权"有多种不同理解和定义，但是我们认为，旅游产品中所包含的智力劳动成果只能是知识产权，而不可能是其他的权利或内容。所以，所谓旅游业知识产权，即在旅游实践活动中，旅游从业人员或相关者依托旅游资源，围绕"吃、住、行、游、购、娱"等旅游服务项目，进行创造性智力劳动成果所应享有的排他性权利。可以从两个层次来理解这一概念。

（1）旅游业智力劳动成果属于知识产权范畴。知识产权，一般意义上是指人类的创造性智力劳动成果所享有的权利。旅游产品知识产权是针对旅游产品经营者、生产者，由于他们在旅游活动中的创造性劳动，而赋予其在一定期限内排他性权利。正如大家所熟知的 TRIPs 协议，其中最为醒目的是该协议明确定义"知识产权"。TRIPs 协议第一部分第 1 条第 2 款指出，本协议所称"知识产权"

---

〔1〕 ［美］威廉·M. 兰德斯、理查德·A. 波斯纳：《知识产权法的经济结构》，金海军译，北京大学出版社 2005 年版，第 11 页。

〔2〕 罗忻全：《论知识产权的新客体——旅游知识产权》，载《河北旅游职业学院学报》2008 年第 1 期，第 24 页。

〔3〕 杨美霞、张鸿飞：《我国旅游产业知识产权保护框架体系研究》，载《资源开发与市场》2010 年第 2 期，第 185 页。

〔4〕 刘刚：《旅游知识产权法律保护问题研究》，载《青岛酒店管理职业技术学院学报》2010 年第 4 期，第 25~29 页。

一词系指第二部分第 1 节至第 7 节所列举所有种类的知识财产[1]，即"版权及相关权利、商标、地理标志[2]、工业设计、专利、集成电路的外观设计、对未泄露之信息的保护"。从中可以看到，这些"知识产权"在旅游产品中都有体现，如"借助民间文艺"开发宣传广告、影视资料和视频资源等，就可通过知识产权的"著作权"予以保护。因此，旅游业知识产权在本质上是对创新性智力劳动成果的保护，仍是知识产权。

（2）旅游业智力劳动成果权是特殊的知识产权。旅游业知识产权，是旅游产品生产者和经营者基于创造性的劳动智力成果所拥有的权利。从法律意义上来讲，是法律制度对该智力劳动成果的认可。同时，通过法律途径获取该项成果的知识产权，具有排他性，即未经当事人同意或转让，不得擅自使用。反之，仿冒假冒、恶意使用、擅自使用该项知识产权，将承担侵权责任；从经济意义上讲，旅游业知识产权是旅游产品经营者和生产者拥有的无形资产，具有相应的商业价值。旅游产品知识产权人，一方面可以利用法律赋予的"知识产权"，既能用在自有的旅游产品生产和经营上，也能将其权利全部或部分通过许可转让、有偿使用等方式来获取利益；另一方面还可以通过法律手段对其拥有的"知识产权"进行开发利用，加强旅游产品价值及旅游资源的竞争优势，从而吸引更多的国内外游客来消费旅游产品，有利于加快旅游产业发展与旅游经济收益。

2. 发展战略

随着人们生态环境意识增强，旅游业被公认为朝阳产业，旅游资源丰富的欠发达地区更是将其作为实现地方经济发展的"切入

---

[1]　参见 TRIPs 协议（《与贸易有关的知识产权协议》），载 http://www.sipo.gov.cn/zcfg/flfg/qt/gjty/200804/t20080403_369216.html.

[2]　TRIPs 协议 22 条第 1 款规定：本协议所称的地理标志是识别一种原产于一成员方境内或境内某一区域或某一地区的商品的标志，而该商品的特定的质量、声誉或其他特征基本上可归因于它的地理来源。我们认为，在旅游产品知识产权保护上，尤其是我国很多地方是依托当地特有的自然条件、人文景观和地方土特产而形成的旅游资源，因此可通过申请"地理标志"来对其知识产权进行有效保护。

口"。但是，旅游产业赖以生存发展的根基——旅游业知识产权侵权乱象丛生，恶意抢注、仿冒假冒、擅自利用等侵权形势严峻。譬如，全国以贵州省景区名称申请商标注册共 1388 件，其中，贵州省景区自己申请的商标仅有 61 件，占总数的 4.4%；省内其他主体以贵州省景区名称申请商标注册共 599 件，占总数的 43.2%；省外申请注册 728 件，占总数的 52.4%。[1] 因此，实施知识产权战略，不仅可以对各地以自然景观、历史文化等为特色的旅游资源进行有效开发利用，还可以对我国欠发达地区旅游产业发展提供规划保障。从类型上来看，我国欠发达地区旅游业知识产权发展战略主要有：

（1）政府主导型。旅游业发展主要是依托特有的旅游资源发展起来的战略新兴产业。但是如果这些旅游资源产权不清晰，常常在旅游市场上被当作"共有产品"而被开发利用，这样的结果不仅是旅游产品同质化，影响旅游业发展，也会因为侵权乱象丛生而影响旅游产品的创新。因此，发挥政府在市场经济下的宏观调控作用，实施政府主导型发展战略是我国旅游业发展的重大举措。所谓政府主导型，是指政府通过产业政策对旅游业加以倡导，通过法规标准对旅游业进行规范，通过产业规划对旅游业进行指引，通过信息发布对旅游业进行梳导等引导、调控、协调、服务性工作。[2] 当然，有些地方在旅游业发展时把"政府主导"当成"政府主宰"，仍然沿用计划经济下比较集权的运作、指挥模式，违背市场经济规律进行决策，从而影响了当地旅游业健康和可持续发展。[3] 不过，这种发展战略在欠发达地区旅游业发展初期还是起到一定积极作用，因为政府可以凭借其政府力量、调控手段和对旅游资源整合能力，运用知识产权法律规范旅游产品开发利用，客观上对旅游业知识产权

---

〔1〕 王宁：《贵州打造旅游知识产权保护体系》，载《贵州日报》2010 年 10 月 14 日。

〔2〕 陈曦：《政府主导型旅游发展战略》，载《边疆经济与文化》2007 年第 7 期，第 12~13 页。

〔3〕 朱茜：《对政府主导型的旅游发展战略的看法》，载《科技信息（科学教研）》2008 年第 5 期，第 210~211 页。

的开发、利用起到了高效的推动作用。但是随着旅游业不断发展，政府不应直接充当旅游业发展的主体，而是应该"有进有退"，即在旅游业知识产权市场建设、知识产权推广等市场调节失灵的领域要积极发挥政府作用，但是旅游产品生产经营等领域则不要过多的干预。总之，政府主导型，表现在我国欠发达地区旅游业发展中，主要是要求政府对旅游业发展进行宏观指导，在对该区域旅游资源合理规划前提下，依托知识产权法对旅游资源进行有序开发，运用知识产权法对旅游生产经营提供有效保障。

（2）扶贫开发型。旅游业是我国扶贫开发由"输血"向"造血"的战略性转变。扶贫开发是我国欠发达地区的迫切需要，为此国家也做出了巨大的努力，但是在相当长的时间内收效甚微。进入21世纪以来，我国将扶贫开发与欠发达地区产业发展相连接，尤其是发挥该区域丰富旅游资源优势，通过实施旅游业优先发展战略，欠发达地区经济社会获得迅猛发展。因此有观点认为，发展旅游业是消除贫困的最佳选择，它可减少传统农林牧业发展中对于资源的掠夺式开发。[1] 扶贫开发型，是指通过实施旅游业知识产权战略，依托欠发达地区丰富的旅游资源，发挥政府政策、行政调节和宏观指导作用等多方面作用，将扶贫开发与旅游业发展相结合，使旅游业发展成为该地区经济发展和居民收入增加的重要载体。从中可以看出，扶贫开发型发展战略，其实是政府主导型发展战略的更进一步体现。欠发达地区固然拥有丰富旅游资源，但是长久以来欠发达地区发展缓慢仍然是不争的事实。那么，扶贫开发就要树立开发旅游与扶贫的新观念，争取各种援助项目，采取政府主导与协调的方式，提高当地居民参与程度，加大市场开发力度，实施旅游精品战略，建立行业和地区的互动机制，保护自然与社会生态环境。[2] 所

---

[1] 任春：《如何实现贫困地区旅游发展与扶贫目标的有机结合》，载《中国市场》2006 年第 52 期，第 86 页。

[2] 袁书琪：《福建省实施 PPT 旅游战略的构想》，载《人文地理》2001 年第 6 期，第 47~49 页。

以，扶贫开发型发展战略，既要发挥政府主导作用，同时要将知识产权法律保护运用于旅游业发展中，更需要将扶贫开发转移到依托当地旅游业发展上来。

（3）协作发展型。旅游产品走特色发展之路是旅游业发展的必由之路。但是在现实中，旅游产品仿冒、伪造现象而引起旅游产品同质化问题相当严重。产生这种现象固然有知识产权法律规范不完善的原因，但很大程度上也与旅游市场竞争失范有关。因此，在我国欠发达地区旅游开发能力和水平有限的条件下，旅游业发展一方面要积极满足旅游消费者对多种旅游产品的需求，另一方面还要在遵循市场经济规律前提下尽可能降低旅游业恶性竞争对旅游业经营主体带来的冲击，通过协作发展，减少内部竞争消耗，降低旅游开发成本，同时通过利益协调机制和知识产权法律规范等手段，加快旅游资源整合力度，提升旅游业综合竞争力。"协作发展"是对市场经济下片面追求"完全竞争"的某种纠正，在不否定竞争的同时还要求各市场主体间的通力合作，这既是对完全竞争时招致两败俱伤的有效避免，而且还可以对盲目竞争引发资源过度浪费进行有效防范。因此，旅游业走向协作发展是当今时代的必然趋势。我国欠发达地区旅游业"协作发展"不仅遵循"优势互补、资源整合、共同发展"的基本原则，也要通过利益协调机制的构建，通过知识产权战略在旅游业发展的合理运用，对包括侵权在内的各种违法行为予以制止，还要积极实施"点轴推进，纵深辐射、区域联动"开发战略，加强区域间旅游业发展协作联动，共同满足旅游市场多层次、多样化需求。

（4）特色推进型。特色推进型，是指围绕欠发达地区的区域特点和优势产业设计旅游业知识产权发展战略类型。随着中国经济持续稳定发展，旅游业无论是内涵还是外延都在不断发展，自然景观、历史文化等特色旅游资源不断被挖掘，且不断与体验、休闲、养生等其他元素"嫁接"，欠发达地区一方面要围绕"吃、住、行、游、购、娱"等旅游活动推进战略新兴旅游产业发展，同时另一方面又要积极在特色旅游资源挖掘的基础上发展与旅游相关的地方产业。实施特色推进型旅游业发展战略主要有"红色旅游"[1]"生态旅游"等多种形式。我国很多近现代历史事件发生在欠发达地区，红色旅游资源丰富，在国家"红色旅游"工程和"红色旅游景区"规划的作用下，红色旅游景区、线路、纪念品等特色旅游资源不断被开发利用，同时在特色旅游资源的引领下，"吃、住、行、游、购、娱"等相关产业得到快速发展，在有些地区，旅游业已经成为当地经济社会发展中的支柱产业。当然，特色不只是局限于红色，只要是具有个性，即特征明显都可构成特色。譬如，个性突出的地方文化、古朴纯真的乡风民俗、独具特点的地域风情、影响深远的名人遗踪以及流传较广的民间传说等，这些都是可以被作为"特色"来开发的宝贵和稀缺的旅游资源。

（三）旅游业知识产权战略发展现状

我国步入"中等收入"水平国家后，国内外游客对我国旅游产品表现出较为旺盛的需求，我国旅游业获得了较快发展，尤其是在有些欠发达地区，旅游业已经发展成为拉动当地经济社会发展的支柱产业。但是由于旅游业知识产权战略滞后，无论是旅游产品经营者还是旅游产品开发者的知识产权都得不到有效保护，致使我国旅游业发展中旅游线路设计、旅游景区经营模式以及旅游商品多受仿冒、假冒和恶意利用。因此，实施旅游业知识产权战略，规范旅游业生产经营者行为，保障各知识产权人的合法权益，是我国旅游业发展壮大的基础条件。

1. 旅游业知识产权没有上升到战略高度

知识产权无论是对旅游业经营者合法权益保护，还是对旅游产品创新开发激励都有重要作用。尽管旅游业获得了长足发展，在旅

---

〔1〕　所谓"红色旅游"，指的是以革命纪念地（物）及其所承载的以革命精神为主题的旅游吸引物为主体旅游资源，以旅游地拥有的其他自然、历史、人文、社会旅游资源等为附带旅游资源，去满足旅游者学习革命历史知识、接受革命传统教育、陶冶情操、振奋精神、增加旅游体验的旅游活动。

游产品生产经营中，也尝试通过商标、版权、著作权等知识产权对权利人的合法权益进行保护，不过截至目前，从政府的宏观面到旅游企业的微观层面，都还没有将知识产权的开发、利用与保护提高到战略高度，更缺乏对与旅游业发展紧密相关的各市场主体、旅游业从业者知识产权获取、利用及法律救济的指引，也忽视对旅游业知识产权交易平台搭建工作。因此，从战略层面研究旅游业知识产权，从实践层面加大该战略的实施力度，是知识经济时代旅游业发展的迫切需求。

2. 旅游业知识产权配套立法相对滞后

尽管我国已经形成了以《中华人民共和国民法通则》《中华人民共和国民法总则》和《中华人民共和国侵权责任法》为基础，《中华人民共和国商标法》《中华人民共和国专利法》《中华人民共和国著作权法》（以下分别简称为《商标法》《专利法》和《著作权法》）为主体，以《计算机软件保护条例》《中华人民共和国植物新品种保护条例》《集成电路布图设计保护条例》《奥林匹克标志保护条例》为代表的一系列有关知识产权保护的法律法规，使我国初步形成了顺应知识经济发展需要的知识产权保护法律体系。但是，这些法律法规大多只是注重工业产品、科研成果、专利商标和商业秘密等重点领域的知识产权保护和权益救济问题，而对旅游产业迅猛发展中的旅游产品开发与利用、经营与管理中所涉及的知识产权问题没有专门法律规定，旅游产品知识产权保护没有直接法律依据，实践中侵权问题也只能比照相关规定予以处理。旅游业最高层级的《旅游法》也只是对旅游业各相关主体的法律地位予以确认，而对知识产权保护旅游业发展的利器却没有明确规定。

3. 旅游产品知识产权缺乏注入市场观念

知识产权在市场经济条件下是可以进行交易的产权。知识产权，如票据、房屋、有价证券等其他产权一样，尽管其客体具有"无形性"，但一旦成为知识产权对象，就赋予了知识产权人产权，基于知识产权客体依法享有其他产权一样的所有权能。旅游业发展中，无论是旅游资源还是对其进行开发利用形成的旅游产品，其生产经营者都可以对其创造性劳动申请"知识产权"保护。当然，旅游产品知识产权人也可以通过市场机制，将其合法拥有的某种知识产权依法进行流通转让而获取相应的收益，就如民法上的用益物权。不过，尽管从理论上说知识产权的商品化是时代发展的必然，但是在我国旅游业迅猛发展的今天，由于旅游资源的"共有"的传统观念，以及旅游产品知识产权侵权法律救济的缺失，知识产权"资产"的属性在旅游业中未能得到充分体现。因此，我们必须在旅游业发展中加速推进知识产权理念，大力搞好旅游产品知识产权交易市场建设，同时要加大旅游市场上各种侵权法律救济。通过努力，不仅要让旅游业各主体充分意识到旅游产品知识产权的法律属性，更应该要社会各界，尤其是旅游业界认识到，任何市场主体，要利用他人具有知识产权的旅游产品应通过市场交易方式去依法获得。

4. 旅游产品知识产权被侵权现象严重

旅游产品知识产权保护工作，目前主要以景区景点名称的商标申报、旅游商品生产工艺或技术的专利申请、农特产品的地理标志注册以及民间文艺作品的著作权维护等为核心要素进行，丰富了我国旅游产品知识产权保护内涵，提升了我国旅游产业发展能力。但是，仿冒、假冒、抢注等恶意利用旅游产品知识产权专有权的侵权行为频繁发生，而且群体性侵权现象比较突出。

群体性侵权是旅游产品知识产权侵权行为普遍存在现象。群体性侵权是指多个侵权主体侵害同一知识产权的行为。尽管这只是侵权行为一种现象，但是侵权主体人数众多，在"法不责众"思想影响下，群体性侵权行为日益泛滥，增加了对权利人依法救济的难度。"写真长卷"著作侵权案就是典型的例子：徐为民、杨铁军两摄影师于2003年自筹50余万元，租用飞机航拍下三峡大坝关闸蓄水前的一组珍贵照片，并集结成大型画册《写真长卷》出版，但这部作品却屡屡被长江沿线的长江三峡旅游发展有限责任公司、深度旅游策划管理公司、奉节白帝城旅游开发公司、丰都名山旅游集团、长江轮船海外旅游总公司、重庆长航江山游船公司、重庆长江观光游船公司、巴东县旅游局、巫山县旅游局 9 家旅游单位擅自用于广告宣传。[1] 该案是以长江三峡旅游发展有限责任公司为代表的 9 家旅游产品经营者为了谋取商业利益，在未得到徐为民、杨铁军两位著作权人的许可，更未支付《写真长卷》的作者任何费用情况下，擅自使用"作品"进行广告宣传活动，严重侵害了徐为民、杨铁军两摄影师的著作权。旅游产品知识产权群体性侵权行为，从本质上讲仍然是侵权行为，只不过比一般侵权行为复杂。其实，以上案件只是旅游产品知识产权群体性侵权中的一个，在我国旅游市场上，各个景区旅游商品大同小异，趋同化发展，其中重要的原因是群体性侵权现象严重，导致旅游商品生产者、经营者的知识产权很容易被其他众多的同行进行低成本"克隆"，从而使旅游产品知识产权人的创新性投资无法受益，知识产权价值无法体现。这样不仅打击旅游产品知识产权人创新积极性，也会使旅游产品趋同化发展，甚至是使有些依托旅游资源发展起来的旅游产业，由于对资源的过度利用而失去旅游价值，造成旅游产业发展不可持续性。因此，研究旅游产品知识产权群体性侵权现象，根据不同类别的旅游产品的群体性侵权特征，通过法律制度创新，有效解决旅游产品知识产权屡遭群体性侵权问题迫在眉睫。

（四）旅游业知识产权战略的基本框架

知识产权战略既是我国欠发达地区旅游业发展壮大的基本保障，也是合理有效利用该区域特色旅游资源的必备条件。旅游业知识产权战略，是指在遵循旅游资源开发与保护并举的基本原则下，充分运用我国知识产权法律制度，通过科学方法对我国旅游资源进行测度，并结合经济社会发展对旅游资源客观需求，为发展和提升旅游业竞争力而进行总体谋划。实施旅游业知识产权战略，不仅可以统筹开发我国生态、人文、自然等各具特色的旅游资源，加快发展壮

---

[1] 方正等：《宜昌中院公布 10 大知识产权案》，载《三峡晚报》2009 年 4 月 26 日。

大我国旅游业；同时，更重要的在规范旅游市场秩序，提高旅游业知识产权创造、运用、保护和管理能力，从而大大提高我国旅游业竞争力。

1. 指导思想

贯彻《国家知识产权战略纲要》精神，按照"激励创造、有效运用、依法保护、科学管理"的工作方针，在遵循市场经济基本规律前提下，发挥"政府主导、企业主体"的积极作用，营造良好的知识产权法治环境、市场环境和社会环境，在科学规划和统筹发展的前提下，着力提高旅游业知识产权开发创造能力和保护管理水平，加大旅游业知识产权交易市场建设工作力度，促进旅游产品知识产权商业化运作，为我国旅游业稳步发展提供强有力的支撑。

2. 战略目标

近期目标：

——完善旅游业知识产权法制建设。界定旅游产品知识产权的权能及其产权获取的法律途径；制定旅游业知识产权违法的救济方式；加大旅游市场知识产权侵权行为的打击力度。

——运用知识产权的效果明显增强。旅游产品知识产权交易市场基本建立；旅游业知识产权管理体系基本形成；旅游业知识产权侵权行为显著减少。

——全民旅游业知识产权保护意识增强。旅游业知识产权创造、运用、保护和管理，尤其是旅游业界旅游产品知识产权法律保护、依法运用和侵权必究的意识基本形成。

远期目标：

——旅游业知识产权得到充分法律保护。知识产权在旅游业发展中重要地位得到全社会的普遍认可；旅游业发展中知识产权人的合法权益得到依法保障。

——旅游业知识产权战略体系有效完善。国家形成完善的旅游业知识产权战略体系；各区域形成合理有效的旅游业知识产权战略实施方案。

海南、贵州两地有关旅游业知识产权战略的典型做法

海南：以旅游业为龙头的现代服务业知识产权。打造旅游品牌。优化旅游产品结构，发展热带海岛冬季阳光旅游、热带滨海海洋旅游、森林生态旅游、无居民岛屿旅游、红色旅游和民族、民俗风情文化旅游等特色旅游产品，培育国内旅游品牌，打造国际旅游品牌；引导各级风景名胜区、红色旅游经典景区、民族文化遗址、民族生态博物馆、历史文化遗存、自然保护区、各种主题公园和旅游度假区等申请旅游服务商标，着力提高旅游服务水平和质量，培育一批旅游服务驰名商标和著名商标；鼓励企业开发承载我省民族民间文化的旅游工艺品、旅游化妆品、旅游食品、服饰、旅游运动产品，培育发展房车、游艇、轻型水上飞机、潜水设备、高尔夫用具等旅游装备制造业，创造一批旅游特色知识产权和品牌，延长旅游产业链。

——摘自《海南省知识产权战略纲要（2010—2020年）》

贵州：实施品牌知识产权战略，打造旅游品牌，培育壮大旅游业。要加强宣传和指导，推进包括各级风景名胜区、红色旅游经典景区、文物保护单位、民族文化遗址和村寨、民族生态博物馆、特色艺术之乡、民间艺术之乡和保护区、自然保护区、森林公园、地质公园和旅游度假区等在内的各级旅游景区（点）名称申请旅游服务商标。结合实施重点带动战略和旅游精品战略，引导旅游企业和有关各方加大对外宣传促销力度，着力提高旅游服务水平和质量，培育一批旅游服务驰名商标和著名商标，加快树立我省旅游品牌。加强规范和引导，鼓励旅游企业和组织将知名旅游商标扩展注册为民族民间工艺品、特色食品等旅游产品商标。建立健全传统知识的知识产权保护法规、规章和政策体系，加快发展承载我省民族民间文化的旅游工艺商品。以传承民族民间文化为主线，提升文化旅游内涵。鼓励在传承民族民间文化的基础上，加大技术创新力度，创造一批传统工艺品专利权；以规范质量为保障，推进一批传统工艺品实施地理标志保护；在保持民族民间文化内涵的基础上，推进一批传统工艺品申请、登记外观设计专利权和著作权。

——摘自《贵州省知识产权战略纲要（2006—2015年）》

3. 战略支撑

旅游业知识产权战略实施，需要全社会，尤其是旅游业界，养成知识产权意识，还必须在指导思想和发展目标的指引下采取必要的战略措施。

（1）加强组织建设。加强旅游业知识产权组织建设是该战略实施的基本条件。旅游业知识产权战略实施不可能自己自动生成，而需要在权威职能部门的推动下才能顺利实施。旅游业知识产权战略组织建设可以从以下几方面进行：首先，国家知识产权局可以成立专门机构，专门负责针对旅游业知识产权法制及其实施。其次，各级地方政府成立相应的机构，一方面，可以考虑在旅游局成立旅游业知识产权执法机构，负责本区域内旅游业知识产权违法犯罪查处，尤其是对侵权问题进行坚决打击；另一方面，成立协调组织机构，根据各地旅游资源分布特色，各级政府本着旅游业发展实际，尤其是通过知识产权战略实施来协调开发利用旅游资源，从而共同为旅游业发展提供组织保障。

（2）完善法律制度。完善旅游业知识产权的法制建设是实施该战略的核心任务。旅游业知识产权法制建设可以有以下两个方案：方案一，完善《旅游法》修正案，也就是要在现有《旅游法》基础上，加入旅游业知识产权人保护法律规范以及知识产权交易的规则；方案二，立法部分研讨制定专门针对旅游业知识产权法律案，即在我国现有《商标法》《专利法》和《著作权法》等知识产权法基础上，根据旅游业及其产品法律保护的需要，制定专门的旅游业知识产权规范性文件。

（3）强化管理能力。提高旅游业知识产权的管理能力是该战略的重要步骤。文化和旅游部作为最高的旅游业行政管理机构，应重视旅游业知识产权战略实施的各项工作。首先，文化和旅游部作为领导部门应要求地方各级旅游管理机构加强与知识产权的权利设定、权利行使、价值实现、权利保护相关的工作。其次，各级政府也要做好相应的组织协调工作，充分挖掘旅游业在当地经济发展中的潜在价值，从而推动旅游业知识产权战略实施。建议由国家旅游主管部门与各知识产权管理部门共同组成旅游业知识产权战略组织。最后，加强政府旅游部门对内部知识产权的组织管理，协同政府相关部门统筹我国旅游业知识产权战略实施。

（4）树立产权意识。产权就是财产所有权的简称。财产所有权是指权利人依法对其财产享有占有、使用、收益和处分的权力。产权的最大意义在于挖掘制度的功能效应。产权制度不仅具有激励和约束经济关系主体的功能效应，还可以科学配置资源，明确权责关系，协调经济运行。因此，产权意识应该成为旅游业知识产权战略的关键之举。旅游业知识产权战略实施，首先要树立知识产权的意识。着力培育旅游知识产权，建立知识产权交易机制，维护良好的知识产权交易秩序。其次应该加大旅游知识产权开发和利用研究力度、资金投入力度、人才培养力度等。最后要加大旅游知识产权的宣传力度，让旅游从业者充分了解知识产权在旅游业发展中的作用，让社会形成尊重旅游知识产权的氛围。

四、传统医药知识产权战略

作为世界上传统医药知识最丰富的国家之一，我国拥有丰富的传统医药资源。传统医药在治疗疾病以及保障人们健康方面具有现代医药无法比拟的疗效优势，同时，又具有宝贵的社会文化价值和巨大的商业开发价值。在我国欠发达地区中，传统医药是最有价值的传统资源部分之一，藏族、维吾尔族、蒙古族、壮族等较大的少数民族地区拥有丰富的传统医药资源。开发和利用好传统医药，保护好传统医药知识产权具有十分重要的战略意义。长期以来，人们保护传统医药知识产权的意识比较淡薄，传统医药知识产权保障制度不够完善，导致传统医药"生物盗版"现象愈演愈烈。目前，我国传统医药正面临着生存与发展诸多挑战，因此，制定和实施传统医药知识保护战略刻不容缓。

（一）传统医药的概念和特征

1. 传统医药的概念

对于传统医药的定义，世界各国的专家学者以及有关的国际组织有着不同的说法。

在学界，对传统医药的概念的表述也不尽一致。在某些国家，补充医药、变通医药、非常规医药等术语往往与传统医药交替使用。在我国，有学者认为，传统医药是指不同文化背景基础下的土著理论、信仰与经验形成的，不论是否解释表达清楚，都是以维系健康为宗旨，并用于防治、诊断、改善或治疗肌体与心理疾病的一整套知识、技能与做法。[1] 也有的学者认为，中国传统医药是中国各民族医药的统称，它包括汉医药（即中医药）及少数民族医药。[2]

《中国大百科全书》对中国传统医药的解释是，"传统医药是指中国各民族医药，传统医药基于传统为核心，它是历史传承的结晶体，并和民族性、地域性紧密相联系的一种医疗实践成果，它是用于治疗和改善身体和心理健康的一整套全方位的医学知识技能体系，他的目的在于维系人类的身体康健。"[3]

世界卫生组织（World Health Organization，简称WHO）对其的定义最为全面。WHO将传统医药界定为"基于不同文化背景的传统理论、信仰与经验形成的，不论是否能够解释清楚，旨在维系健康、并用于防治、诊断、改善或治疗机体与心理疾病的一整套知识、技能与做法"，并列举了传统医药的几种表现形式：①基于传统知识而产生的药物；②药物的制造方法和制造技术；③疾病的诊断方法；④疾病的预防和治疗知识方法和技能。[4]《2002—2005年世界卫生

---

〔1〕郑成思主编：《知识产权文丛》（第8卷），中国方正出版社2002年版，第11页。

〔2〕杜瑞芳：《传统医药的知识产权保护》，人民法院出版社2004年版，第20页。

〔3〕《中国大百科全书》（中国传统医学），中国大百科全书出版社1992年版，第659页。

〔4〕WHO, General Guidelines for Methodologies on Research and Evaluation of Traditional Medicine, Document WHO/EDM/TRM, 2000. 转引自张传锋：《传统医药的国际保护及我国的可行性选择》，吉林大学2007年硕士学位论文，第4页。

组织传统医学战略》（WHO Traditional Medcine Strategy：2002-2005）中指出："传统医药（Traditional Medicine），是传统中医学、印度医学及阿拉伯医学等传统医学系统以及各种形式的民间疗法的统称。传统医药包括各种医学实践、方法、知识和信仰，它整合了单独或联合应用以维护人类健康并治疗、诊断或预防疾病的以植物、动物或矿物质为基础的药物、精神疗法、手法治疗和运动。"[1] 2008 年11 月 8 日，世界卫生组织在《北京宣言》中进一步对传统医药给出了明确的定义："在维护健康以及预防、诊断、改善或治疗身心疾病方面使用的以不同文化固有的、可解释的或不可解释的理论、信仰和经验为基础的知识、技能和实践总和。"[2] 菲律宾制定的《传统医学与可替代代医学法》规定，"传统医药指的是不管在现代、科学框架下是否能被解释，只要被大众所认可，有利于维持并改进他们个人、群体及社会整体健康的，并建立在文化、历史、遗产、思想基础之上的所有有关身体健康的知识、技能和实践的总体。"[3]

巴西在其本国法中指出："传统医药是指由本土的地方性的社团所有的，具有真实的或潜在的价值的信息或个体的、集体的实践。"[4] 尚未发现我国法律对传统医药的概念作界定。

我们认同世界卫生组织对传统医药所下的定义，并以此为基础，参考多种传统医药的界定，将"传统医药"界定为：传统医药是指基于不同文化背景的传统理论、信仰与经验形成的，旨在维护健康以及预防、诊断、改善或治疗身心疾病方面使用的一整套知识、技能和实践总和。在我国，中医药和民族医药共同组成了传统医药的整体。

---

[1]《2002—2005 年世界卫生组织传统医学战略》（中文本），载世界卫生组织网，http：//www. who. int/en.

[2] 孙闻、工茜：《世界卫生组织通过〈北京宣言〉，倡议传统医药发展》，载 http：//www. china. com. cn/txt/2008-11/09/content_16732990. htm，最后访问时间：2014 年 8 月 18 日。

[3]"Traditional and Alternative Medicine Act（TAMA）of 1997"，available at http：//translate. sogoucdn. com/pcvtsnapshot? url=http%3A%2F%2Fwww. stuartxchange. org%2FTAMA. html&from=en&to=zh-CHS&tfr=web&domainType=sogou.

[4] 张韬：《中医药传统知识保护与知识产权保护的关系》，载《中医药管理杂志》2006 年第 1 期，第 8 页。

中医药是以汉文化为背景的传统医药，民族医药是指我国少数民族的传统医药，包括藏医药、蒙医药、维吾尔医药、朝鲜族医药等。

2. 传统医药的主要特征

（1）传统性。传统是历史沿传下来的思想、文化、道德、风俗、艺术、制度以及行为方式等。[1] 传统医药知识是基于传统文化、传统知识所产生的智力成果，并且随着历史的发展而逐步发展变化，是在吸收前人的经验之上又有创新的知识，必然具有传统性。

（2）地域性。传统医药知识带有明显的地域性特征，它的传承范围往往局限在本地区、本民族或者某一家族成员的内部；它的表现方式、理论体系和诊疗手段等均与特定地域的文化密切相关。不仅如此，它还与特定地域的地理环境、气候条件、生活状况和自然资源等因素有着密切的关系。如蒙医药的发明就和该地域居民的生活习惯、环境状况以及自然资源条件等因素密切相关。在内蒙古草原生活的人们，由于常年过着游牧的生活，骑马放牧是其突出的生活方式，因此，摔伤和骨折等伤病就经常发生，为了克服病痛，他们就发明出了正骨、正脑疗法、烧灼疗法等治疗疾病的方法，这些疗法是蒙医药的重要组成部分。

（3）群体性。传统医药知识的创造、创新和传播一般不是通过正规的、文献化的途径进行，而是通过本部族数代人口传心授的方式进行传播，这就意味着传统医药知识的创造、持有和使用属于整个部族文化的一个组成部分，它的创造和使用是整个集体（特定的社区、部族）智慧与贡献的结果，是他们在长期的生产生活实践中逐步培育起来的结果，而不是单靠个体的灵感与智慧去完成的，因此具有明显的群体性特征。

（4）相对公开性。传统医药是特定集体通过数代人共同开发、培育的结果，是集体智慧的结晶，在很大程度上，此类传统医药知识是集体共同掌握、共同拥有，没有刻意去保密。因此说，传统医药具

---

〔1〕　辞海编辑委员会编纂：《辞海》，上海辞书出版社1999年版，第301页。

有公开性。但这个公开的程度是有限的，因而是相对的公开。传统医药知识虽然是特定集体在长期的生产生活实践中所产生的智力成果，但并不等于每一个集体成员都能掌握和运用，某些传统医药知识可能需要专门的智慧和技能方可运用，因此只有一部分成员才能掌握。

（二）欠发达地区传统医药及其知识产权保护现状

西部欠发达地区由于其独特的地理环境和气候条件，非常适宜草药生长和各种传统药材种植，因此，传统医药资源十分丰富，素有"川广云贵，道地药材"之称。比如，云南素有"植物王国"美誉，药用植物共有 4758 种，其中常用草药近 1300 种，目前已列入收购和生产的植物药有 360 多种；野生油料植物近 200 种；野生花卉植物有 2100 种以上。[1] 贵州现已查明的药用植物有 3700 种，是中国四大产药区之一。西藏是中国药用植物资源的宝库，目前已知的野生植物有 6897 种，其中包含丰富的药用植物。西藏药用植物有1000 多种，其中常用的中草药 400 多种，具有特殊用途的藏药 300多种，较著名的药材有天麻、贝母、三七、黄连、大黄和鸡血藤等，虫草、灵芝、茯苓是珍贵的中药材。青海省内共有野生植物资源 25类 331 属 1000 多种。其中药用植物有大黄、贝母、虫草、羌活、黄芪、甘草等 500 多种。甘肃的中药材资源十分丰富，有野生药材1270 种，特别是甘草、当归、大黄、红（黄）芪等 20 多种大宗药材。宁夏的野生植物中有 917 种药用植物。[2] 丰富的医药资源铸就了巨大的传统医药宝库，在人们治疗疾病、维护健康过程中发挥着不可替代的作用。与此同时，各族人们在长期的生产生活和治疗实践中，不断对各种治疗疾病的方法和经验进行总结，进而整理形成了丰富的传统医药典籍，包括《黄帝内经》《金匮要略》等医学古籍以及散落民间的各种古方、验方和祖传秘方等。

---

〔1〕 根据 1989 年云南省中药资源普查统计。

〔2〕 上述欠发达地区传统医药资料，除特别注释外，均整理自中国西部开发官网：西部各省概况，http://www.chinawest.gov.cn/web/Column1.asp? ColumnId = 6，最后访问时间：2013 年 10 月 11 日。

近年来，国家积极推进包括传统医药知识产权保护在内的国家知识产权战略，这为促进欠发达地区传统医药产业的快速发展注入了强大的推动力，也为充分发掘传统医药宝贵的社会文化价值和巨大的商业价值提供了坚强的政策支撑。在传统医药治疗疾病方面作用愈发显得重要的背景下，随着知识产权知识的普及，人们的知识产权保护意识不断增强，欠发达地区的传统医药知识产权保护不断取得进步。近年来中国西部10省（自治区）部分传统医药及其保护情况见表4-2。

然而，由于各种因素的制约，欠发达地区传统医药的价值尚未得到充分发掘和实现，传统医药知识产权保护也正面临诸多困境，主要表现在：

第一，欠发达地区比较缺乏传统医药知识产权研发的专业人才，研究资金投入不足，从而使得大量历代本草著作和民族民间诊治经验难以得到有效的知识产权开发、利用和保护。

第二，现行的法律制度创新不足，难以为传统医药知识产权提供充分全面的保护。我国虽然可以利用专利法、商标法、商业秘密法等现代知识产权制度来保护传统医药，但是保护的条件和范围都是有限的，主要的原因是现代知识产权制度不是专门为保护传统医药而设计的，加上传统医药又具有其自身独特的性质，因此二者之间存在着诸多不可调和的冲突。

第三，国外发达国家凭借其先进的科学技术优势和不公平的知识产权制度，掠夺传统医药资源较为严重。正如前文研究所述，世界技术革命均发自西方发达国家，特别是第三次科技革命，促成了以美国为首的西方知识产权战略的形成。西方国家通过由他们主导建立的现代知识产权制度以及"生物盗版"技术手段对包括中国西部地区在内的传统医药资源进行掠夺，同时，还限制我们对传统医药的研究、开发和利用。因此，传统医药知识产权的保护遭受到极大的挑战。

欠发达地区所蕴藏丰富的传统医药资源是自然界给我们的恩赐，

是这些地区的宝贵财富，是中华民族的文化瑰宝。传统医药资源经过合理开发才能挖掘它的价值，而让它"保值"的重要途径就是革新制度，优化政策，实施传统医药知识产权保护，使其不受非法侵占，确实保护传统医药创造主体的合法权利，只有这样才能促进传统医药产业快速健康发展。

表 4-2　中国西部 10 省区传统医药（部分）简表

分布	传统医药			
	类别	名　称	种类数量	知识产权保护或相关保护模式情况
西藏甘肃青海	藏医药	藏医外治法	5 种（放血法、火炙法、寒热敷法、药浴法和涂抹法）	（1）藏医药浴疗法、七十味珍珠丸赛太炮制技艺、藏药阿如拉炮制技艺 3 个项目被列为国家级非物质文化遗产。（2）自 2002 年至 2010 年，西藏专利申请已达 953 项，其中，藏医药专利占了很大的比重。
		藏医尿诊法	1 种	
		藏医药浴疗法	2 种（水浴和敷浴）	
		藏药炮制技艺	3 大工序（净制、切制和炮炙）	
		藏药七十味珍珠丸配伍技艺	1 种	
		藏药"珊瑚七十味丸"	1 种	
		藏药阿如拉炮制技艺	1 种	
		《四部医典》	1 部	
		"三因学说"	1 种	
		《晶珠本草》	1 部	
		炮制的方法	3 种（火制法、水制法和水火合制法）	
		藏药仁青常觉配伍技艺	1 种	
		"水银洗炼法"	1 种	

续表

分布	传统医药			
	类别	名 称	种类数量	知识产权保护或相关保护模式情况
四川	中医药	成都中药炮制技术	1种	入选 2008 年第二批国家级非物质文化遗产名录。
	藏医药	甘孜州南派藏医药	1种	入选 2006 年第一批国家级非物质文化遗产名录。
新疆	维吾尔医药	维药传统制作技艺	2种	(1) "维药传统炮制技艺"入选 2011 年第三批国家级非物质文化遗产名录。(2) "木尼孜其·木斯力汤药制作技艺"入选 2011 年第三批国家级非物质文化遗产名录。
		维吾尔医药学治疗方法	4种非体液型失调气质调整法 4种体液型失调气质调整法	(1) "食物疗法"和"库西台法"入选2011年第三批国家级非物质文化遗产名录。(2) "沙疗"入选 2014 年第四批国家级非物质文化遗产代表性项目名录。(3) 据统计,目前维医药已经申请了以设计维药药用组合物及其相关的制备工艺和用途专利9项,已公开的有6项。
		维药	已收入国家级药典的药品有 202 种(药材 115 种,成方制剂 87 种)	
		诊断方法	7种(望诊、听诊、问诊、脉诊、尿诊、大便诊、痰诊)	
	哈萨克族医药	治疗方法	3种	入选第四批国家级非物质文化遗产代表性项目名录。
		哈萨克族医药理论	1部	

续表

分布	传统医药			
	类别	名　称	种类数量	知识产权保护或相关保护模式情况
新疆	布依族医药	布依医	3种布依医诊断疾病方法	益肝草制作技艺入选第四批国家级非物质文化遗产代表性项目名录。
宁夏	回族医药	张氏回医正骨疗法	1种	入选第二批国家级非物质文化遗产名录。
		回族汤瓶八诊疗法	1种	
		陈氏回族医技十法	1种	入选2014年第四批国家级非物质文化遗产代表性项目名录。
云南	中医药	传统制剂方法	1种	"昆中药传统中药制剂"入选2014年第四批国家级非物质文化遗产代表性项目名录。
	藏医药	藏医疗法	1种	"藏医骨伤疗法"入选2011年第三批国家级非物质文化遗产名录。
	彝医药	"号务宰莫"	1种	
		彝医药治疗法	1种	"彝医水膏药疗法"入选2011年第三批国家级非物质文化遗产名录。
		彝医药制作技艺	1种	"拨云锭制作技艺"入选2014年第四批国家级非物质文化遗产代表性项目名录。
	傣医药	傣医传统疗法	9种	"睡药疗法"入选2011年第三批国家级非物质文化遗产名录。

续表

分布	传统医药			
	类别	名　　称	种类数量	知识产权保护或相关保护模式情况
内蒙古	中医药	传统制剂方法	1种	"鸿茅药酒配制技艺"入选2014年第四批国家级非物质文化遗产代表性项目名录。
	蒙医药	"三根""七素""三秽"	1种	被列为第二批国家级非物质文化遗产名录。
		蒙医治疗法	9种	(1)"赞巴拉道尔吉温针、火针疗法"入选2008年第二批国家级非物质文化遗产名录。(2)"蒙医传统正骨术"入选2011年第三批国家级非物质文化遗产名录。(3)"蒙医正骨疗法"入选2011年第三批国家级非物质文化遗产名录。(4)"科尔沁蒙医药浴疗法"入选2014年第四批国家级非物质文化遗产代表性项目名录。
贵州	中医药	传统制剂方法	1种	"廖氏化风丹制作技艺"入选2008年第二批国家级非物质文化遗产名录。
		中医药文化	1种	"同济堂传统中药文化"入选2008年第二批国家级非物质文化遗产名录。

续表

分布	传统医药			
	类别	名 称	种类数量	知识产权保护或相关保护模式情况
贵州	瑶族医药	药浴疗法	4种	入选 2008 年第二批国家级非物质文化遗产名录。
		治疗诊断方法	9种	
		"风打药物分类理论"	1种	
		用药形式	15种	
		瑶药制剂	4种	
		瑶药	4种	
	苗医药	苗药	10种	"骨伤蛇伤疗法"和"九节茶药制作工艺"入选 2008 年第二批国家级非物质文化遗产名录。
		苗医	4种诊断方法（望、号、问、触）2种特色治疗（糖药针疗法和滚蛋疗法）2个配方原则与方法	
	侗医药	侗药	4种（酒药、膏药、丹药、散药）	过路黄药制作工艺入选 2008 年第二批国家级非物质文化遗产名录。
		侗医	1种侗医理论 7种治疗方法	
	布依族医药	益肝草制作技艺	1种	入选 2014 年第四批国家级非物质文化遗产代表性项目名录。
广西	壮医药	壮医医疗工具	11种	(1) 2009 年 3 月 1 日施行的《广西壮族自治区发展中医药壮医药条例》为壮医药知识产权保护提供了制度依据。

续表

分布	传统医药			
	类别	名　称	种类数量	知识产权保护或相关保护模式情况
广西	壮医药	壮医药疗法	1种	（2）国家批准自2007年5月29日起对梧州龟苓膏实施地理标志产品保护。梧州龟苓膏地理标志产品保护范围为广西壮族自治区梧州市所辖行政区域。 （3）壮医药线点灸疗法入选2011年第三批国家级非物质文化遗产名录。

　　说明：①中国西部10省（自治区）传统医药及其知识产权保护情况见附录1（陕西和重庆因资料原因未统计）；②本表统计数据仅为满足研究必要的不完全统计数据。相关资料主要来源于国家知识产权战略网、国家中医药管理局官网、中国非物质文化遗产名录数据库系统、中国知网（学术论文）和实地调查等途径所获得数据。

（三）传统医药保护的基本原则

1. 开发与保护并重原则

　　我国是拥有十分丰富传统医药知识和药物资源的国家。传统医药体系庞大精深，科学合理开发传统医药，发展传统医药产业对疾病的预防、治疗、康复具有重要意义。局限于开发的意识和能力，我国所蕴藏的传统医药知识和药物资源尚未得到充分的开发和利用，尤其是在一些欠发达地区，由于社会经济欠发达，加上人们对传统医药的价值重要性认识不足，对传统医药的开发利用明显不足。因此，如何科学合理地开发传统医药资源，最大限度地实现它的经济价值和社会价值是研究传统医药知识产权保护战略的基础性问题。

· 127 ·

开发传统医药资源仅为创造者享有利益提供一种可能性，而充分利用知识产权制度保护好传统医药知识产权，使其不受非法占有和无偿使用才是关键。长期以来，有很多的传统医药创造者和传承人缺乏知识产权意识，不会用法律保护自己的权利，致使先进科技的掌握者及利益攫取者不仅优先占有了自己所创造的智力成果，而且限制甚至排斥传统医药原创者的使用。从保护国家利益的角度上来讲，如果任由西方国家继续利用其主导的知识产权制度掠夺传统医药资源，我国的传统医药的前景将十分堪忧。因此，我们在合理充分开发传统医药资源的基础上，更应该要保护好传统医药知识产权，坚持开发与保护的原则。

2. 合理保护与利益分享原则

传统医药知识是一种对人们生命健康、国家医疗卫生事业和社会经济发展等具有重要价值的知识资源，它的创造者、传承人和持有人都对传统医药知识体系的形成、发展和维护付出了艰辛的劳动，做出了不可磨灭的贡献。为了承认传统医药知识的价值，应肯定传统医药知识权利主体对传统医药知识创造、传承和发展所作出的贡献，鼓励他们创造和积累更多更宝贵的传统医药知识，使用传统中医药知识的集体或个人应当给予持有人公平公正的报酬，从某种意义上来讲，这是保护传统医药不断发展的最好的方式之一。

传统医药是民族的财富，也是世界的共同财富。知识产权制度设立的目的之一是平衡发明创造者和社会之间的利益，让发明创造者和社会共同分享人类的智力成果。因此，分享传统医药知识所带来的利益应平衡原住地民族与其他民族的利益关系，平衡原住地集体与个人之间的利益关系，真正做到利益分享。

3. 可持续发展原则

传统医药既是大自然给予人类的恩赐，同时也是人类在认识自然、改造自然的过程中所创造出来的共同财富，因此，整个国际社会有义务共同保护好传统医药，让它实现可持续发展。保护传统医药是为了维护生物的多样性和文化的多样性，是为了维系传统医药的存在并可持续地为人类服务。因此，对传统医药知识开发、使用和获益很重要的原则应当是有利于传统医药知识的可持续发展，任何违背这一原则的行为都应当是不当行为。

（四）传统医药知识产权战略的基本框架

传统医药知识产权战略是指通过加快建设和不断提高传统医药知识产权的创造、管理、实施和保护能力，加快建设和不断完善传统医药现代知识产权制度，加快造就高素质传统医药知识产权人才队伍，以促进传统医药产业不断发展及经济社会发展目标实现的一种总体谋划。内容包括战略目标与任务、战略重点和战略措施。

1. 战略目标与任务

中医药知识产权是我国知识产权战略的重要领域，传统医药知识产权工作是中医药行业在新形势下的一项新的重要任务。《战略纲要》提出，"建立健全传统知识保护制度。扶持传统知识的整理和传承，促进传统知识发展。完善传统医药知识产权管理、保护和利用协调机制，加强对传统工艺的保护、开发和利用。"为落实《战略纲要》，加强西部等欠发达地区传统医药的保护，2011年1月，国家知识产权局印发的《关于实施知识产权战略，促进西部地区知识产权事业加快发展的若干意见》提出，要指导和支持西部地区生物医药等战略性新兴产业开展专利分析和专利预警，适时制定产业知识产权战略。同月，其联合国家中医药管理局发布了《关于加强中医药知识产权工作的指导意见》，提出了加强中医药知识产权工作的总体目标，即"进一步完善现行知识产权制度，逐步建立符合中医药自身特点的中医药传统知识和中药资源等专门保护制度，形成中药知识产权综合保护和利用体系，提高中医药行业知识产权创造、运用、保护和管理能力"。

传统医药在长期的、不断的发展过程中，逐步形成了具有自身特殊性的发展规律，其长远保护与利用既要满足传统医药创新"源头"的保护，防止不合理利用，维护国家利益，又要发挥现行知识产权制度的激励作用，促进传统医药科技创新成果应有及产业化，实现对"流"的有效保护。各地区可以根据本地区传统医药的特点，结合纲要和国家中医药知识产权工作的总体目标来确立科学合理的传统医药知识产权战略目标。这一战略应该涵盖以下基本任务：建立健全传统医药保护制度；完善传统医药知识普查机制，建立专门的传统医药数据库，扶持传统医药知识的整理和传承，促进传统医药发展；完善传统医药知识产权管理、保护和利用协调机制，加强对传统医药的保护、开发和利用；加强传统医药知识产权人才队伍建设。

2. 战略重点

从战略上讲，传统医药的知识产权，既要实现对传统医药的利用而产生的智力成果的保护，也要实现对传统医药进行专门的、全面的、根本的保护，还要符合自然法上的公平和正义理念。也就是说，既要保护传统医药的消极知识产权利益和衍生知识产权利益，也要直接保护其积极知识产权利益。在这三种知识产权利益中，对欠发达地区而言，由于其各自的利益量不同，与现存知识产权制度的容斥关系不同，因而其保护难度系数也存在很大差别。[1] 综合考量上述三种知识产权利益与现行知识产权法律制度的这种容斥关系及其保护难度系数，我们可以将传统医药知识产权战略的重点确定为两个方面：一是充分运用现行知识产权制度和行政保护制度，二是研究建立保护传统医药的专门制度。前者主要是创新能力建设、增强运用能力、健全管理体制，包括提高从业人员意识，加强复合型人才培养，增加创新投入；提高传统医药界对知识产权运用和管理方面的能力，建立健全知识产权服务体系；整合相关社会资源，建立更加高效的传统医药知识产权管理体制。后者主要是摸清家底，进行制度设计和衔接，包括开展传统医药的普查研究，建立传统医药知识产权保护名录及传统医药知识产权数据库；开展传统医药知识产权保护制度有关法学理论及需要解决的关键问题的研究，提出

---

〔1〕 有关传统医药知识产权利益与现行知识产权制度的容斥关系的分析，可参见严永和：《论我国少数民族传统知识产权保护战略与制度框架——以少数民族传统医药知识为例》，载《民族研究》2006年第2期，第2~4页。

专门保护制度整体框架内容；研究分析现行知识产权制度与传统医药知识产权专门保护制度的有效结合点，使二者实现有机衔接。[1]

3. 战略措施

（1）完善传统医药知识数据库建设。数据库，从科学的角度讲，是指"为了满足某一部门中多个用户多种应用的需要，按照一定的数据模型在计算机系统中组织、存储和使用的相互关联的数据集合"[2]。从法律角度看，欧共体 1996 年 3 月 11 日颁布的《关于数据库法律保护指令》第 1 条对数据库下了如下定义："数据库是指以系统或有序的编排，并可通过电子或其他手段单独加以访问的独立的作品、数据或其他材料的集合。"[3]

数据库的建立对于传统医药知识的保护具有积极的促进作用。一方面，将传统医药知识进行收集、整理、演绎，纳入传统医药数据库中，获得著作权的保护。《保护文学和艺术作品伯尔尼公约》（Berne Convention for the Protection of Literary and Artistic Works，简称《伯尔尼公约》）第 2 条第 3 款、TRIPs 协议第 10 条第 2 款和我国《著作权法》第 12 条和第 14 条等的规定，都直接或间接地为传统医药数据库获得著作权保护提供明确的法律支撑。[4] 另一方面，也便于各国专利授权机关在审查专利申请时，能够在常规文献检索中获

---

〔1〕《加强中医药传统知识的保护与利用推动中医药产业创新发展》，载本书编委会：《〈国家知识产权战略纲要〉辅导读本》，知识产权出版社 2008 年版，第 315 页。

〔2〕《中国大百科全书》（电子学与计算机），中国大百科全书出版社 1992 年版，第 680 页。

〔3〕杜丽：《传统医药的知识产权保护方式探析》，西南政法大学 2007 年硕士学位论文，第 17 页。

〔4〕《伯尔尼公约》第 2 条第 3 款规定：翻译作品、改编作品、改编乐曲以及某种文学或艺术作品的其他改变应得到与原著同等的保护，而不损害原著作者的权利。TRIPs 协议第 10 条第 2 款规定：数据或其他材料的汇编，无论采用机器可读形式还是其他形式，只要其内容的选择或安排构成智力创作，即应予以保护。这类不延及数据或材料本身的保护，不得损害数据或材料本身已有的版权。我国《著作权法》第 12 条规定：改编、翻译、注释、整理已有作品而产生的作品，其著作权由改编、翻译、注释、整理人享有，但行使著作权时不得侵犯原作品的著作权。《著作权法》第 14 条规定：汇编若干作品、作品的片段或者不构成作品的数据或其他材料，对其内容的选择或者编排体现独创性的作品，为汇编作品，其著作权由汇编人享有，但行使著作权时，不得侵犯原作品的著作权。

取相关信息，避免错误地授予专利。

利用数据库保护传统医药知识的做法起源于印度的"传统知识图书馆"（Traditional knowledge digital library），传统知识数字图书馆以 6 种语言记载了大约 36 000 份印度传统草药品种和配方的信息。此外，该数据库以国际专利分类制度为基础，将传统知识按部、大类、小类、主组、分组来分类，国际专利审核人员都可以通过该数据库审查是否存在在先权利。除印度之外，厄瓜多尔也有相类似的做法，但不尽相同。厄瓜多尔在"将传统知识转为商业秘密"的实验项目中，将传统知识保存在秘密数据银行里，获取这些知识需要进行商业秘密谈判。每个社区可以把土著群体的植物知识备案并登记在不开放的数据库里，从而拥有商业秘密，这个商业秘密可以向通过订立标准合同保证与社区分享利益的公司披露。[1]

目前我国已建立了数百个开放式的传统医药数据库（主要是中医药方面的数据库），如，"中国中医药网""中医药期刊文献数据库""中医药报刊文献数据库""中国药学文摘数据库"等。但从总体上来看，我国的传统医药知识尚且没有被系统地整理和汇编而形成完整、规范的传统医药知识文献资料数据库。因此，我们要对已有的关于传统医药知识的文献资料进行整理和汇编，同时还要把那些尚散落于民间的传统医药知识进行收集归档，形成尽可能完整的传统医药数据库。借鉴印度和厄瓜多尔的有益经验，结合传统医药知识的特征，我们可以建立公开数据库和保密数据库。公开数据库主要是收集那些知晓度和公开度高的、处于公有状态的传统医药知识，人人都可以分享这些知识。保密数据库则要收集那些知晓程度低、处于秘密状态的传统医药知识。相关部门在收录的时候，要做好确权登记工作，明确持有人或权利收益主体，以便日后通过惠益分享制度实现它的商业价值，确保各方主体权益的公平实现。

（2）建立健全传统医药集中管理与服务机构。建立传统医药集

---

〔1〕 王璐:《传统医药的知识产权保护》，中国政法大学 2011 年硕士学位论文，第 28 页。

中管理机构，集中对传统医药知识进行收集、整理、登记，负责对传统医药知识产权进行开发、管理和保护，有利于实现传统医药知识持有人的利益，也有利于促进传统医药产业的发展。一些国家在这方面也做了有益的探索，如老挝。1976 年，老挝成立了由政府主导的传统医学研究中心（Traditional Medicine Research Center），致力于开展对老挝传统医学和药用植物使用的专门研究。传统医学研究中心可以代行传统医药知识持有人的权利，可以根据西方医药企业对于本国的中医药知识的利用程度来要求西方医药企业给予恰当的补偿。传统医学中心不仅开展与国内医师的合作，而且还与国外的一些医药科研机构的合作，来促进传统中医药知识的开发和利用。[1] 老挝传统医学研究中心的做法给我们对传统医药进行研发、保护和管理提供了有益的经验。

与此同时，在政策上扶持和引导与传统医药有关的知识产权服务机构，促进传统医药知识产权成果的形成、转化和利用。

（3）运用地理标志制度来保护传统医药道地药材。目前在国际上，TRIPs 协议是能够为地理标志提供最全面、最强有力保护的国际条约，它把地理标志作为一项独立的知识产权明确加以保护。TRIPs 协议第 22 条第 1 款对地理标志作了明确的规定：本协议的地理标志，系指下列标志：其标示出某商品来源于某成员国地域内，或来源于该地域中的某地区或某地方，该商品的特定质量、信誉或其他特征，主要与该地理来源相关联。[2] 我国《商标法》第 16 条也对地理标志进行了界定："地理标志，是指标示某商品来源于某地区，该商品的特定质量、信誉或者其他特征，主要由该地区的自然因素或者人文因素所决定的标志。"道地药材是在特定的自然条件、生态环境和土壤气候等因素的影响下所生产的药物，其产地整体环境适

---

〔1〕　顾玲玲：《论中医药知识产权的国际保护》，苏州大学 2013 年硕士学位论文，第 35 页。

〔2〕　《与贸易有关的知识产权协议》，载人民网，http://ip. people. com. cn/GB/11179135. html，发布时间：2010 年 03 月 19 日。

宜、品种优良，栽培、采收和加工炮制讲究，疗效较同种药材突出且生产较为集中，带有明显的地域性特征，其是经过长期临床实践验证品质优于其他地区相同药材并被大众早已认可的药材原料。[1]道地药材的形成与环境关系极为密切，它的有效成分常常不是一种，不能用单一的化学指标来全面评价其质量，必须要采用综合的判别标准，很多因素如药材基原、生态环境、土壤、水质、气候、肥料、种植、管理等对道地药材的质量有影响，道地药材的质量还与药材的采收、产地加工、药材包装储存等内容有一定的关系。[2]

由此可见，生长的地理条件和加工的传统工艺是决定道地药材质量的主要因素，而道地药材作为一种依赖于地理条件和传统工艺的特殊商品，地理标志恰恰可以为其提供适当的保护，道地药材所标记的商品内涵完全吻合地理标志所标记的商品内涵。[3] 因为地理标志中最基本的就是地名，药材的产地对于消费者来说就已经起到了类似于商标的导向作用。从而这些地理名称具有了质量显示功能和商业标志作用，具有了财产利益和经济价值，由普通的地名符号演变为财产的载体。[4]

运用地理标志对于传统医药的道地药材进行保护可以采取注册原产地证明商标以及取得原产地产品专用标志的方式。此外，由于商标权的地域性特征，我们还应通过取得原产地标记认证的方式对道地药材进行保护，以维护其在国际医药贸易市场上的优势竞争地位。目前，运用地理标志制度来保护传统医药道地药材有着明确的法律支撑，国际规则主要有《保护工业产权巴黎公约》（Paris Convention for the Protection of Industrial Property，简称《巴黎公约》）

---

〔1〕 宋晓亭主编：《中医药知识产权保护指南》，知识产权出版社 2008 年版，第 199 页。

〔2〕 李高峡：《中药的知识产权保护研究》，成都中医药大学 2004 年博士学位论文，第 76 页。

〔3〕 邦樱花：《我国藏药知识产权保护研究》，西南交通大学 2007 年硕士学位论文，第 35 页。

〔4〕 严永和：《论传统知识的知识产权保护》，法律出版社 2006 年版，第 268 页。

和 TRIPs 协议等；在国内法方面，我国也逐渐形成比较完备的法律保护体系。因此，运用地理标志制度来保护传统医药道地药材是保护传统医药知识产权的重要战略措施。

（4）建立传统医药知识产权保护的专门制度。在现阶段，包括中国在内的世界各国对传统医药知识的知识产权保护多是通过以 TRIPs 协议、《巴黎公约》和《国际植物新品种保护公约》（International Convention for the Protection of New Varieties of Plants）等为基础的现行知识产权制度来实现。随着社会的发展，知识产权制度保护的客体在不断地扩大。一些传统医药知识保有国在尝试运用地理标志等制度对本国的传统医药知识进行保护。[1] 许多国际组织把包括传统医药在内的传统知识作为重要议题，联合国教育、科学及文化组织（United Nations Educational, Scientific and Cultural Organization, 简称 UNESCO）、联合国环境规划署（United Nations Environment Programme, 简称 UNEP）、联合国粮食及农业组织（FAO）、联合国开发计划署（The United Nations Development Programme, 简称 UNDP）、联合国贸易和发展会议（United Nations Conference on Trade and Development, 简称 UNCTAD）、世界知识产权组织（WIPO）、世界贸易组织（WTO）、世界粮食计划署（World Food Programme, 简称 WFP）等都从不同的角度对传统知识（尤其是传统医药知识）保护问题进行了探讨，初步形成了基本框架。2003 年，WHO 通过 WHA56.31 号关于传统医药的决议指出，"认识到传统医药知识是该知识发源地社区和国家的财产，应给予充分的尊重。"该组织第 56 届大会还通过了《传统医学全球战略决议》，敦促会员国根据既定的国家立法和机制，酌情制定和实施关于传统医药的国家政策和法律。但国际上对传统知识保护的研究表明：现行知识产权只能保护传统知识的某些方面，而不能完整有效地保护传统知识。许多国家如巴西、印度、秘鲁、泰国、菲律宾等纷纷通过国内立法建立传统医药知识的专门

---

〔1〕《加强中医药传统知识的保护与利用 推动中医药产业创新发展》，载本书编委会：《〈国家知识产权战略纲要〉辅导读本》，知识产权出版社 2008 年版，第 302~303 页。

保护制度，并努力将传统知识的保护纳入现行的知识产权国际保护体系。其中最为典型的是泰国在 2002 年颁布的专门针对泰医药的《泰国传统医药知识保护与促进法》。不仅如此，有些国家如斯里兰卡，还在传统医药立法中明确规定对医药卫生一般法适用排除，保障传统医药能够充分按照专门立法和配套条例规章进行管理。这种做法具有明显优势，即与西医药或其他医药体系区别对待，避免传统医药完全适用医药一般法律。[1]

反观我国，尽管适用于中医药领域的知识产权制度有专利制度、商标制度、著作权制度、商业秘密制度、地理标志制度、植物新品种制度和中药品种保护制度等。但囿于没有专门保护制度，中医药法制过度强调与卫生医药法制的统一与衔接，其结果是中医药自身特点和规律被忽视，难以满足传统医药知识完整保护、持续保存、阻止不当占有和不当使用以及尊重等保护需求。借鉴国外传统医药立法经验，我国应考虑通过法律层面专门立法，解决传统医药法制的缺失问题。远水解不了近渴，对于欠发达地区来说，应当致力于研究传统医药知识专门保护制度，即根据传统医药知识特征和规律，以实现对其知识进行财产权利和精神权利保护为目的，调整和规范因其权利归属、合理使用和惠益分享而产生的各种社会关系综合的综合性制度。它主要包括法律赋权、合理使用、惠益分享、传承教育、行政监管和司法保护等方面的制度。[2] 这种专门制度应当采用以私法为主、兼顾公法的模式。[3] 因为传统医药知识的智力成果属性决定了它适用于知识产权保护，基于传统医药的特性所建立起来的特别权利保护体系应当是一种私法保护。同时考虑到传统医药的保护也是为了促进其传播与发展，因而在私法之外，还需要辅以公

〔1〕 李哲、鲁兆麟：《论我国中医药法律层面专门立法——国外的经验与启示视角》，载《中国自然医学杂志》2008 年第 1 期，第 5 页。
〔2〕 《加强中医药传统知识的保护与利用 推动中医药产业创新发展》，载本书编委会：《〈国家知识产权战略纲要〉辅导读本》，知识产权出版社 2008 年版，第 317 页。
〔3〕 黄玉烨：《浅谈中国传统医药知识产权保护策略》，载《科技与法律》2005 年第 3 期，第 100 页。

法保护。具体来说，研究合理使用制度，对传统医药知识的合法使用范围、使用限制、使用中的权利义务加以规定；建立惠益分享制度，平衡传统知识使用人和持有人的权益，政府可通过具体的国内税收、进出口关税征收等方式具落实；健全行政管理制度，理顺行政管理机制，强化监管措施，提高监管效率。建立传承教育制度，不改变实质内容地保持传统医药知识的可持续发展，并与传统医药教育、传统医药医师执业管理、传统医药科研开发紧密关联。[1]

五、地理标志知识产权战略

《国家知识产权战略纲要》把地理标志的保护和发展作为专项任务之一明列其中，指出要"完善地理标志保护制度，建立健全地理标志的技术标准体系、质量保证体系与检测体系。普查地理标志资源，扶持地理标志产品，促进有地方特色的自然、人文资源优势转化为现实生产力"。在战略纲要中同时指出对地理标志要有效地保护和合理利用，进一步完善地理标民的立法工作，建立高质量的地理标志知识产权信息库。地理标志的保护与利用已居国家知识产权战略高度。

我国从 1995 年国家工商总局的地理标志商标注册工作开始后，有《原产地域产品护规定》《地理标志产品保护规定》《农产品地理标志管理办法》《商标法》和《反不正当竞争法》等法律法规、部门规章对地理标志进行多重保护。经过近二十年的时间，地理标志产业化发展成效显著，但仍存在东西部发展不平衡的状态。我国西部欠发达地区，地理标志资源丰富，价值底蕴深厚，但因地理位置偏远，经济基础薄弱，人才资源匮乏，制度保护机制不完善，导致地理标志资源综合价值没有得到充分发挥。因此，在《国家知识产权战略纲要》的指导下，因地制宜制定区域地理标志知识产权战略，

---

〔1〕《加强中医药传统知识的保护与利用 推动中医药产业创新发展》，载本书编委会：《〈国家知识产权战略纲要〉辅导读本》，知识产权出版社 2008 年版，第 317~318 页。

势在必行。

（一）知识产权语境下的地理标志概述

1. 地理标志的概念

地理标志（Geographical Indecations），又称为地理标识、地理标记、原产地名称，对于其概念，不同的国际法对其分别作了界定。

（1）TRIPs协议将其定义为："地理标志是指标识于一货物来源于成员领土或该领土内一地区或地方的标识，该货物的特定质量、声誉或其他特征主要归因于其地理来源。"[1]

（2）欧洲经济委员会《关于保护农产品和食品地理标志和原产地名称的第2081/92号理事会条例》[Council Regulation（EEC）No. 2081/92 on the Protection of Geographical Indications and Designations of Origin for Agricultural Products and Foodstuffs] 对地理标志的界定是：地理标志是指一个地区、一个具体的地方或一个国家（在个别情况下）的名称，用以表明某种农产品或食品来源于该地区、具体地方或国家，该种农产品或食品所具有的特殊品质、声誉或其他特征可归因于该地理来源并且其产生以及（或者）制造以及（或者）前期准备工作都是在当地完成的。[2]

（3）欧盟委员会《关于农产品和食品地理标志和原产地保护的第510/2006号理事会条例》[Council Regulation（EC）No. 510/2006 on the protection of geographical indications and designations of origin for agricultural products and foodstuffs] 对地理标志的界定是：一个受保护的地理标志是指一个地区、一个特定地点，或者在特殊情况下，一个国家的名称，该名称用来标示一种农产品或食品，该农产品或食品是指来源于这个地区、特定地方或国家，并且具备这个地理原产地的一种特定质量，声誉或其他特征，并且产品的生产和/或加工

---

[1] 董炳和：《地理标志知识产权制度研究——构建以利益分享为基础的权利体系》，中国政法大学出版社2005年版，第55页。

[2] 李祖明：《地理标志的保护与管理》，知识产权出版社2009年版，第115~116页。

和/或制作都在所指定的地理地区内完成。[1]

我国在《商标法》《地理标志产品保护规定》和《农产品地理标志管理办法》中都有对地理标志概念的界定。《商标法》第16条第2款对地理标志的界定是：标示某商品来源于某地区，该商品的特定质量、信誉或者其他特征，主要由该地区的自然因素或人文因素所决定的标志。《地理标志产品保护规定》第2条规定：本规定所称地理标志产品，是指产自特定地域，所具有的质量、声誉或其他特性本质上取决于该产地的自然因素和人文因素，经审核批准以地理名称进行命名的产品。地理标志产品包括：①来自本地区的种植、养殖产品；②原材料全部来自本地区或部分来自其他地区，并在本地区按照特定工艺生产和加工的产品。《农产品地理标志管理办法》第2条第2款规定：本办法所称农产品地理标志，是指标示农产品来源于特定地域，产品品质和相关特征主要取决于自然生态环境和历史人文因素，并以地域名称冠名的特有农产品标志。

尽管以上三个概念文字表述有所差异，但都遵循了 TRIPs 等国际法对地理标志的内涵理解，即地理标志具有产品来源的区分功能，其产品的品质由当地的自然资源和人文因素决定。

2. 地理标志的特征

（1）知识产权属性。地理标志，无论其从国际法还是国内法来看，其法律属性都是法定意义上的知识产权。因此，获得了地理标志权，就取得了特定条件下的排他性专有权，同时也一定程度上显示其商品标识与区分功能。

（2）较强的地域性。地理标志价产品的品质特征对当地的自然环境、人文因素有很强的依存性，如内蒙古的丰镇月饼，丰镇当地的水源是形成其品质不可或缺的要素，离开了当地，同样的原料、同样的制作师傅、同样的制作程序，口味却差之千里。固所谓"橘生淮南则为橘，生于淮北则为枳"。

---

〔1〕 李祖明：《地理标志的保护与管理》，知识产权出版社2009年版，第118页。

（3）不可转让性。简单来说，地理标志权是一种特定地理空间范围内的成员专有权，它虽然具有财产属性，但是它的获取是基于其特定的自然环境与人文环境，倘若允许地理标志随意转让，它就可能被用于跨地区生产经营，这既会损害产品品质，又会造成商品来源地的混淆，从而丧失了其本来的功能与作用。

（4）永久性。地理标志与其他知识产权相比在保护期限上具有特殊性，即没有时间性，一般可以永续存在。

（5）开放性。地理标志不仅可以向其成员开放使用权，也可以被申请注册为集体商标或证明商标。商标权是具有排他性的专有权，但集体商标或证明商标与普通商标有不同之处，注册商标持有者有义务授权给符合规定的其他地理标志产品生产者进行商标性使用，因此，地理标志是一个开放的体系。

3. 地理标志的价值属性

（1）地理标志的知识产权价值。作为一种标明具有特定质量、声誉或其他确定特性产品的标志，地理标记的核心标志是该产品的原产地。地理标志就是利用"地名+品名"的标识性文字结构方式，向国家行政主管部门申请专有权。一旦地理标志注册成功，其属于当地生产经营者全体共同享有。地理标志是知识产权的重要客体，一般情况下，地理标志的注册者获得的不是"地名+品名"文字的商标专用权，而是地理标志专用标识的专用权。由于产品的特色已经成为吸引顾客的重要途径，因此，地理标志与商标一样，在向消费者表达产品的特定价值方面，可以发挥不可替代的关键作用，突出某一产品比市场上的同类竞争产品更具吸引力的特点。

（2）地理标志的经济价值。地理标志地具有巨大开发经济潜能的宝库，对于发展中国家的经济发展具有积极的作用。我国地广物博，特别是我国欠发达地区，地理标志资源存量大，具有特色的名优地理标志产品数不胜数，而且在市场上具有不可替代性，因此，极易在市场上形成一种垄断地位，从而为所有者和生产者带来巨大的经济附加值，有效地带动地方乃至整个国家的经济发展。

（3）地理标志的文化价值。地理标志特定的质量、信誉等，体现了当地世代演进所形成的独特的文化，有些地理标志在某种意义上已经成为当地精神的象征。[1] 如西部名牌"玉溪"卷烟不仅代表着红塔集团的品牌实力，还代表着玉溪地区的高原"水"文化，因此人们常把"玉溪"与"上善若水"这一理念悄然结合。地理标志的文化价值，可以延伸相关产业链的发展，提升地理标志的综合利用能力。

（4）地理标志的社会价值。地理标志被认为是某种产品的来源地标志，如"西湖龙井"，因其"色绿、香郁、味醇、形美"四绝著称于世，使消费者形成了对其特有的消费品质期待。消费者期待实现，增加了生产者企业的品牌价值，提升了地理标志所标识地区的知名度，沟通了生产者和消费者的社会信任关系。

4. 地理标志的知识产权保护模式

国外主要采用专门立法、商标法和反不正当竞争法三种模式保护地理标志。我国对地理标志的保护主要采用《商标法》《地理标志产品保护规定》和《农产品地理标志管理办法》三重保护，补充适用《反不正当竞争法》的保护模式。《商标法》主要是通过注册证明商标和集体商标进行保护；《地理标志产品保护规定》是为了规范地理标志产品名称和专用标志的使用，保护地理标志产品的质量和特色；《农产品地理标志管理办法》主要是为了规范农产品地理标志的使用，保护地理标志农产品成的品质和特色。[2]《反不正当竞争法》由主要调整地理标志注册与使用中的不正当竞争行为。

（二）欠发达地区地理标志资源优势及其作用

1. 欠发达地区地理标志资源优势

一方面，西部欠发达地区疆域辽阔，具有一定经济基础和巨大

---

〔1〕 潘淑：《我国地理标志知识产权保护制度的重构》，载《学理论》2013年第17期，第132页。

〔2〕 孙志国等：《湘鄂渝黔民族地区地理标志知识产权保护进展》，载《安徽农业通报（上半月刊）》2010年第23期，第152页。

发展潜力,但大部分是少数民族聚集地区,科技发展水平不高,生产力发展水平不平衡,与发达地区存在较大差距。另一方面,西部欠发达地区所处的地理位置有其独特的地域特征和人文特征。因此,其地理标志资源也优厚于东部发达地区。截至 2015 年 12 月,通过全国 31 个省份积极开展的地理标志登记注册工作汇总,地理标志注册量超过 100 的省(市)有 9 个,超过 200 个的有 5 个,超过 300 个的有 1 个,重庆市以 201 个位居全国第五。[1]

2. 欠发达地区地理标志保护对区域发展的作用

(1)区域资源优势向经济发展优势转化效能。欠发达地区地理标志资源的充分开发,必将有力地支撑区域经济的发展。产业化经营,规范的技术、标准化质量保证,有效地提升了地理标志的市场竞争力和品牌化经营,不断成为欠发达地区的支柱产业。商标局商标与经济发展关系课题组发布的《地理标志商标与区域经济发展研究》显示,地理标志商标具有较高的富民效应,能带动区域经济发展。地理标志商标注册后,平均价格提高了 50.11%,来自地理标志商标的收入占当地农民总收入的 65.94%,地理标志商标带动相关产业发展的产值带动比达到 1∶5.20,就业带动比达到 1∶3.34,已有53.38%的地理标志商标成为区域经济支柱产业。[2] 以云南著名的地理标志产品"文山三七"为例,"文山三七"2005 年正式获准注册为证明商标,2011 年 5 月 27 日依法认定为中国驰名商标,文山三七产业通过多年来的积累发展,不仅形成了完整的产业发展链条,而且发展势头良好。2012 年,文山三七产业实现现价总产值 100.29亿元,销售收入 136.65 亿元,税金 1.16 亿元,利润 36.09 亿元,各项指标均在"十一五"期末的基础上翻了一番以上。"文山三七"

---

〔1〕 国家工商行政管理总局商标局、商标评审委员会编著:《中国商标战略年度发展报告(2015)》。

〔2〕 国家工商行政管理总局商标局、商标评审委员会编著:《中国商标战略年度发展报告(2015)》。

荣获"2013 年度中国 100 个最具综合价值地理标志产品"称号。[1]

（2）经济效益激励机制效能。激励机制与相应的激励理论是经济学、管理学、组织行为学乃至法学等学科的研究对象，在经济学上，激励理论和激励机制以理性经济人为出发点，以获得最大化利润或最佳效应为目标。[2] 从知识产权制度激励层面来说，它本身就是一种激励机制，农副产品是地理标志保护的主要对象，欠发达地区多是以农业为主的省份，千百年来也创造出了许多典型的具有地理标志特征的农副产品，如酒类产品，有贵州茅台酒、四川五粮液等，在供大于求的同质化市场中，地理标志的标识与区分功能凸现了知识产权的作用。五粮液产业的经济效应，调动了四川宜宾相关部门对宜宾酒业地理标志的高品质保护与经营动力，发挥中国白酒金三角的核心地区的独特优势，把宜宾打造成为全球最大的白酒生产基地和中国白酒原料之乡，再铸川酒发展的新辉煌。2010 年宜宾成功申报"宜宾酒"地理标志产品商标，进一步促进宜宾成为白酒资源共享、产供销一体、产学研结合的"中国浓香型白酒原产地"。[3]

（3）地理标志产业资源综合利用效能。地理标志资源形成是一种内涵式成长的过程，在成长的历史进程中，往往也融合其他丰富的本土特色资源。如武陵山片区在经营地理标志产业时，综合了特产资源、民族工艺品资源、生物医药资源、旅游资源，集群发展特色旅游业、民族手工业、生物医药产业、农林产品加工、农业生态旅游、民族文化旅游等。[4]

欠发达地区有资源的优势，但在保护与利用上依然存在诸多发

---

〔1〕　张炯雪：《"文山三七"荣获中国最具综合价值地理标志产品称号》，载《云南农业》2014 年第 1 期，第 25 页。

〔2〕　王淑芳：《企业的研究开发问题研究》，北京师范大学出版社 2010 年版，第 337~349 页。

〔3〕　罗与：《"宜宾酒"成功申报地理标志产品保护》，载《宜宾资讯》2010 年 12 月 20 日。

〔4〕　孙志国等：《武陵山片区特产资源的地理标志保护与特色产业扶贫对策》，载《山东农业科学》2012 年第 12 期，第 119~124 页。

展瓶颈。

(三) 欠发达地区地理标志保护存在的问题

1. 地理标志注册范围明显低于应有资源

如以贵州为例, 截至 2015 年 12 月, 全省仅有 54 个特色产品注册地理标志, 而在贵州省组织的大规模的农产品地理标志资源普查中, 相关专家分析研究, 有 163 种具备地理标志特性的产品。[1] 国家工商行政管理总局商标局统计的数据表明, 多年来西部地区申报工作积极性不高, 截至 2015 年 12 月, 申报量排在前十位的只有 3 个省 (市) 属于西部地区。如表 4-3 所示:

表 4-3 我国前十名获得地理标志保护最多的省份

地 区	数量 (个)	排 序
山 东	425	1
福 建	272	2
湖 北	249	3
江 苏	215	4
重 庆	201	5
浙 江	190	6
四 川	164	7
云 南	131	8
辽 宁	100	9
湖 南	97	10

数据来源: 国家工商行政管理总局商标局:《中国已注册地理标志情况表》(截至 2015 年 12 月), 载 http://www.saic.gov.cn/sbj/dlbz/xwbd/201601/t20160 112_229133.html, 最后访问时间: 2017 年 7 月 21 日。

---

[1]《地理标志助推贵州农特经济腾飞》, 载新浪财经网, http://finance.sina.com.cn/ roll/20090401/07242764173.shtml? from＝wap.

2. 地理标志保护水平参差不齐

从地理标志保护与管理的个案分析，有的地理标志申请后在经营过程中名扬海内外，而有些被闲置不用而有量无市。如章丘市的大葱在注册并使用"章丘大葱"地理标志证明商标后，其经济价值明显提高，由注册保护前的每公斤 0.2 元~0.6 元上升到 1.2 元~5元，注册保护后的价格是注册前的 2 倍~5 倍，每亩纯收入在 2000元以上，主产区乡镇户均收入达到万元[1]；地理标志商标体现了其地理标志新产品价值。然而西部不少地方没有充分利用地理标志提升特质产品的附加值，如著名的甘肃天水市的"花牛苹果"，其内含的营养成分非常高，含糖量高达 1.86%，可溶性固形物高达 1.4%，苹果酸低至 0.08%。其顶端突出的五棱和高达 0.96~1.0 的果形指数、果实表面百分之百的鲜红艳丽色泽、12.5%~15%的可溶性固形物含量、浓郁的香味和甜脆的口感，却是鲜为人知，没有体现其价值。

3. 使用不当或滥用导致地理标志通用化

地理标志的通用化就是地理标志在使用的过程中作为商标的区分功能被淡化而被认为是商品的通用名称。即是消费者群体对商品质量认同的一般化，使商品的"显著特性"与"地理来源"之间的关系变得模糊，甚至将"显著特性"变成独立存在而与"原产地"完全脱离，使地理标志蜕变成同类商品的通用名称或代名词，从而导致地理标志被淡化或通用化[2]。如云南大理地区的变质石灰岩"大理石"就成为一个商品的通用名称。

4. 没有形成集约化经营和可持续发展的长效机制

地理标志要从标志向品牌成长，从管理、生产到销售等各个环节都应按照相关规范来管理。但是我国欠发达地区很多地理标志在产品转化过程中，自发利用、分散经营、产业化水平低，各产业主

---

[1] 姚坤：《地理标志是涉农的知识产权制度》，载《中华商标》2005 年第 3 期，第 19~21 页。

[2] 于恩锋：《地理标志的淡化和通用》，载《中华商标》2004 年第 6 期，第 48 页。

体之间相互分割、各自为战，组织体系松散，生产结构趋同化，信息交流不畅通，从生产、加工到销售，难以形成标准化生产和规范化管理，甚至有些生产者和经营者片面追求自身利益，降低生产、经营和管理标准，使产品质量低劣，缺失了"原产地"本应有的品质，甚至制假造假，[1] 使原本优良的地理标志资源失去了消费者的信任，从而使整个产业失去了市场的竞争力，失去了品牌的力量。如 2003 年的金华毒火腿事件，2004 年重庆石蜡火锅底料事件，无不让人心痛，从而使原已树立的品牌效应走向低迷。

5. 产品优秀文化品质缺失

地理标志是地域与人文因素的综合产物，很多的地理标志都承载了一定文化内涵，如传说、典故等。一些地方政府和地理标志企业，盲目将追求文化所蕴含的经济价值作为地理标志产品的"营销模式"，如争夺名人故里，不仅损害了当地的人文资源，同时也降低了地理标志产品品质的可信度。

6. 创新理念不强，高端品牌培育不足

保护和经营理念的保守性，不注重培育地理标志产品生产的龙头企业，使我国欠发达地区地理标志难树高端品牌。2008 年底，新华社的一则报告给我国茶业一个惊雷，即"七万茶厂不敌一个立顿"。中国是茶叶的发源地，却没有一个在国际上叫得响的品牌。中国产茶面积世界第一，但在国际上的市场占有份额和价格却低于印度、斯里兰卡等国。[2] 分析其中原因，是因茶叶产业营销理念的保守所致。这其中不可忽视的是，我国茶叶大多产于欠发达地区，诸多茶厂也坐落于欠发达地区。而相比于发达地区，品牌的经营理念更能与时俱进，如盱眙龙虾，这个源于苏北人口不足百万的小县城的地理标志品牌，能产生如此大的品牌效应，则是政府营销品牌运

---

〔1〕 于梦：《西部地区地理标志保护和经营研究》，中央民族大学 2011 年硕士学位论文，第 26 页。

〔2〕 王丽婷：《中国茶产业出路浅析》，载《合作经济与科技》2010 年第 7 期，第 8 页。

作模式的效应。

7. 地理标志保护与经营法制不够健全

地理标志保护与经营的立法工作是一个系统复杂的工程，必须实现动态立法模式。既要发挥法律法规、部门规章的作用，同时各省区直至各县域都应有自己的地理标志立法。但到目前为止，我国整个西部欠发达地区，只有四川省制定了相关《四川省地理标志产品保护战略（2011—2020 年）》。

总体上看，我国西部欠发达地区地理标志产业发展依然受诸多因素制约，严重不能满足产业发展之需要。借国家实施知识产权战略和西部大开发之际，加速制定欠发达地区地理标志知识产权战略，大力提升地理标志开发、运用、保护和管理能力，充分开发和利用地理标志资源，对于加强欠发达地区地理标志产业结构调整和优化升级，实现经济社会又好又快地发展具有重要而深远的意义。

（四）欠发达地区地理标志知识产权战略的基本框架

1. 指导思想

实施欠发达地区地理标志知识产权战略，要坚持创新驱动发展战略，以落实"西部大开发"战略为宗旨，以推进地理标志产业结构升级、地理标志助推经济发展为目标，强化地理标志知识产权开发、运用、保护和管理，重点跨越，引领未来，充分调动各方积极性和主动性，实现欠发达地理的经济腾飞。

2. 战略目标

依据《国家知识产权战略纲要》、2010 年中央 1 号文件《中共中央 国务院关于加大统筹城乡发展力度 进一步夯实农业农村发展基础的若干意见》提出的"充分运用地理标志和农产品成本商标促进特色发展"和 2013 年中央 1 号文件《中共中央 国务院关于加快发展现代农业 进一步增强农村发展活力的若干意见》提出的"深入实施商标富农工程，强化农产品地理标志和商标保护"的方针，结合欠发达地区地理标志产业状况制定地理标志知识产权保护战略目标，到 2020 年，欠发达地区地理标志省区及县域地理标志知识产权保护制度基本完善，知识产权法制环境进一步优化，政府的管理能力、行业协会的监督能力、生产企业的持续增长能力、农户的知识产权意识水平获得全面提升，并且坚持走地理标志产业集约型、品牌化、内涵式可持续发展道路。

3. 战略重点

（1）完善地理标志知识产权制度。欠发达地区各省区市及县域要进一步完善地理标志知识产权法律法规，因地制宜加强立法的衔接配套，加强法律法规可操作性，全面实现法律法规的社会效果。健全知识产权管理体制、司法保护体系以及执法效率和水平，形成良好的知识产权保护环境。

（2）原真性保持。原真性保护是原生性保护和真实性保护的抽象融合。[1] 地理标志产品的消费吸引力来源于其特有的品质，而产品品质的形成源于当地千百年形成的自然环境和人文环境，也是地理标志最本质和最核心的价值所在。原真性保持，一要保持原材料的原真性，原料来源地域特定；二要传统工艺与现代化工艺完美结合，高效率高品质产出，从而持久保持地理标志产品与消费者的沟通能力。

（3）提升地理标志产业可持续发展能力。可持续发展概念在1980 的《世界自然保护大纲》（World Conservation Strategy）中被明确提出，1987 年由世界环境与发展委员会（World Commission on Environment and Development，简称 WCED）制定的《我们共同的未来》报告对此概念进行更全面的界定，并被世界各国所接受。在该报告中，可持续发展被定义为："能满足当代人的需要，又不对后代人满足其需要的能力构成危害的发展。它包括两个重要概念：需要的概念，尤其是世界各国人们的基本需要，应将此放在特别优先的地位来考虑；限制的概念，技术状况和社会组织对环境满足眼前和将来需要的能力施加的限制。" 1997 年的中共十五大把可持续发展战略

---

〔1〕 吴育标：《中国世界遗产战略管理模式研究——以西江千户苗寨为例》，中国地质大学 2010 年博士学位论文，第 109 页。

确定为我国"现代化建设中必须实施"的战略，并明确提出可持续发展主要包括社会可持续发展，生态可持续发展，经济可持续发展，是科学发展观的基本要求之一。欠发达地区依然存在诸多制约地理标志产业可持续发展的不利因素，如基础原料污染严重、自身优势利用不足、产品结构单一、深加工水平低等，可持续发展战略对于振兴欠发达地区地理标志产业势在必行。一要可持续实施产品名优无公害战略，基础原料生态化产出，实施生态栽培、物理机构防治、科学施肥；二要进行产品生态化加工，标准化操作、无污染排放、可循环再利用，建立低碳产业园；三要充分利用自身优势，拓展地理标志产品功能，延伸产业链，增加产品的附加值，品牌化多元化经营。

（4）推进地理标志知识产权文化建设。地理标志知识产权文化建设的根本是民众素养的提升，目的是为地理标志产业化可持续发展培育良好的社会环境。欠发达地区民众受教育水平偏低，思想观念和法制观念落后，因此，推进地理标志知识产权文化建设意义重大。首先要大力推行地理标志知识产权文化普及和宣传工作，其次要广泛而常态地开展地理标志知识产权法制宣传，政府、媒体、企业和社会公众积极参与，多形式多渠道开展宣传工作，从而培育尊重知识产权、保护知识产权、经营好知识产权的良好社会氛围。

4. 战略措施

（1）探索地方地理标志专门立法，制定产品制造技术规范地方标准。地理标志产品品质和来源地唯一、种类繁多，在保护对象、权利主体、权利内容、保护标准、维权方式上都有不同的法律诉求，因此，用传统的知识产权制度并不能使地理标志得到有效的知识产权法律保护，因而应当进行专门立法。采用专门法保护模式在法国较早实施并颇具成效，使其葡萄酒美名于世，即使如美国这种地理标志资源稀少的国家也借鉴了法国的制度，建立了葡萄酒和烈酒的标签管理制度。[1] 欠发达地区可以在不违反国际法和我国法律法规的前提下，借鉴法国经验，根据当地具体情况，探索制定各省、市地理标志专门法。

对地理标志专门立法保护，产品制造的技术规范地方标准的制定意义重大。技术规范标准是产品生产的技术依据，原辅材料的自然生态特点、传统加工工艺的技术特点、茶叶的品质特征和质量状况等作为产品品质评价体系的关键要素，制定统一的质量水平，[2] 既提升了产品同质化的市场竞争优势，也规范了市场竞争环境。

（2）深入调查并建立全面的地理标志数据库。地理标志资源来源于当地的自然环境和人文环境，独特的品质形成地理标志产品的同质化竞争优势，因此，创建地理标志数据库，是地理标志持有者实现从资源优势向经济优势转变的一个重要环节。地理标志数据库应当包括资源数量、产品类别、地域分布、品质特征、价值评价、自然环境、人文历史、生产规模、年产量、年产值等信息，以作为主张地理标志数据权、产业发展和品牌培育的重要依据。[3]

针对我国欠发达地区经济基础、人力资源及地理标志保护与经营现状，可以在局部地区进行先试点再全面铺开的战略，正如上文所说的采取点面结合、重点突破，先在点上积累经验，然后在面上展开，逐步建成统一的地理标志数据库[4]，地理标志数据库登记在持有人或集体自愿登记的前提下，在综合价值评价的体系下进行认定，采用现有的登记制度录入数据库。

（3）建立协同创新的共同地理标志市场组织。共同市场的概念被现代社会用于国与国之间贸易中的经济活动。国与国之间通过达

---

〔1〕 吴彬、刘珊：《法国地理标志法律保护制度及对中国的启示》，载《华中农业大学学报（社会科学版）》2013 年第 6 期。

〔2〕 高宇、何南岚：《地理标志产品——泾阳茯砖茶技术规范地方标准发布》，载《西安商报》2014 年 8 月 4 日。

〔3〕《全国农产品地理标志资源普查实施方案（2013）》。

〔4〕 王隽、张艳国：《论地方政府在非物质文化遗产保护利用中的角色定位——以江西省域为个案的分析》，载《江汉论坛》2013 年第 10 期。

成某种协议，实现共同市场的目的，以期从关税、服务、资本与劳动力上互惠。"协同创新"是指创新资源和要素有效汇聚，通过突破创新主体间的壁垒，充分释放彼此间"人才、资本、信息、技术"等创新要素活力而实现深度合作。[1] 把这两个概念运用于我国欠发达地区地理标志产业发展上，就是要汇集有限的经济、技术与人力资源，"集腋成裘"，推动各独立的经营主体拥有共同的目标、内在动力、信息技术资源平台，进行多方位交流，多样化协作。

(4) 推行地理标志强省、强市、强县工程。坚持以产业化为主导、城镇化为支撑、农业现代化为基础，[2] 引导区域地理标志企业不断加强地理标志的开发、利用、保护和管理能力。积极开展试点工作、建立经验交流平台，建立产业园区，积极推进优势龙头企业的培育工作，以强带弱，共同发展。设立地理标志专项扶持资金，主要用于地理标志资源普查、分析研究、申请注册、地理标志保护产品基地建设、品种选育；同时在政府和协会的推动下，建立中介服务、信息宣传平台，提高地理标志产品的知名度和国内国际市场的占有率。[3] "培育好品牌，建设好品牌、壮大品牌"，使地理标志产业成为区域经济发展的新动力。

(5) 完善地理标志产业市场服务体系。地理标志产业市场服务体系包括信息服务平台、交易服务平台和行业协会服务体系。信息服务平台和信息交流平台由地方知识产权主管部门和社会（特别是企业）共同建立。信息服务平台依托国家知识产权信息资源库，各地建设符合自身发展需要的地理标志资源库，实现资源整合和信息共享。建立地理标志交易平台，为经营者提供地理标志转化运用的市场服务，拓宽产品的销售渠道和扩大产品的知名度。两个服务平台的有效运作需要政府进行积极指导和管理，制定相关的规章制度，

---

〔1〕 杜宝贵、隋立民：《正确处理高校协同创新中的几个关系》，载《扬州大学学报（高教研究版）》2013 年第 6 期，第 3 页。

〔2〕《甘肃省知识产权战略纲要》。

〔3〕 肖智、周江菊：《民族地区地理标志知识产权保护思考——以黔东南苗族侗族自治州为例》，载《凯里学院学报》2013 年第 3 期，第 117 页。

规范运作机制，企业、社会积极参与，投入资金，共同维护。

现代意义上的行业协会是受行业成员委托，形成于政府和市场之间的特殊社会组织，它服务于集团成员或政府，协调在生产和销售中成员遇到的各种关系，维护行业和市场发展所需的规则和秩序，其目的是为了实现行业利益或集团利益的最大化。[1] 欠发达地区地理标志行业协会不断成立，但有些协会组成人员多由当地政府部门人员兼职，一些龙头企业只是形式上的参与，人力资源不足、运作资本不足，协会作用并不明显。完善行业协会的运行环境才能发挥其真正效用，一是要政府重视，推动各类，特别是优势地理标志行业协会的建立，加大宣传力度，鼓励当地企业参与投资；二是要配置专业人才；三是行业协会要提升自身运行能力，积极健全组织建设，协调行业成员，降低内部交易成本，加强信息服务，开拓市场、协调产销、品牌推介和维权能力，在政府的协助下组织专家学者进行学术论坛，做好理论研究与服务社会的组织工作。

（6）扎实做好人才队伍建设。人才是发达地区地理标志产业转型升级的知识力量、技术力量。欠发达地区因受地域影响，经济基础薄弱、民众受教育水平不高、地方高职院校知识产权人才输出能力有限，导致地理标志知识产权人才资源不足、结构不合理，急需加强人才队伍建设重大工程，加大人才投资力度。对外设立人才引进专项基金，落实优惠安置政策；对内提升现有人才队伍素质，政府、企业、高校、行业协会、知识产权代理机构联合组建产学研联盟，加大人才培训力度；加强对外合作与交流，制定有效的激励政策，实现人才队伍建设的高端引领目标。

六、遗传资源知识产权战略

遗传资源对人类社会有极端重要的意义。20 世纪 80 年代以来，

---

〔1〕 欧智斌、文国柱：《浅析行业协会在地理标志产品产业经营中的作用》，载《商》2013 年第 15 期，第 399~400 页。

国际上围绕着遗传资源的利益争夺异常激烈，也引发了利益相关者之间一系列尖锐的矛盾。特别是发达国家依靠先进的生物技术，把从发展中国家掠取的遗传资源进行商业开发之后，利用现行知识产权制度加以严格保护，以法定的方式把发展中国家排除在利益分享者之外，从而增加了发展中国家人民的生存成本，导致遗传资源利益分享极不公平局面的形成。同时，由于遗传资源大量被采掘，也使遗传资源面临着保有的危机。

（一）遗传资源的概念

遗传资源，也叫种质资源、基因资源。关于遗传资源的概念，至今仍然有不同的认识。但传统认识一般以联合国《生物多样性公约》的定义为准。[1]该公约认为，"遗传资源"是指具有实际或潜在价值的遗传材料。[2]

但有的研究认为，遗传资源的传统认识虽然比较形象地描述了遗传资源存在的状态，即它是一种生物材料。但是上述概念并没有完整地、准确地描述遗传资源的本质特征。因为至少从字面上看，这一概念没有揭示遗传资源信息和知识这两个非常重要的内涵。因此，有学者给遗传资源界定了新的含义，认为遗传资源是指来自植物、动物、微生物或其他来源的、具有实际或者潜在价值的、并能以某种特定方式复制的任何遗传信息资源。即遗传资源是"物质"＋"信息"＋"知识"的组合体。[3]

（二）欠发达地区遗传资源及其保护现状

一方面，我国西部遗传资源非常丰富。作为欠发达地区，广袤的西部地区横跨不同的气候带，不同地区的光水热资源又各不相同，不同地区差异性很大，孕育了多样的生物资源，是我国生物多样性

---

〔1〕《生物多样性公约》是目前世界上非常重要的保护生物多样性公约。

〔2〕 UNEP, Global Biodiversity Assessment, 1995. 2.

〔3〕 陈宗波：《论遗传资源的知识产权保护》，重庆大学 2010 年博士学位论文，第14页。

和文化多样性资源最丰富的地区,[1] 也是国际环保组织（Conservation International，简称 CI）确定的全球 34 个生物多样性热点地区之一。CI 所确定的我国西部地区生物多样性热点西起西藏东南部、川西地区，向南延伸至云南西北部，向北延伸至青海和甘肃的南部，这里拥有 12 000 多种高等植物和大约 50% 的鸟类和哺乳动物。[2] 其中云南、广西、贵州、四川生物多样性尤为突出。特别是前文已经提到的云南，是名副其实的"植物王国"，其中野生动物物种资源和野生经济动物物种资源种类居全国首位。另外，四川生物多样性也非常突出，有高等植物上万种，约占全国的 1/3，其中裸子植物物种数量居全国第 1 位，被子植物物种数量居全国第 2 位；脊椎动物物种数量也居全国第 2 位。有关西部地区生物多样性状况已经在本书第二章及本章"传统医药知识产权战略"有关部分作了介绍，这里不再重复。总之，可以说欠发达地区丰富而独特的遗传资源已经成为其实施知识产权战略的重要条件。

另一方面，西部在遗传资源的保护方面还存在着严重的问题。生物盗版加剧[3]、生态环境退化的现象相当严重；西部大开发也使部分物种受到了严重破坏；外来物种入侵使西部物种生存面临严重威胁，加上保护和管理不到位，西部地区生物多样性急需采取多种保护措施。

（三）遗传资源知识产权战略基本思路

1. 遗传资源的知识产权开发与利用战略

第一，加大遗传资源技术开发的力度。西部地区遗传资源丰富，遗传资源知识产权的开发无需进行原材料的成本投入，只需作技术

---

〔1〕 温雅莉：《生物多样性表现出文化多样性》，载《中国绿色时报》2009 年 3 月 27 日。

〔2〕 数据查自广东省立中山图书馆生态环保图书馆网站：http://eelib.zslib.com.cn/.

〔3〕 生物盗版（biopiracy）又称"生物海盗"或"生物盗窃"，是"非法提取生物遗传资源基因"的俗称，是指跨国公司不经许可，对存在于他国社区尤其是土著社区生物遗传资源进行基因提取，然后进行开发、利用和商业控制的行为。

开发。技术开发除了采用现代技术之外，还可以挖掘传统工艺，形成高技术与土著技术结合的产品开发模式。

第二，加大合作研究与共同开发力度。由于历史、文化和政策等原因，西部地区科技研制与开发能力相对较低，在这种情况下，可以"借船出海"，引进技术和资金，西部与东部、国内与国外合作开发遗传资源。共同开发的产品双方可以共同申请专利，专利权归双方共有。对于与国外合作的开发项目，一般应约定在我国西部共同境内实施该项专利，利益分享除了考虑国内外开发企业各方之外，还应考虑到遗传资源保有者。

2. 遗传资源的知识产权保护战略

第一，遗传资源的著作权保护。著作权是基于作品而享有的专有权。用著作权法保障遗传资源及其相关传统知识意味着著作权法保护基于遗传资源及其相关传统知识形成的原生性作品。这一模式只能适用于遗传资源及其相关传统知识的作品形态。比如，遗传资源原始持有人以文字、口头或者以其他任何可以复制、传播的方式，陈述遗传资源及其相关传统知识，构成著作权法上的作品，如被他人不经许可进行发表、复制、发行、改编、翻译，或以作品叙述的方法制造出产品，则可认定行为人侵犯了基于遗传资源形成产生的著作权。但如果遗传资源不以作品的方式表现，被他人使用、出口或以其他方式侵犯，著作权法则无能为力。目前已有针对著作权与传统知识之关联性的探讨，而其主要探讨都是针对民俗技艺（folklore）如何避免被抄袭。[1]

第二，遗传资源的商标权保护。商标权是指商标所有人对其注

---

〔1〕 虽然目前确实有不少针对著作权与传统知识之关联性的探讨，但其主要探讨对象都是针对民俗技艺（folklore）如何避免被抄袭，关于民俗技艺之保护问题。WIPO 从 1998 年开始执行一项名为全球知识产权项目（Global Intellectual Property Issues）的计划，在过去若干年间针对世界各国中对传统知识与民俗技艺掌握与运用的社群，搜集其民俗技艺之表现方式以及其对法律保护之需求与期望。基本上 WIPO 之定义下 folklore 乃是传统知识（traditional knowledge）概念下的一部分。详见 WIPO 文件记录，WIPO/TK/CEI/00/INF. 5.

册商标自由支配的权利。从权利内容上看，商标权包括专有使用权、禁止权、转让权、使用许可权等。商标权的基础是具有识别性的商标存在。因此，欲以商标权来保护遗传资源，唯一的途径是让所要保护的遗传资源成为商标。遗传资源如何成为商标？这一问题在学术界上研究尚少。但有学者在对非物质文化遗产的法律保护问题研究中，提出了非物质文化遗产商标权保护模式。[1] 从本质特征看，遗传资源相关的传统知识也属于非物质文化遗产的重要组成部分，因此非物质文化遗产商标权保护模式的观点对我们探讨遗传资源商标权保护模式有一定的启发意义。

那么非物质文化遗产商标权保护模式能否运用到遗传资源的权利保护？关于这个问题，我们首先要区分非物质文化遗产与遗传资源两种客体的异同。非物质文化遗产是指各种以非物质形态存在的与群众生活密切相关、世代相承的传统文化表现形式，包括口头传统、传统表演艺术、民俗活动和礼仪与节庆、有关自然界和宇宙的民间传统知识和实践、传统手工艺技能以及与上述传统文化表现形式相关的文化空间。[2] 从这个界定看，非物质文化遗产与遗传资源的最大共同点是两者均包含着传统知识要素。虽然非物质文化遗产是一种文化资源，但其有关自然界和宇宙的民间传统知识和实践、传统手工艺技能也是遗传资源具备的内在类型要素，也就是说两种客体的相同点就是都包含着传统知识因子。

第三，遗传资源的专利权保护。这里所说的专利权战略的对象不是上文所说的遗传资源专利开发后的专利产品的保护措施，而是指遗传资源本身的专利保护战略。

在法律上，把遗传资源及其相关传统知识与专利法相联系起来始于发达国家的大公司，特别是跨国公司。在专利实践中，跨国公司利用通过开发从欠发达地区获取的遗传资源获得的产品，或生物

---

〔1〕 齐爱民、赵敏：《非物质文化遗产的商标权保护模式》，载《知识产权》2006年第6期，第63~64页。

〔2〕 参见《国务院关于加强文化遗产保护的通知》（国发〔2005〕42号）。

技术，甚至直接利用遗传资源传统知识申请专利。[1] 这一做法引起了欠发达地区及其相关社区民众强烈不满并加以制止。一方面，要如何使禁止基于非法获取的遗传资源及其相关传统知识获得专利授权。我国法律对此有相关规定，如我国《专利法》第 5 条规定："对违反法律、社会公德或者妨害公共利益的发明创造，不授予专利权。对违反法律、行政法规的规定获取或者利用遗传资源，并依赖该遗传资源完成的发明创造，不授予专利权。"而更为重要的是另一方面，即如何进行法律创新，使遗传资源及其传统获得与专利法一样的专有权权利形式。

因此，目前采用专利法来保护遗传资源一般只引入知情同意制度（又叫"遗传资源来源信息披露制度"，或"生物材料使用者的揭示义务制度"）。具体地说，就是要求申请人在提交专利申请时，揭示（报告）所利用的生物材料的来源、事先知情同意乃至合理的利益分享安排等信息。如果申请人没有履行这一揭示（报告）义务，隐瞒遗传资源来源等相关事实，就要承担专利法上的不利后果。申请者倒不如冒着隐瞒遗传资源来源的事实风险，在提交专利申请时，隐瞒所利用的生物材料的来源、事先知情同意信息。由于信息不对称、专利机关对事先知情同意的证据缺乏审查能力，以及审查成本过高等原因，申请案极有可能通过审查，从而获得授权，从而达到了申请人在法律上巩固其技术优势，在商业上强化其垄断地位的目的。[2] 现行专利法中对于不法行为人的法律追究并不严厉。即使申请人不履行遗传资源来源信息披露义务而被发现，也不会导致法律上的严重后果，一般只会导致专利复审机关宣告该专利权无效，这

---

〔1〕　如美国把关于 quinoa 的专利（No. 5，304，718）授予了科罗拉多大学的研究者；美国授予的死藤水（ayahuasca）植物专利（No. 5，751）是一种亚马逊河流域（Amazonia）的神圣药用植物，还对基于本土或土著居民开发和利用的植物材料和知识制成的产品授予了专利，例如 neem 树、kava，barbasco，endod 和 turmeric 等。

〔2〕　WTO Doc.，Communication from theUnited States，IP/C/W /434，Para. 7（26，November，2004）.

与不申请结果差不多。[1]

第四，遗传资源的商业秘密权保护。商业秘密是指不为公众所知悉，能为权利人带来经济利益，具有实用性并经权利人采取保密措施的技术信息和经营信息。尽管学界对于商业秘密的性质有不同的看法[2]，但是在法律实践上，把商业秘密法作为知识产权的兜底保护却是已是一种颇有流行而有效的做法。国际知识产权保护重要条约 TRIPs 协议对商业秘密的知识产权保护是给予肯定的。TRIPs 协议第 39 条第 2 项对商业秘密作了定义，规定商业秘密保护要符合三个条件，即受保护的客体具备秘密性、具有商业价值，以及持有人已实行合理步骤以保护该信息的秘密性。[3] 由于商业秘密的保护条件要求并不高，比如它不像专利对象，要求客体具有"三性"，而且需经法定程序申请、审查、公开和授权。实际上，只要是技术秘密或经营信息，仅仅通过权利主体采取保密措施，继而行使权利，商业秘密权便可实现其价值。因此大多数学者认为商业秘密法最适合保护传统知识。按此理解，对于遗传资源传统知识的合法持有者来

---

〔1〕 虽然专利法上有规定，因专利权人的恶意给他人造成的损失，应当给予赔偿。但是这一规定在遗传资源的保护中是难以执行的，主要是依赖该遗传资源完成的发明创造获得的专利权造成利益相关者的损失在数额上难以认定。也就是说法律可以肯定依赖该遗传资源完成的发明创造获得专利权侵犯了遗传资源持有者的利益，但很难说是因为专利权人依赖该遗传资源完成的发明创造获得专利权而给遗传资源持有者有无实际损失，以及造成了多大损失。

〔2〕 关于商业秘密权的权利属性，是一个颇具争议的论题：主要有"财产权说"，即认为商业秘密权是一种无体财产权，具有与有形财产一样的价值与意义；"人格权说"，即认为商业秘密权是从人格权中衍生出来的，以不正当方法获得他人的商业秘密是侵犯人格权的行为；"企业权说"，即认为商业秘密本身具有竞争上的客观经济价值，对于企业的生存与发展有着重大的影响，是企业财产的重要组成部分；"知识产权说"，即认为商业秘密权的客体是无形的智力成果，商业秘密权是一种知识产权。

〔3〕 Article 39（2）: Natural and legal persons shall have the possibility of preventing information lawfully within their control from being disclosed to, acquired by, or used by others without their consent in a manner contrary to honest commercial practices. so long as such information: (a) is secret in the sense that it is not, as a body or in the precise configuration and assembly of its components, generally known among or readily accessible to persons within the circles that normally deal with the kind of information in question; (b) has commercial value because it is secret; and (c) has been subject to reasonable steps under the circumstances, by the person lawfully in control of the information, to keep it secret.

说，他人只要未经许可获取并利用遗传资源的秘密知识，则构成侵权。在这里，商业秘密作为人类智力和社会活动的成果，纳入了知识产权的保护范围，商业秘密的权利人依法享有对其商业秘密的支配并排除他人不法获取和使用的权利。有些遗传资源有关传统知识，如中草医知识往往通过秘密方式，或通过口耳相传的方式代代相传，就像我国民间的"祖传秘方"，并未形诸于书面文字，因此可以满足保持其秘密性的要求。

第五，遗传资源的植物新品种权保护。植物新品种权也被称为育种家权。相对于专利法而言，植物新品种权法被认为对于植物品种保护的水平较低。[1] 因此，通过植物新品种权法保障遗传资源及相关传统是可行而且经济的。因为植物新品种权利制度所保护的对象乃是育种成果，而非育种技术或过程，亦即只要一项植物的特性能符合该法律的要件即可以获得保护，因此无论采用的是现代育种技术还是通过传统的农家选种过程均可。这种只论结果不论过程的保护方式不同于专利制度，似乎对拥有丰富自然资源的欠发达地区而言十分有利，亦即欠发达地区任何农民都可以通过独立的育种行为培养出植物新品种，进而获得保护。

---

〔1〕　因此大多数公司都优先考虑申请专利权，只有在可能无法满足专利要件或因为专利维持费用过高，在效益上不划算的情形下才会选择植物新品种权利作为保护制度。

欠发达地区知识产权战略实施及优化路径

《战略纲要》确定了我国知识产权战略的指导思想、战略目标、战略重点、专项任务和战略措施，并指明了我国知识产权战略的5年期目标和2020年期目标。2008年《战略纲要》公布至今已有12年，欠发达地区各省、自治区、直辖市（以下简称"欠发达地区各省份"）落实《战略纲要》整体状况良好，知识产权的创造、运用、保护和管理能力发展较好，但知识产权评估机制仍未完善，整体落后，各省份发展差距大等问题仍然存在。应该认识到，欠发达地区的知识产权战略是国家知识战略的一部分，其制定和实施的效果，很大程度上取决于欠发达地区对于本地区及我国经济社会发展的正确认识。只有基于对地方实际的客观评估，结合对未来地方经济发展正确的判断，制定切实可行的地方知识产权战略并保持处理疑难问题的灵活性和创造性，才能真正实现欠发达地区的知识产权战略目标。

一、国家知识产权战略与经济发展关系的实证考察

《战略纲要》在其指导思想中提出"为建设创新型国家和全面建设小康社会提供强有力支撑"，其后又在战略目标中明确提出："知识产权制度对经济发展、文化繁荣和社会建设的促进作用充分显现。"结合我国当前国内经济形势和历史阶段发展阶段，可知《战略纲要》的基本目标是通过知识产权的发展实现经济的转型与可持续

发展。在讨论欠发达地区落实国家知识产权战略前，有必要先了解《战略纲要》实施后全国的知识产权增长情况和国家经济的整体发展情况。

（一）知识产权总量指标框架与分析

指标框架见图 5-1，知识产权产出包含 5 个指标：专利总量、商标总量、版权总量[1]、集成电路布图设计总量以及农业植物新品种总量。

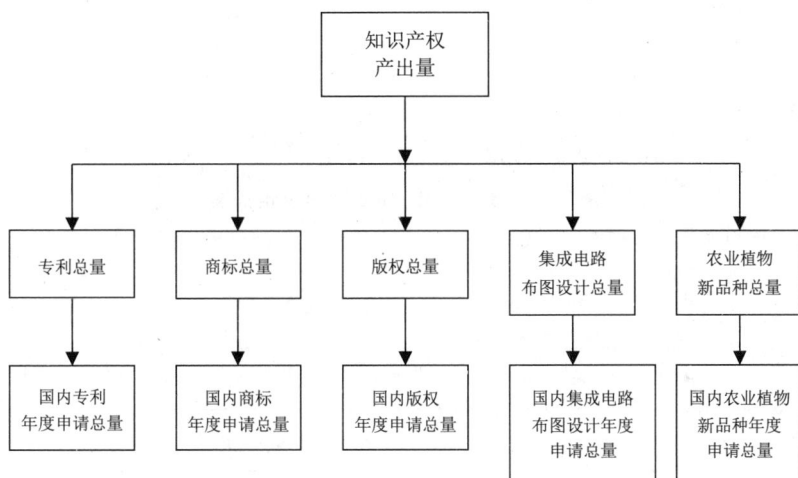

图 5-1　知识产权产出量图

知识产权申请量反映了知识产权在一国的活力，同时知识产权申请量也直接与知识产权授权量存在正相关关系，故本次统计选取知识产权申请量作为样本。其中专利总量用来反映一个地区的技术创新活跃程度，商标总量用来反映一个地区企业的品牌数量和知识产权保护意识，版权总量指标反映一个地区创作行为的活跃程度，集成电路布图设计总量指标反映了对集成电路技术的创新和科学技术的发展的活跃程度，农业植物新品种总量反映一个地区植物新品

----

〔1〕　这里指年度版权合同登记量和作品自愿登记量的总和。

种这种知识产权创造能力。见图 5-2、图 5-3、图 5-4、图 5-5、图 5-6、图 5-7。

（项）

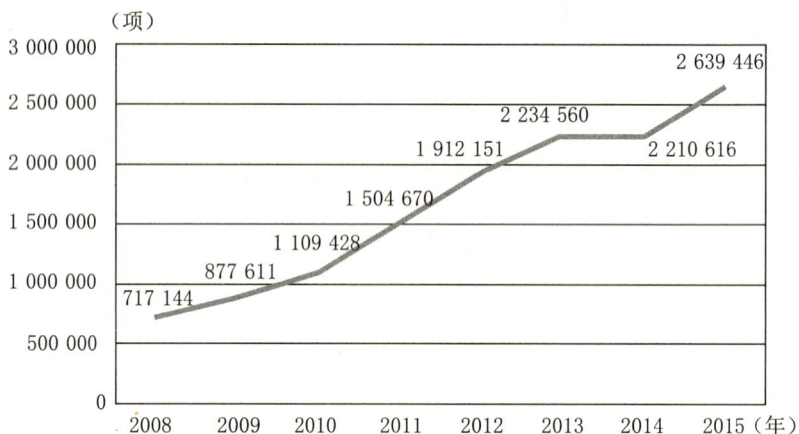

图 5-2　2008—2015 年专利总量走势图

数据来源：整理自国家知识产权局：《2015 年国家知识产权局年报》。

（件）

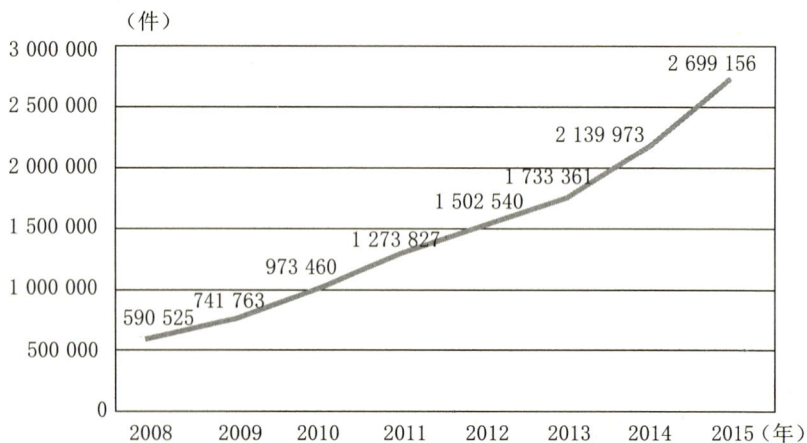

图 5-3　2008—2015 年国内商标申请总量走势图

数据来源：整理自国家工商行政管理总局商标局、商标评审委员会编著：《中国商标战略年度发展报告（2015）》。

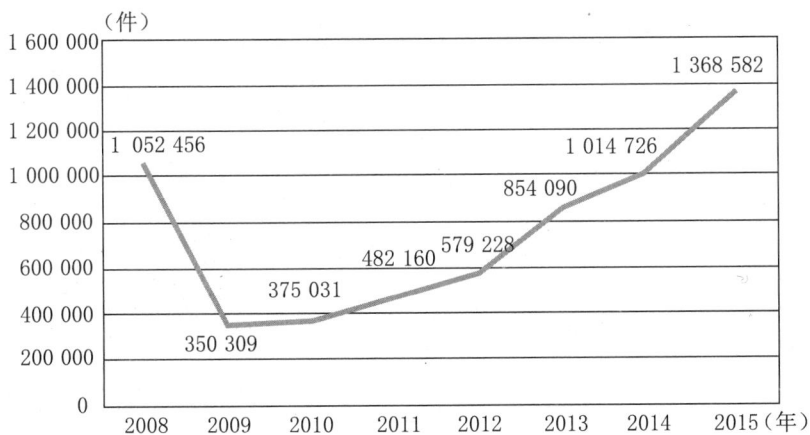

图 5-4 2008—2015 年版权总量走势图

数据来源：2008—2015 年全国版权统计，载国家版权局网，http://www.n-cac.gov.cn/，最后访问时间：2017 年 7 月 21 日。

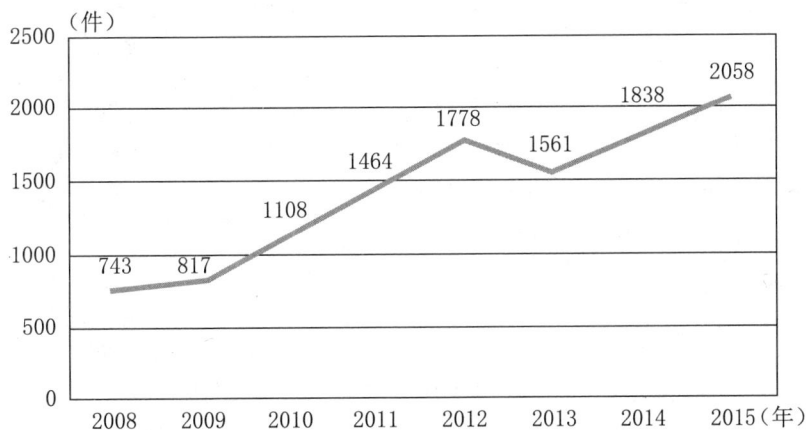

图 5-5 2008—2015 年集成电路布图设计总量走势图

数据来源：2008—2015 年国家知识产权局年报，载国家知识产权局网，http://www.sipo.gov.cn/tjxx/，最后访问时间：2017 年 7 月 21 日。

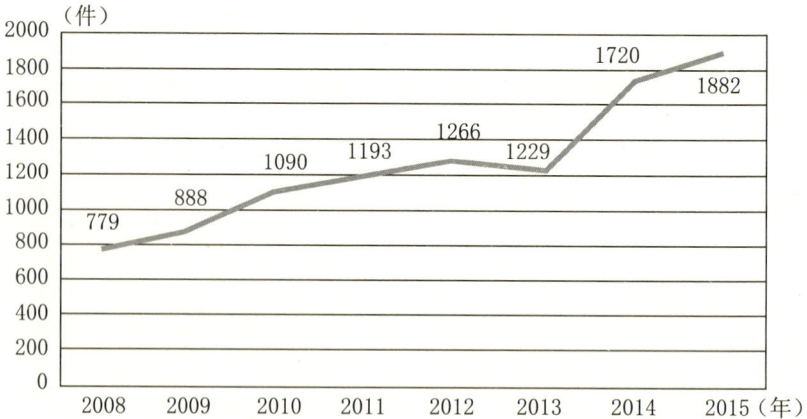

图 5-6　2008—2015 年农业植物新品种总量走势图

数据来源：国家知识产权局：《中国知识产权统计年报（2008—2015 年）》（共 8 本），由知识产权出版社出版。

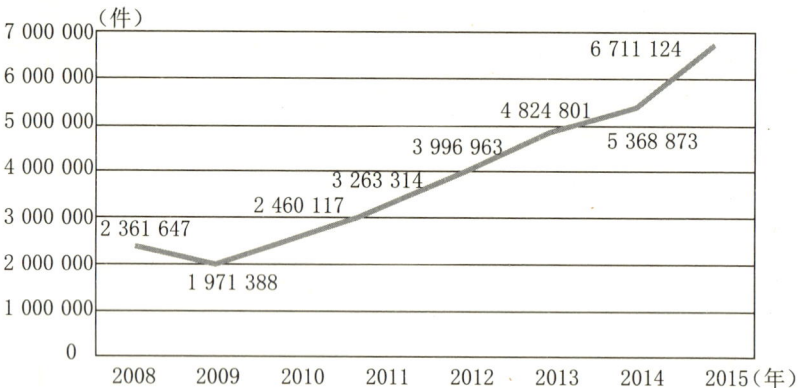

图 5-7　2008—2015 知识产权产出总量走势图

数据来源：本图根据图 5-2、图 5-3、图 5-4、图 5-5、图 5-6 的数据自制而成。

通过以上图表可以看出，2008 年全国知识产权战略实施之后，除版权总量 2008 年有一个突破性的增速导致 2009 年的回落之外，总体上而言，全国的商标、版权、集成电路布图设计以及农业植物新品种等五个变量均呈现上升的态势。2014 年后，版权总量、商标总量、专利总量增速明显加快。

（二）知识产权产出量与经济增长对比分析

《战略纲要》秉承了国家发展的目标是实现人民的共同富裕这一理念，人均 GDP 正是衡量人民生活水平的一个重要指标。因此有必要对知识产权总量增长和人均 GDP 增长进行对比。经济发展是知识产权发展的必要条件，但是反过来，很多其他因素都会对经济发展产生重要影响，因此本节对于知识产权增长与经济增长的比例关系是为揭示 2004—2012 年两者间的增长关系提供一个直观量化的参考量。

1. 经济增长指标框架与分析

为了去除物价变动因素对人均 GDP 的影响，本文用人均 GDP 平减指数作为通胀率对 2004—2012 年的人均 GDP 数据进行处理，得到它们的实际值，来反映物价走势，而 CPI、PPI 等只能反映某一方面的物价变动情况。[1] 名义人均 GDP[2] 经过人均 GDP 平减指数处理后得到的实际人均 GDP 结果如表 5-1：

表 5-1　2004—2012 年全国名义人均 GDP、人均 GDP 指数、

人均 GDP 平减指数以及实际人均 GDP

年　份	名义人均 GDP（元）	人均 GDP 指数（%）	人均 GDP 平减指数（%）	实际人均 GDP（元）
2004	12 335.58	109.433 125 8	106.927 396 8	11 536.4073
2005	14 185.36	110.657 314 4	103.920 364 6	13 650.221 54
2006	16 499.7	112.049 130 6	103.807 132 6	15 894.572 55
2007	20 169.46	113.567 711 2	107.637 437 4	18 738.331 65
2008	23 707.71	109.074 351 2	107.763 750 3	21 999.707 64
2009	25 607.53	108.672 336 5	99.393 750 69	25 763.722 39

---

〔1〕　李达：《基于专利产出的知识产权与经济增长关系的实证研究》，天津大学 2009 年硕士学位论文。

〔2〕　国家统计年鉴每年公布的人均国内生产总值，指的就是名义人均 GDP。

年　份	名义人均GDP（元）	人均GDP指数（%）	人均GDP平减指数（%）	实际人均GDP（元）
2010	30 015.05	109.914 860 8	106.638 730 6	28 146.480 94
2011	35 197.79	108.777 427	107.804 662 1	32 649.5991
2012	38 420.38	107.129 193 8	101.891 609 8	37 707.108 65

数据来源：通过2004—2012年中国统计年鉴整理而得。

2. 知识产权产出量与经济增长对比分析

基于一元线性回归方程模型的知识产权产出量与经济增长之间的分析，根据2004—2012年的统计数据，两个变量趋势图如下。测算中国知识产权产出量与GDP两个变量之间相关系数，结果表明两者之间的person相关系数为0.907 08，显然中国知识产权产出量与GDP之间存在着十分紧密的依存关系。从变量趋势图来看，知识产权产出量对经济增长的作用结果有限，自2008年之后，经济增速只出现了小幅的增长，见图5-8。

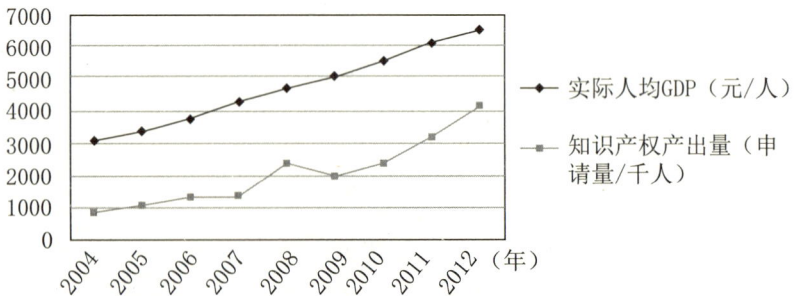

图5-8　2004—2012年知识产权总量与实际人均GDP对比图

为了消除异方差，进一步研究专利申请量和GDP之间的弹性关系，对两个变量分别取对数，记为lnINP和lnGDP。从相关分析的结果看，知识产权产出量与GDP有显著相关关系，因此对这两个变量2004—2012年的数据lnGDP、lnINP进行一元线性回归分析，结果见表 5-2。

表 5-2 模型估计结果

Variable	Coefficient	Std. Error	t-Statisti	Prob.
C	3.643 625	0.681 392	5.347 326	0.0011
LNINP	0.510 782	0.047 240	10.812 47	0.0000

从回归模型拟合结果来看，回归系数通过了显著水平 1% 的 t 检验，调整后的 R^2 达到 94.3%，回归方程通过了显著水平 1% 的 F 检验，且 DW 统计量为 2.580 979，说明模型拟合结果较好，残差不存在自相关。通过分析方程系数可知，专利申请量知识产权产出量每增长 1%，可导致当年 GDP 增长 0.57%，说明在没有其他因素的影响下知识产权对经济增长的贡献度是比较大的。但是在现实经济体中影响经济的因素有很多，在诸多因素中来展开知识产权产出量对经济的影响程度的分析。因为除知识产权外，城市化、国内外投资、人口、自然资源等都会产生重要影响，本文选取城市化、外商直接投资以及知识产权产出量等三个变量对其经济影响因子展开进一步说明。

变量说明：

人均 GDP。人均 GDP 能够代表一个经济体大致所处的经济发展阶段，而不同的经济发展阶段则意味着不同的经济增长特征。中国目前处于城市化与科技的快速推进阶段，经济发展速度快，会推动企业的技术创新，推动知识创新。变量用 Y 来表示。

人口。本文将人口总数变量用人口结构变量（城市化水平）来代替。由于中国的人口控制，在统计数据期间的人口总数变量是一个相对稳定的值，不能捕捉城市化过程中经济增长对知识产权创新的推动，然而，城市化的人口冲击将是非常明显的，城市人口的增多在一定程度上表现为受教育程度的提高，从而提高科技创新的活力。因此需要对城市化的影响有一个把握。变量用 UR 来表示。

外商直接投资（Foreign Direct Investment，简称 FDI）。社会固定资产投资对于经济增长的影响程度是显而易见的，选取外商直接投资可以在一定程度上说明经济发展过程中的外因驱动作用，表现出一国的经济发展方向，FDI 的增长速度可以捕捉国际经济发展对一国经济以及知识产权产出的推动。变量用 FDI 来表示。

模型分析结果为：$Y = 5.370\ 57 + 0.005\ 143\ln\text{FDI} + 0.083\ 421\ln\text{INP} + 0.095\ 779\text{UR}$。

从模型结果看，2004—2012 年，外商直接投资每增加 1 个百分点可以带动 0.005 个百分点的经济增长，城市化率每提高 1 个百分点可以带动经济 0.096 个百分点的增速，知识产权产出量每增加 1 个百分点，可以带动 0.083 个百分点的经济增长。首先，以上各因素都在不同层面、不同程度地对经济增长情况产生影响，透过结果可以看出，在考虑了社会环境因素之后，知识产权产出因素对经济增长的影响程度是减弱的，且其影响程度与其他两个变量相比是最小的，说明了现在中国知识产权的发展力度还有待提高，知识产权的发展潜力还比较大，未来中国应该加大对知识产权的重视力度。其次，知识产权是融入社会经济中发挥作用的，知识产权对社会的作用不但有经济的作用，还包含企业竞争的排他性优势、对科技的推动、对经济转型的帮助和对环境的保护等作用，对知识产权的这些作用需要进一步研究与量化。最后，知识产权对我国的作用会越来越重要。美国学者凯思·麦斯克斯（Keith E. Maskus）教授在"知识产权与经济发展"的研究中就得出了这样的结论：专利强度与实际人均国民收入之间呈倒 U 的关系。在人均国民收入达到临界点反转之前，表现出专利保护强度的减弱；在人均国民收入达到中等发达水平之后，开始出现弱保护需求；当收入和技术能力达到发达水平之后，才开始重视知识产权保护。[1] 这也符合了《战略纲要》的判断，即中国的总体经济规模已经达到了一定水平，人均国民收

---

〔1〕 张勤、朱雪忠主编：《知识产权制度战略化问题研究》，北京大学出版社 2010年版，第 53 页。

入在不断增长，无论是从经济转型以谋求更长远的发展的角度，还是从提高人均收入或国际义务的角度，中国推行知识产权战略都恰逢其时。《战略纲要》的一个基本判断就是：知识产权对经济发展的推动作用应当更多体现在对经济增长方式的影响，不仅追求短期的增长，更重视是经济发展的长远的结构性影响。

（三）《战略纲要》对经济发展影响分析

1. 《战略纲要》实施后，知识产权总产量有明显的提升

《战略纲要》在其战略目标部分，近五年明确首先写到"自主知识产权水平大幅度提高，拥有量进一步增加"，通过图5-2至图5-7可知，2008年国家知识产权战略实施后，我国的知识产权产量有明显的上扬，市场主体创造知识产权的能力显著增强这一目标，基本上是做到了的。不过应该注意的是，《战略纲要》的目的并不是知识产权爆发性增长，其根本目的应该是提供一种长期稳定发展的制度基础。

2. 知识产权发展对于经济发展有正向的推动作用，《战略纲要》符合创建创新型国家的大趋势

通过上述分析可知，知识产权对于经济增长是一个长效推动的过程，虽然这种作用没有直接投资那么显著，但是其作用是持续的、长期的。知识产权战略纲要在近五年目标中提出："运用知识产权的效果明显增强，知识产权密集型商品比重显著提高。企业知识产权管理制度进一步健全，对知识产权领域的投入大幅度增加，运用知识产权参与市场竞争的能力明显提升。"目标的核心是不但要追求知识产权的"量"，更要追求知识产权的"质"。这是因为《战略纲要》看到了经济发展和知识产权发展两者间存在着互动的关系。结合当代世界经济发展的经验，当一国经济发展到特定阶段需要经济转型时，知识产权的作用才会变得明显。日本在2002年就制定了知识产权战略规划，中国到2008年才制定知识产权战略纲要，很大程度上正是因为两国的经济发展水平和经济发展转型。

3. 《战略纲要》是一种制度建设，需要时间和过程来完成

知识产权发展要真正对经济发展起作用，需要通过三个阶段来完成：首先要有知识产权产生，也就是有一个总量的基础；其次要有对知识产权的有效保护，使人们能够安全地创造和交易知识产权；最后是知识产权支持与转化完成，知识产权是否能够转化为商业价值需要合理运用和行政司法保护的支持。在此基础上，逐步形成知识产权文化，推动其进行真正有价值的创新，进而进入一个良性循环的发展轨道。《战略纲要》在制定战略重点时也正是按照"完善制度—促进制造和运用—加强保护—防止滥用—培养文化"这样的过程。这样的过程是一个不断循环推进并不断修正完善的过程，这需要时间和不断的努力。《战略纲要》分别制定了近五年目标和2020年的战略目标也正是基于此。

二、欠发达地区知识产权发展评价依据

我国的知识产权的发展是在重点突破基础上实现全方位的发展，因此很难用一个指标来衡量一个地区知识产权的发展现状。当前，对地方知识产权发展的评估，普遍使用知识产权综合指数体系。知识产权综合指数体现一个地区创造、运用、保护和管理知识产权的综合能力，说明欠发达地区各省份的知识产权综合的变化，反应各省份落实《战略纲要》的效果。然而，评价一个地区的知识产权综合指数是一项非常有挑战性的工作，因为知识产权是嵌入到社会生活中发挥它的作用的，数据上既包含专利、商标等直接成果，也包括对社会经济水平的提高、对经济转型的推动作用等间接成果。

（一）可供选择的知识产权综合指标体系

目前，对我国综合指数进行评价是理论和实务界一直在努力的工作，相关研究成果很多，可用于评价欠发达地区的知识产权综合指标体系有很多。比如瑞士洛桑国际管理与发展研究院（International Institute for Mangement Development，简称 IMD）的《IMD 世界竞

争力年鉴》（World Competitiveness Yearbook）和世界经济论坛（World Economic Forum，简称 WEF）的《全球竞争力报告》（The Global Competitiveness Report）就对各国知识产权保护进行了评估；王正志主编的《中国知识产权指数报告》对我国 2008—2016 年全国知识产权状况进行评估[1]；国家知识产权局知识产权发展研究中心发表的《中国知识产权发展状况评价报告》对 2007—2016 年我国知识产权综合指数进行了评价[2]；张鹏基于关联模型建构知识产权战略实施绩效评估体系[3]；詹映、佘力焓从完善知识产权制度、加强知识产权保护两方面探讨绩效评估体系[4]；刘华以制度和绩效为主线进行分析[5]；汪全胜是按照启动、准备、实施和评估结果设计评估体系[6]。

　　以上研究成果都为研究《战略纲要》实施后我国及欠发达地区各省份知识产权综合指标提供了重要的分析工具。这些研究成果中以王正志主编的《中国知识产权指数报告》和国家知识产权局知识产权发展研究中心发表的《中国知识产权发展状况评价报告》最具代表性。《中国知识产权指数报告》对 2008—2016 年我国及各省份知识产权状况进行跟踪评估，其指标体系较全面地考虑了规模、效益、流动及知识产权保护等方面。《中国知识产权发展状况评价报

---

〔1〕　王正志的《中国知识产权指数报告》，该书从 2009 年开始连续发布，至 2018 年共计出版 9 本，《中国知识产权指数报告 2016》由中国财政经济出版社出版。本书引用该报告的数据中，主要以《中国知识产权指数报告 2016》为数据蓝本。

〔2〕　受国家知识产权局委托，知识产权发展研究中心于 2012 年起承担了国家知识产权局的年度知识产权发展状况报告编发工作，编制了 2012—2016 年共计 5 份《知识产权发展状况报告》。2012—2013 年名称为《全国知识产权发展状况报告》，2014—2015 年名称为《中国知识产权发展状况报告》，2016 年名称为《中国知识产权发展状况评价报告》。本书以《2015 年中国知识产权发展状况报告》为数据蓝本。

〔3〕　张鹏：《基于关联关系模型的知识产权战略实施绩效评估体系研究》，载《科技与法律》2013 年第 3 期，第 75~79 页。

〔4〕　詹映、佘力焓：《国家知识产权战略实施之法治环境完善绩效评价研究》，载《科技进步与对策》2011 年第 2 期，第 123~127 页。

〔5〕　刘华：《知识产权制度的理性与绩效分析》，中国社会科学出版社 2004 年版，第 30~45 页。

〔6〕　汪全胜：《法律绩效评估机制论》，北京大学出版社 2010 年版，第 23~35 页。

告》则是按照《战略纲要》将知识产权工作划分为创造、运用、保护和环境统计并评估了我国各省份知识产权综合指标。

（二）两种指标体系的特点及其异同

《中国知识产权发展状况评价报告》是国家知识产权局知识产权发展研究中心于2013年5月起连续编制的，针对《战略纲要》实施之后2007—2016年共10年内我国的知识产权发展状况进行数据监测与评估的研究报告。《中国知识产权指数报告》是王正志主编的，跟踪评述了2008—2016年我国的知识产权发展现状。这两份研究报告多数数据都是来自国家公布的统计数据，但是却各有特点。《中国知识产权发展状况评价报告》像命题作文，其产生、制定和追求的最终目标就是为了说明《战略纲要》实施后我国知识产权发展情况。《中国知识产权指数报告》则致力于将经济学方法引入知识产权法律领域研究，通过统计与分析建立一套较稳定科学的研究体例，力争揭示知识产权与竞争力、经济发展的深层次关联。[1]

1. 《中国知识产权发展状况评价报告》指标体系及其特点

国家知识产权局知识产权发展研究中心的《2015年中国知识产权发展状况报告》有4个一级指标、10个二级指标、46个三级指标，其指标体系是按照《战略纲要》提出的创造、运用、保护和环境[2]四个方面进行建设。其指标选取上，多采用与专利、商标、版权的数量、质量和效益相关的直接数据。

2. 《中国知识产权指数报告》指标体系及其特点

王正志主编的《中国知识产权指数报告2015》跟踪论述了全国及各省份的知识产权发展情况，并进行了指数评估。其指标体系为4个一级指标、17个二级指标、65个三级指标和115个四级指标，其指标体系是按照知识产权的产出水平、流动水平、综合绩效和创造

---

〔1〕 王正志主编：《中国知识产权指数报告2012》，知识产权出版社2012年版。

〔2〕 《战略纲要》原文为"管理"，《2012年全国知识产权发展状况报告》考虑到管理贯穿知识产权创造、运用和保护过程中，其管理类指标主观性不强不易获取，故采用更广义的"环境"替代"管理"，2013—2016年沿用。

潜力四个一级指标进行建设，较全面地考虑规模、效益、效率、流动及保护等内容方面。与《2015年中国知识产权发展状况报告》相比，《中国知识产权指数报告2015》的基础指标更多，更重视与企业、市场、社会效果有关的数据，如企业技改、引进指标，经济增长率转变、经济优化、环境改善等。

3. 两份报告基础数据来源的相同性

自加入WTO之后，我国对知识产权信息公开推进力度不断加大，我国的知识产权统计数据日益公开、详细，大量与知识产权有关的数据都会公开在各主管部分的统计公告、年鉴或年度报告等文书中。《中国知识产权发展状况评价报告》与《中国知识产权指数报告》两份报告大量的基础数据是来自这些权威部门，比如专利、PCT等相关数据主要来自国家知识产权局的统计年报，商标的相关数据来自国家工商总局商标局的统计年鉴，版权的相关数据来自国家版权局的统计年鉴，技术合同的签订、R&D等数据主要来国家统计局的《中国统计年鉴》或科技部的《中国科技统计年鉴》，案件受理情况来自最高人民法院和最高人民检察院的相关公报。

4. 指标体系与权重的差别会导致各省排名不同

因为选取的部分指标不同，《中国知识产权发展状况评价报告》与《中国知识产权指数报告》对于各省份知识产权综合指数排名是会有所不同的，比如在2012—2015年4份《中国知识产权发展状况报告》中，广东均排全国首位，但在2012—2015年4份《中国知识产权指数报告》中却是北京均排全国首位。虽然两者选用的主要数据都来自于我国官方公布的统计数据，但是因为《中国知识产权发展状况评价报告》更侧重于反映当年我国的知识产权发展现状，而《中国知识产权指数报告》更侧重于说明各地区的转化能力、综合绩效与发展的潜力及其变化，导致了两者在指标选取和体系构建上不同，也导致了结果有所差别。鉴于前人的研究成果，本书不再建立新的指数体系，只是在说明欠发达地区知识产权综合发展现状时将参考《中国知识产权发展状况评价报告》，而在分析欠发达地区知识产权战略对社会经济的推动及其优化路径方面将参考《中国知识产权指数报告》。

三、欠发达地区知识产权综合发展状况及评价

《中国知识产权指数报告》《中国知识产权发展状况评价报告》对于欠发达地区知识产权发展的数据和评估都显示，自《战略纲要》实施以来，欠发达地区各省份都在实施知识产权战略推进工作，并且都取得了成效。欠发达地区的知识产权制度较五年前更完善，知识产权行政保护和司法保护的力度不断加大，知识产权环境不断改善，知识产权的创造、运用、保护和管理的能力不断提高，并逐渐形成良性的知识产权文化。不过欠发达地区还没有追上全国知识产权的平均发展水平，仍然存在区域间不平衡性明显，制度建设仍然滞后等问题。

（一）欠发达地区知识产权综合发展情况

1. 欠发达地区知识产权综合指数平稳提升，但整体水平仍较为落后

如图5-9、图5-10、图5-11、图5-12所示，《战略纲要》实施之后，欠发达地区知识产权发展指数年增长率逐年加快，陕西、重庆、广西、甘肃、四川5个省市占据了2010—2015年全国知识产权综合发展指数年均增长率前十位中的5个位次，广西、甘肃进步尤为明显。然而，从2012—2015年欠发达地区知识产权综合发展指数排名来看，除广西、云南、甘肃之外，其余9个省份排名仍原地踏步，新疆甚至呈现出下滑的趋势。这是因为发达地区经过多年的高速发展，知识产权发展状况达到一个较高的水平，已经开始进入增速放缓期，[1] 而欠发达地区在《战略纲要》实施之后，将知识产权工作作为重点予以推进，知识产权迎来了新的发展，知识产权发展

---

[1] 国家知识产权局知识产权发展研究中心：《2015年中国知识产权发展状况报告》。

指数年增长率逐年加快，但因为经济基础的限制，地区技术水平不高，产业基础薄弱，人才储备不足，短期内难以摆脱落后的状态。

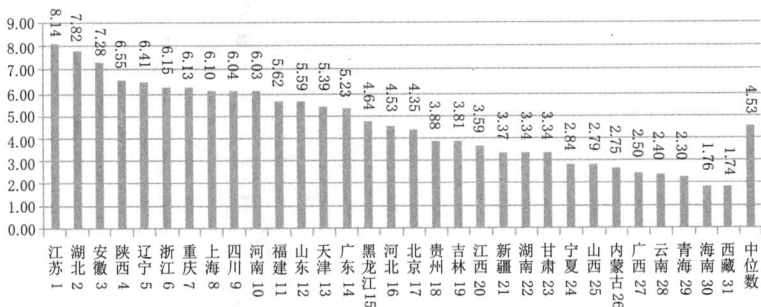

图 5-9　2007—2012 年全国知识产权综合发展指数年增长率（%）

数据来源：国家知识产权局知识产权发展研究中心：《2012 年全国知识产权发展状况报告》，载 http://www.sipo-ipdrc.org.cn/，最后访问时间：2017 年 7 月 21 日。

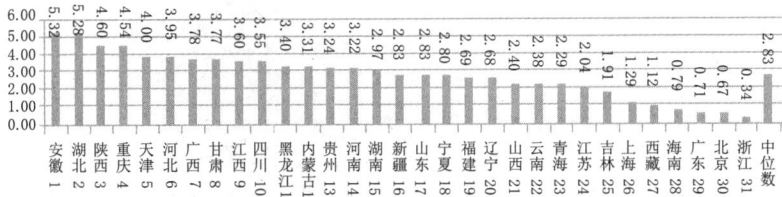

图 5-10　2010—2015 年全国知识产权综合发展指数年均增长率（%）

数据来源：国家知识产权局知识产权发展研究中心：《2015 年中国知识产权发展状况报告》，载 http://www.sipo-ipdrc.org.cn/Default.aspx，最后访问时间：2017 年 7 月 17 日。

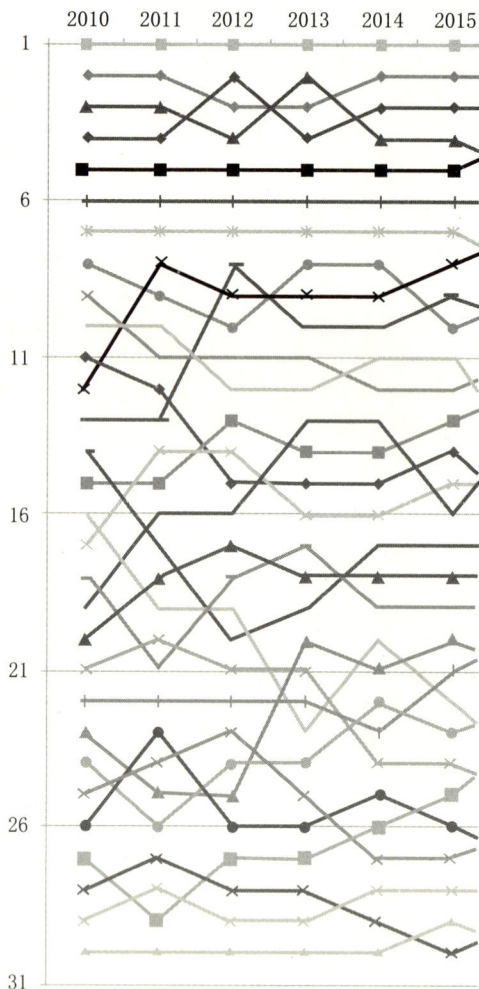

图 5-11   2010—2015 年各地区知识产权综合发展指数位次变化图

说明：图 5-11 右边对准 2015 年线头自上至下排位依次为：广东、江苏、北京、上海、山东、浙江、安徽、湖北、四川、辽宁、福建、陕西、天津、湖南、重庆、河南、云南、吉林、河北、黑龙江、江西、广西、贵州、甘肃、内蒙古、新疆、山西、宁夏、海南、青海、西藏。

数据来源：国家知识产权局知识产权发展研究中心：《2018 年中国知识产权发展状况评价报告》，载 http://www.cnipa－ipdrc.org.cn/UpLoad/2019－07/2019711142942.pdf，最后访问时间：2019 年 3 月 30 日。

2. 欠发达地区各省份间知识产权发展水平差距明显，并逐步融入全国不同的知识产权发展竞争集团

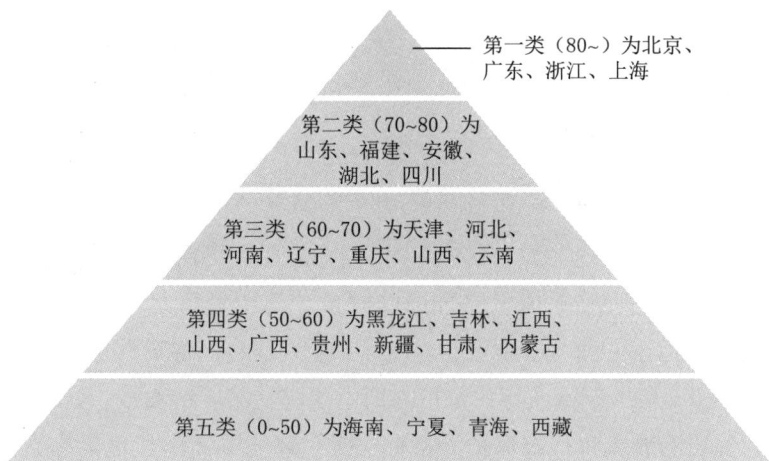

图5-12　2015年中国知识产权综合发展指数地区分类评分图

说明：该评分图中满分为100，分数越高表示知识产权综合发展越好，分数越低显示越不好。

数据来源：国家知识产权发展研究中心：《2015中国知识产权发展状况报告》，载 http://www.sipo-ipdrc.org.cn/Default.aspx，最后访问时间2017年7月17日。

由图5-11和图5-12可知，我国东中西部知识产权发展水平差别明显，以西部为代表的欠发达地区的知识产权水平整体上仍低于全国同期水平，以粤、沪、京、苏、浙为代表的发达地区的知识产权发展遥遥领先于其他区。另外，在欠发达地区内部，不同省份的知识产权发展水平差别也很大：四川、重庆等凭借良好的经济社会文化基础和较高的增长率，知识产权综合发展指数保持在全国中上水平；甘肃、内蒙古、宁夏、青海、西藏、新疆6个省份的排名在全国的后十位；陕西知识产权综合指数发展明显，2013—2014年在全国排名第13位，2015年有所下滑，但仍排在全国第16位，跻入中上游水平。

以上事实说明，我国的知识产权发展已经形成了不同的竞争集

团，以粤、沪、京、苏、浙为代表的一线集团遥遥领先，多数省份属于中间的集团，保持着全国平均的增长水平，内蒙古、甘肃、宁夏、青海、西藏等省份各方面发展滞后并常年垫底。我国各省份的知识产权发展呈"橄榄型"，同一竞争集团中的省份相互之间差距不大。因此，如果某个省份的几个主要指标某年表现较好，其在全国的排名就有可能有较大的上升。[1]

（二）欠发达地区知识产权综合发展特点

图5-13所依据的指标体系中，创造方面主要由专利、商标、版权、植物新品种和集成电路登记的数量、维持率和人均拥有量等指标支撑；运用方面主要由专利、商标、版权的合同备案数量、转让数量和融资金额等指标支撑；保护方面由法院受案、结案量、处罚知识产权犯罪的数量和行政保护等指标支撑；环境方面由代理机构数量、代理量等指标支撑。从图5-13可知，全国包括欠发达地区创造、运用、保护和环境[2]四个一级指标与综合指数的变动方向是一致的。

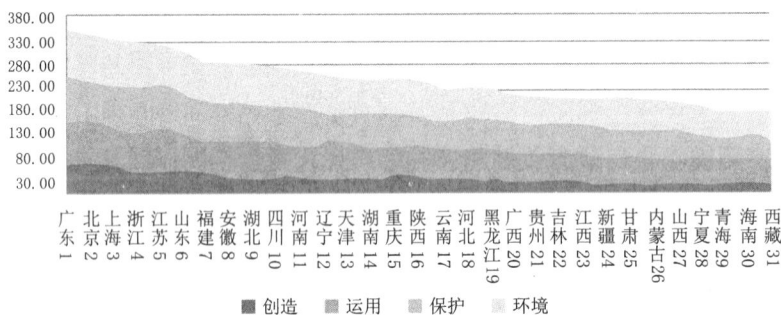

图5-13　2015年全国各地知识产权发展结构

数据来源：国家知识产权局知识产权发展研究中心：《2015中国知识产权发展状况报告》，载http://www.sipo-ipdrc.org.cn/Default.aspx，最后访问时间：2017年7月17日。

---

〔1〕　王正志主编：《中国知识产权指数报告2012》，知识产权出版社2012年版，第1页。

〔2〕　《2012年全国知识产权发展状况报告》将《战略纲要》中的"管理"替代为"环境"，其主要考虑的是管理类指标直观性较强不易获取。

1. 知识产权的创造能直接体现欠发达地区各省份知识产权综合实力

知识产权产的创造作为考量一个地区知识产权实力的重要指标，在《战略纲要》中得以充分体现。《战略纲要》在其五年期目标中指明"自主知识产权水平大幅度提高，拥有量进一步增加"，在其后的一系列战略措施中也是将提升知识产权创造能力放在第一位。图5-13 的指标体系中，欠发达地区各省份的知识产权创造发展指数与综合发展指数最为接近，说明知识产权创造对欠发达地区各省份综合实力影响最大。图5-13 所依据的指标体系中，创造方面主要包括专利、商标、版权、植物新品种和集成电路登记的数量、维持率和人均拥有量等指标。也就是说，专利、商标、版权、植物新品种和集成电路登记的数量、维持率和人均拥有量等指标对于欠发达地区的知识产权综合指数的影响最为直接。王正志主编的《中国知识产权指数报告》系列丛书也对各省份知识产权综合指数进行了排名，其排名结果也显示出各省的知识产权综合指数与其排名最为接近。

2. 欠发达地区知识产权运用水平提高

在我国的知识产权交易中，备案并非专利、商标、版权等交易的法定程序，备案是间接的知识产权的交易的运用水平。故，图5-13 并未完全反映欠发达地区知识产权的运用水平。图5-13 指标体系中运用指标主要包括专利、商标、版权的合同备案数量、转让数量和融资金额等。但是，全国知识产权质押融资金额到2012 年才突破百亿[1]，只占到全国技术市场成交额的1/47。课题组认为应当将技术市场作为欠发达地区知识产权运用水平高低的一个重要参考指标，技术市场体现的是作为商品的技术成果进行交易的总额，更能够反映知识产权的综合活跃程度和人们的运用水平。通过表5-3 可知，以西部为代表的欠发达地区2015 年的技术市场交易额比2007年的翻了近4 倍，占全国比例也从8.05%提升至13.67%。伴随着西

部经济的发展和经济转型，西部的技术市场将不断扩大，其发展速度也高于全国平均水平。其中，2015 年陕西的技术市场交易额为首次突破 700 亿元，高达 721.82 亿元，占据了欠发达地区交易额的 53.67%。

表 5-3　2008 年、2015 年西部地区技术合同成交额
全国占比情况（单位：亿元）

地　区	年　份	
	2008 年	2015 年
全国总计	2665.23	9835.79
西部地区总计	214.53	1345.01
西部占全国比例	8.05%	13.67%

数据来源：2009 年、2016 年全国技术市场统计年度报告，载国家科技部火炬高技术产业开发中心网站，http://www.chinatorch.gov.cn/kjb/index.shtml，最后访问时间：2017 年 7 月 21 日。

3. 欠发达地区知识产权司法环境不断改善

截至 2015 年，以西部为代表的欠发达地区处理知识产权侵权案件的数量不断增加。根据表 5-4、表 5-7，截至 2015 年欠发达地区专利有效量全国占比为 9.4%，部门专利执法占比为 19.5%；由表 5-5、表 5-8 可知，截至 2015 年 12 月 15 日，欠发达地区有效商标注册数全国占比为 13.3%，2008—2015 年西部地区查处商标违法案件全国占比为 15.6%。说明欠发达地区在努力推进知识产权保护工作，只是在全国知识产权保护力度普遍加强的背景下，其成绩并不明显。并且，很多的工作是统计没有显示的，以广西为例，广西自 2008 年在全区 12 个中级人民法院开设了专门的知识产权庭，从 2009 年开始在基础法院开设知识产权庭，同年建成全区领域专利数据检索平台并完成对全区地理标志资源的普查等工作有效地推动了知识产权保护，但是从统计上却难以显示。

表5-4　截至2015年底西部地区部门专利执法累计统计表（单位：件）

地　区	侵权纠纷		其他纠纷		查处假冒专利案件
	立案	结案	立案	结案	结案
全国累计	46 916	41 287	3950	3389	72 079
西部地区累计	5049	4248	549	366	14 025
西部所占比例	10.8%	10.3%	13.9%	10.8%	19.5%

数据来源：国家知识产权局：《2015年专利统计年报》。

表5-5　2008—2015年西部地区查处商标违法案件基本情况（单位：件）

年　度 地　区	2008	2009	2010	2011	2012	2013	2014	2015	累　计
全国累计	56 634	51 044	56 034	79 021	66 227	56 867	42 450	30 716	438 993
西部地区累计	10 702	8167	9148	11 261	9280	7079	7705	5237	68 579
西部所占比例	18.9%	16.0%	16.3%	14.3%	14.0%	12.4%	18.2%	17.0%	15.6%

数据来源：国家工商行政管理局商标局：2008—2015年中国商标战略年度发展报告，载 http://sbj.saic.gov.cn/sbtj/，最后访问时间：2017年7月21日。

4. 欠发达地区知识产权文化的形成任重而道远

（1）欠发达地区政府积极引导知识产权文化向良性发展。《战略纲要》公布后，欠发达地区政府及其工作人员对于知识产权的认识随着每年的知识产权活动得到了很大改善，知识产权文化工作效率也有所提高。欠发达地区专利实施许可合同备案数、版权自愿申请数不断增加，说明欠发达地区民众对知识产权的重视程度不断提高。为了引导知识产权舆论使知识产权文化环境得到改善，欠发达地区各省份每年都开展知识产权专项打击活动和知识产权专项保护活动。以广西为例，广西2008年开展"雷雨""天网"行动，2009年开展了打击网络侵权、查缴盗版图书、打击盗版光盘等专项行动，2011年公安部督办的桂林市美色发彩化妆品有限公司生产、销售假冒注册商标商品案获评为公安部"亮剑"行动十大精品案件，既是打击知识产权犯罪，同时也是净化知识产权环境，2015 年开展知识产权执法维权"护航"专项行动，入驻重点展会开展展会执法维权。与此同时，广西每年都通过多种组织形式开展以大型集中宣传为重点的宣传活动，推动知识产权宣传周，开始了各种有特色的知识产权培训，有效地增强了各界的知识产权的意识。

（2）欠发达地区民众知识产权意识仍然很淡薄。2012 年，本课题组对欠发达地区广西、云南、重庆等六省市再次进行了问卷调查，调查对象包括专家、政府官员、企业家、学生等。调查结果显示人们多数认识到盗版不对，但是还是会欣然接受，对比 2008 年所做的调查结果有较大改观，但欠发达地区民众的知识产权意识仍然很淡薄，侵犯知识产权的行为仍然充斥着经济生活的个个角落，盗版光盘在电脑城中仍然随处可见；在高校的周围，也都可以找到销售盗版书刊的书店；在省会城市的中心地区盗版现象明显遏制，但是走入弄堂小巷绝对可以买到各种高仿货。

四、欠发达地区知识产权专项任务分析

《战略纲要》对知识产权专项任务做了专门规定，这对于明确各区域知识产权建设的任务具有针对性，同时也有利于提高对各区域知识产权评价的客观性。

知识产权创造是运用、保护和管理的基础，没有一定数量和质量的知识产权的积累，知识产权发展也只能是水上浮萍。长久以来，知识产权总量不足是困扰我国知识产权发展的一个主要问题。因此在 2008—2012 年，国家知识产权战略将知识产权的创造放在首位，其目的是推动知识产权总量的积累。直至 2013 年 11 月 12 日发布的《中共中央关于全面深化改革若干重大问题的决定》中规定"加强知识产权运用和保护，健全技术创新激励机制，探索建立知识产权法院"，才不再将知识产权创造放在首位，而是将工作的重心转移到转化和保护方面。但是，对于欠发达地区而言，知识产权的积累无论是量或质上都不足，知识产权的创造工作仍然将是欠发达地区未

来一段时间的主要任务。

知识产权的创造的成果有不同种类，《战略纲要》进一步明确了专利、商标、版权、商业秘密、植物新品种、特定领域知识产权、国防知识产权七项知识产权专项任务。这七项专项任务中，专利、商标、版权的总量最大，特别是专利和商标达到了百万件以上；植物新品种、特定领域的知识产权如集成电路设计等的总量则小得多，其总量刚到千位，且数量变化不大；商业秘密其本身特性，一旦公布即对拥有人失去原有价值，拥有人一般不愿意说明，因此其数据难以统计，现行统计与指标体系多数不会将其作为指标项；国防知识产权因其本身的特殊性，还有部分内容与上面的专利等重叠，故一般也较少作为考核地方政府落实知识产权战略的指标。故，本节主要通过对欠发达地区各省份专利、商标、版权的创造情况[1]进行分析，研究欠发达地区落实专项任务的情况。

（一）欠发达地区知识产权专项任务发展情况分析

1. 专利

《战略纲要》实施后，我国的专利事业取得了迅猛发展。根据世界知识产权组织（WIPO）发布的《2012 年世界知识产权指数》（World Intellectual Property Indicators 2012，简称 WIPI 2012），我国自 2011 年之前已经拥有全球最多的实用新型、商标和工业外观设计申请。[2] 2011 年，我国知识产权局超过美国专利商标局成为世界最大的专利局。专利申请总量说明的是一个国家或区域内人们在一定时间段内申请专利的总量，反映了一个国家或区域内人们申请专利的意愿，也体现人们对专利活动认识和支持。

---

〔1〕《战略纲要》于 2008 年 6 月 5 日公布，落实到各省份已是下半年，为了更好地说明欠发达地区的创造情况，本节相关指数选取从 2009 年开始。

〔2〕《中国专利申请总量位居世界第一》，载光明日报，http://epaper.gmw.cn/gmrb/html/2012-12/23/nw. D110000gmrb_20121223_2-08. htm，最后访问时间：2013 年 5 月 1 日。

表5-6　2008—2015年国内三种专利申请量统计（单位：件）

地　区	2008—2015年				1985—2007年
	发明	实用新型	外观设计	三项累计	三项累计
全国总计	4 142 205	5 121 777	3 941 644	13 182 455	3 314 355
西部地区总计	550 225	638 355	399 365	1 587 945	13 182 455
西部占全国比例	13.3%	12.5%	10.1%	12.0%	10.6%

数据来源：2008—2015年国家知识产权局年报，载国家知识产权局网站，ht-tp://www.sipo.gov.cn/gk/ndbg/，最后访问时间：2017年7月21日。

由表5-6可知，2008—2015年以西部为代表的欠发达地区专利申请量为1 587 945件，1985—2007年西部地区的发明申请量为347 654件。以西部为代表的欠发达地区，在2008—2015年8年内的发明申请总量是1985—2007年24年发明申请总量的近5倍，全国占比也由10.6%增长为12.0%，说明欠发达地区对专利申请意愿明显增强，欠发达地区的专利工作取得了有效成绩。

专利有效统计说明了一定区域内的专利积累量，可以体现了一定区域专利的发展水平和实力。统计数据表明，截至2015年以西部为代表的欠发达地区发明专利有效量为98 966件，实用新型有效量为300 947件，外观设计有效量为122 563件。通过表5-7可知，《战略纲要》实施后，经过2008—2015年9年的努力，以西部为代表的欠发达地区的专利有效量增加了近8倍，全国占比由9.4%增长至10.9%。

表5-7　截至2015年国内三种专利有效量统计表（单位：件）

地　区	2015年				2007年
	发明	实用新型	外观设计	三项累计	三项累计
全国总计	921 757	2 700 833	1 169 766	4 792 356	622 409
西部地区总计	98 966	300 947	122 563	522 476	58 325
西部占全国比例	10.7%	11.1%	10.5%	10.9%	9.4%

数据来源：《2015年专利统计年报》，载国家知识产权局网站，http://www.sipo.gov.cn/tjxx/tjnb/，最后访问时间：2017年7月21日。

以西部为代表的欠发达地区在《战略纲要》实施之后，专利的申请量和有效量都得到了提高。不过，以西部为代表的欠发达地区的知识产权总量中科技含量高的发明专利仍然比例偏低，说明欠发达地区科技能力仍需加强。2015年，西部地区的GPD占全国比重为21.1%，这与欠发达地区专利总量比重明显不成正比，说明欠发达地区仍未完全摆脱以传统经济和资源经济为主的经济结构。

2. 商标

2015年我国有效注册商标量首次突破千万件，连续保持世界第一。有效注册商标量，说明了一定区域内有效商标的总量。西部地区有效注册商标量也是随着全国商标注册量同步增加。如表5-8所示，从年度情况看，2008年是我国实施国家知识产战略第一年，全国有效注册商标是342 498，以西部为代表的欠发达地区有效注册商标量为39 099件，西部占全国比例是11.4%。到2015年，全国有效注册商标是2 077 037件，以西部为代表的欠发达地区有效商标注册数为294 818件，总数较2008年增加了7.5倍多，并且以西部为代表的欠发达地区商标总量占全国比例由2008年的11.4%增加到2015年的14.2%。当前我国的商标主要由企业等法人主体掌握，表5-7显示了欠发达地区的企业等市场主体的商标意识明显加强，企业开始注重品牌建设和建立自己的商标战略。欠发达地区的商标法律宣传、商标知识的普及取得了良好的成效，全社会的商标意识增强。

表5-8　2008年、2015年有效注册商标统计表（单位：件）

时间 地区	2008年	2015年
全国总计	342 498	2 077 037
西部地区总计	39 099	294 818
西部占全国比例	11.4%	14.2%

数据来源：2008年、2015年中国商标战略年度发展报告，载中国商标网，http://sbj.cnipa.gov.cn/，最后访问时间：2017年7月24日。

3. 版权

2007 年，以西部为代表的欠发达地区版权合同登记数为 561 件，占全国比例为 5.0%，作品自愿登记数为 2634 件，占全国比例为 2.0%。通过表 5-9 可知，2015 年以西部为代表的欠发达地区版权合同登记年平均登记量为 1739 件，增加了 2 倍多，比例增长 4.1%；作品自愿登记数年均为 47 751 件，增加了 17 倍多，占全国比例上升至 3.5%。

表 5-9　2007 年、2015 年西部地区版权合同登记与作品自愿登记统计表

时间 地区	2007 年		2015 年	
	版权合同登记	作品自愿登记	版权合同登记	作品自愿登记
全国总计	11 164	133 789	19 030	1 349 552
西部地区总计	561	2634	1739	47 751
西部占全国比例	5.0%	2.0%	9.1%	3.5%

数据来源：2007 年、2015 年全国版权统计，载国家版权局网站，http://www.ncac.gov.cn/chinacopyright/channels/9977.html，最后访问时间：2017 年 7 月 21 日。

依据我国法律的规定，我国公民、法人或者其他组织对其作品，无论整体还是局部，只要具备了作品的属性便可享有著作权，而无论其是否公开发表。除著作权质权的变化外[1]，登记并非著作权交易的法定程序，大量的著作权的交易通过一般的合同交易便可完成，并不一定通过国家版权局的登记系统。但是伴随着网络时代带来的信息大爆炸和越来越复杂的社会经济结构变化，如何证明自己作品的原创性成为司法纠纷中的一个关键问题。而《最高人民法院关于审理著作权民事纠纷案件适用法律若干问题的解释》第 7 条规定，

---

[1]　国家版权局发布《著作权质权登记办法》第 5 条规定，著作权质权的设立、变更、转让和消灭，自记载于《著作权质权登记簿》时发生效力。该办法自 2011 年 1 月 1 日起实施。

著作权登记证书、认证机构出具的证明、取得权利的合同等可以作为确定所有权的证据。表5-8的数据说明，欠发达地区版权登记增多，人们对版权的保护意识增强。

(二)《战略纲要》实施后欠发达地区各省份知识产权发展情况

1. 欠发达地区各省份知识产权发展情况分析

(1)欠发达地区专利申请总量发展情况分析。专利申请总量由发明专利申请量、实用新型专利申请量和外观设计专利申请量构成(见图5-14)。

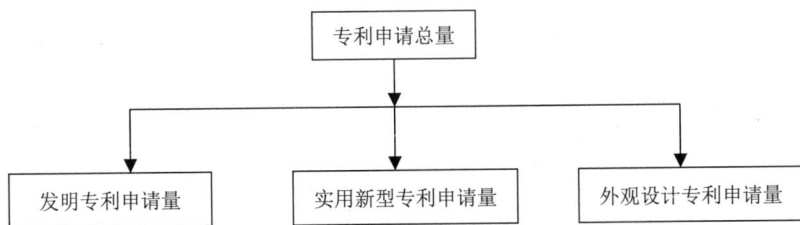

图5-14 专利申请总量的构成图

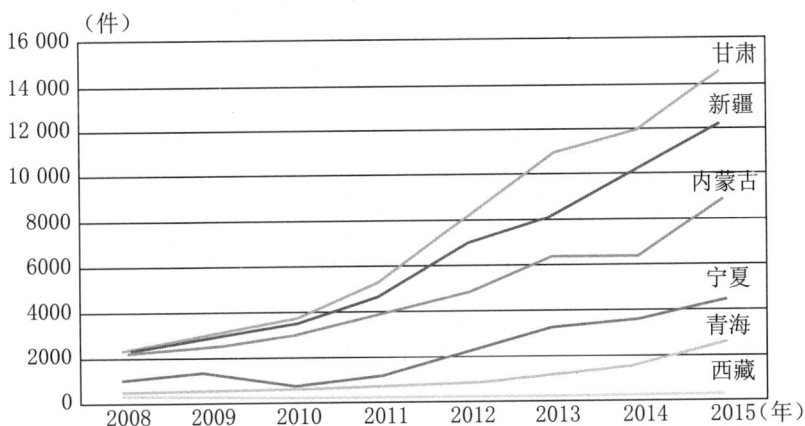

图5-15 欠发达地区各省份专利申请总量统计表1

数据来源：2008—2015年专利统计年报，载国家知识产权局网站，http://www.sipo.gov.cn/tjxx/tjnb/，最后访问时间：2017年7月21日。

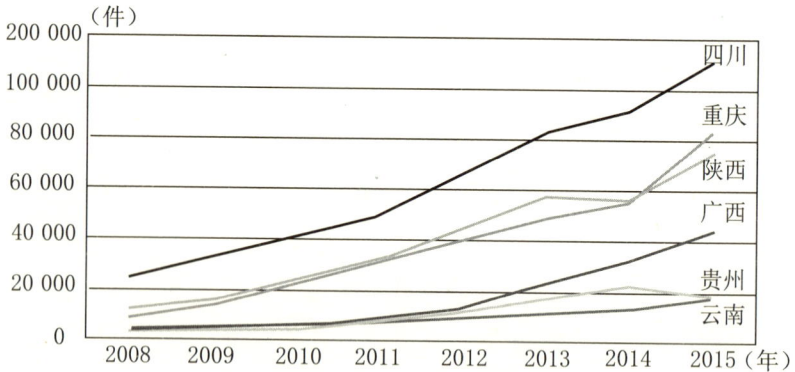

图 5-16　欠发达地区各省份专利申请总量统计表 2

数据来源：2008—2015 年专利统计年报，载国家知识产权局网站，http://www.sipo.gov.cn/tjxx/tjnb/，最后访问时间：2017 年 7 月 21 日。

通过图 5-15、图 5-16 可以看出，除了贵州 2015 年专利申请量下滑之外，欠发达多数地区在专利申请方面总体上呈逐年增长趋势。涨幅慢的地区为西藏、云南，上升趋势最为明显的是广西，2011 年后广西发展势头迅猛，2015 年专利申请总量比 2008 年增长了 10 倍多，这是因为"十二五期间"，广西先后出台了《广西壮族自治区人民政府关于在全区开展全民发明创造活动的决定》《广西发明专利倍增计划》等文件，将全区每万人口发明专利拥有量指标纳入广西经济社会发展"十二五规划纲要"，并设立专利专项资金，完善知识产权行政管理体系，有效地促进了全省专利产品产值大幅增长。

（2）欠发达地区商标申请总量发展情况分析。区别于专利，商标的申请总量只有一项指标，即国家商标局受理的商标申请量见图 5-17。

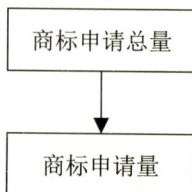

图 5-17　商标申请总量的构成

　　2008—2015 年，欠发达地区商标申请总量均呈现增长趋势，其中增长速度最快的是西藏，平均年增长率为 37.19%，但商标申请总量在欠发达地区乃至全中国排在末位。其次是贵州，其年平均增长率为 35.11%。增长速度最慢的省份是内蒙古，年均增长率为 20.01%，详见图 5-18、图 5-19。贵州省通过经济资助等形式对注册驰名商标、省著名商标进行奖励，以"多彩贵州"为名义的全类商标通过了国家商标局的审批，贵州省的"茅贡及图""湄潭翠芽""珍及图"和"老干妈"等商标被认定为中国驰名商标。

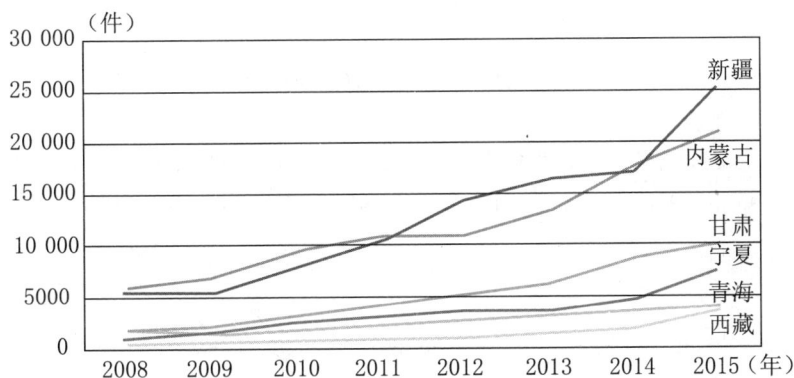

图 5-18 欠发达地区各省份商标申请总量统计表 1

数据来源：国家工商行政管理总局商标局：2008—2015 年商标战略年度发展报告，载 http://sbj.cnipa.gov.cn/sbtj/index_3.html，最后访问时间：2020 年2 月 25 日。

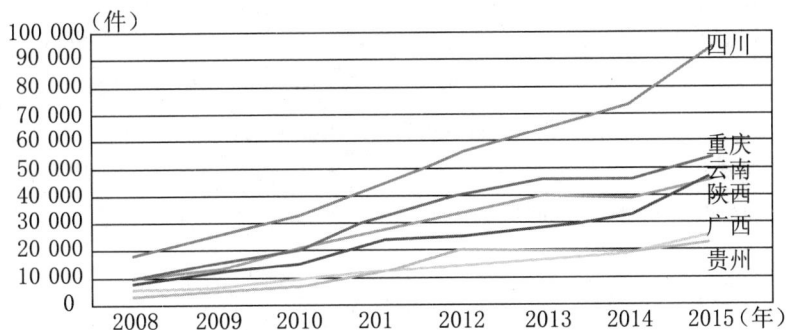

图 5-19 欠发达地区各省份商标申请总量统计表 2

数据来源：国家工商行政管理总局商标局：2008—2015 年商标战略年度发展报告，载 http://sbj.cnipa.gov.cn/sbtj/index_3.html，最后访问时间：2020 年 2 月 25 日。

（3）欠发达地区版权申请总量发展情况分析。版权申请总量由版权合同登记量和作品自愿登记量构成，见图 5-20。

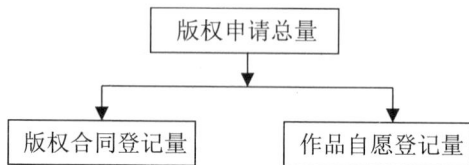

图 5-20　版权申请总量的构成图

通过 2008—2015 年国家版权局在其官方主页公布的统计表及《中国知识产权年鉴》可知，欠发达地区各省份版权申请量的发展呈如下态势：

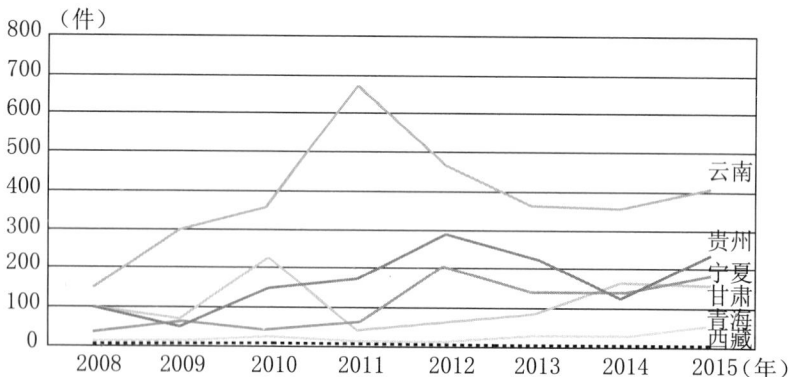

图 5-21　欠发达地区各省份版权申请总量统计表 1

数据来源：国家版权局：2008—2015 年全国版权统计，载 http://www.ncac.gov.cn/chinacopyright/channels/9977.html，最后访问时间：2017 年 7 月 21 日。

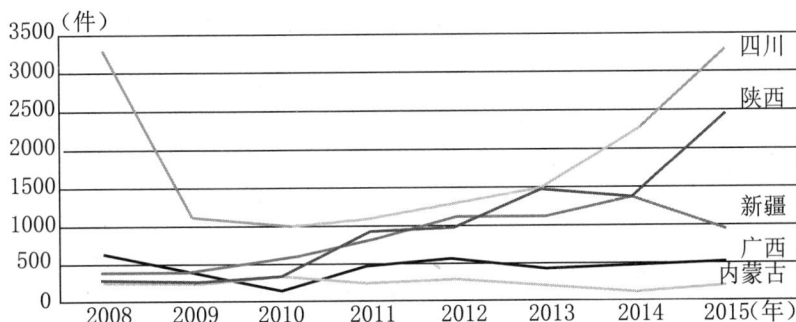

图5-22　欠发达地区各省份版权申请总量统计表2

数据来源：国家版权局：2008—2015年全国版权统计，载 http://www.ncac.gov. cn/chinacopyright/channels/9977. html，最后访问时间：2017 年 7 月 21 日。

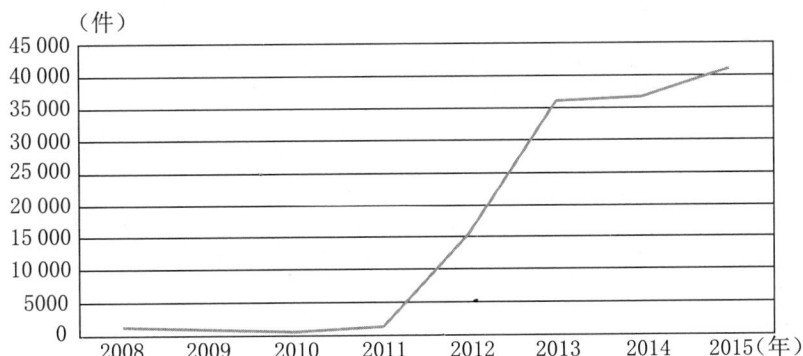

图5-23　重庆市版权申请总量统计表

数据来源：国家版权局：2008—2015年全国版权统计，载 http://www.ncac.gov. cn/chinacopyright/channels/9977. html，最后访问时间：2017 年 7 月 21 日。

从图 5-21、图 5-22、图 5-23 可知，与专利、商标相比，版权量变动幅度较大，除青海、陕西、重庆呈现波动增长外，其他省份起伏不定，其中波动幅度最大的有四川、云南和重庆。四川的版权在 2009 年呈现明显的下降趋势，这并不是四川的个别现象，全国多数省份在 2008 年都经历了一次版权登记的大爆发，2009 年这些省份的版权登记同样回落调整。在 2011 年之后，重庆版权登记出现了"井喷式"爆发，2013 年增速达到顶峰。其中，在版权合同登记方面，西藏地区一直处于零登记状态，甘肃和青海地区8年累计登记量分别为4件、1件，几乎可以忽略不计。

（4）欠发达地区农业植物新品种申请总量发展情况分析。农业植物新品种总量由农业植物新品种年度申请总量构成，见图5-24。

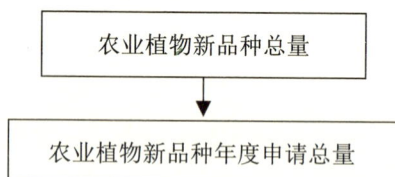

图5-24　农业植物新品种总量构成图

　　欠发达地区各省份植物新品种的发展并不是像专利一样稳步上升，从图5-25、图5-26的2008—2015年的植物新品种总量的走势图可以看出，各省的植物新品种的总量均处于比较低的水平，除了广西和内蒙古呈波动上升趋势外，其他十个省市均呈现波动状态，且重庆、甘肃、云南三个省市波动幅度较大。对比发达地区可知，全国整体的植物新品种申请增加量也有限，这与农业的行业特点与植物新品种申请的难度有关。

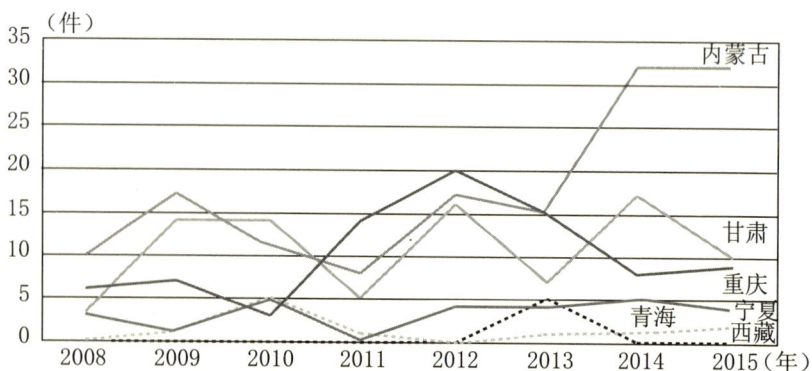

图5-25　欠发达地区各省份植物新品种申请总量统计表1

数据来源：国家知识产权局：《中国知识产权统计年报（2008—2015年）》（共8本），由知识产权出版社出版。

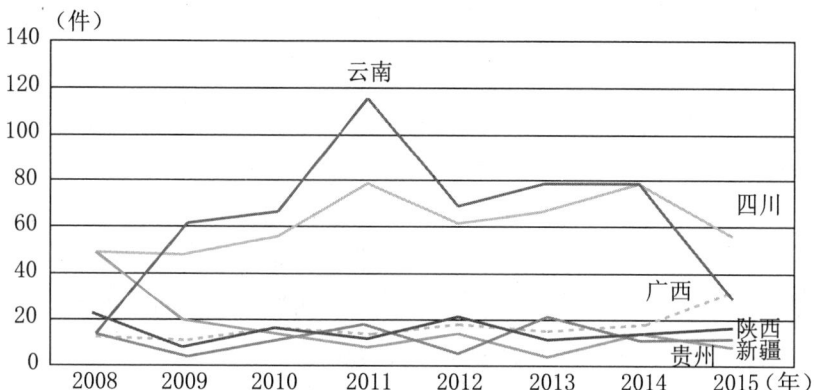

图 5-26 欠发达地区各省份植物新品种申请总量统计表 2

数据来源：国家知识产权局：《中国知识产权统计年报（2008—2015 年）》（共 8 本），由知识产权出版社出版。

2. 欠发达地区知识产权创造发展特点分析

（1）欠发达地区各省份知识产权创造呈增长趋势。通过 2008—2015 年的专利、商标、版权以及植物新品种的总量增长情况的分析可以得知，12 个省份知识产权创造中所占比重较大的是专利、商标以及版权，植物新品种总量所占比重较低。除部分省份的版权以及植物新品种总量呈下降或较大的波动状态外，总体上而言，欠发达地区的四个专项指标总量仍然是呈增长趋势的。

（2）知识产权爆发性发展后，很快会回归正常增长轨道。2008年版权的总量是 2007 年的 7.7 倍之多，大部分省份 2009 年又快速回归到 2007 年的水平并逐步上升。发生这一异常增长的原因，大致包括：①由于 2008 年是中国奥运年，国际社会对于中国的版权保护，特别是网络版权的保护十分关注；②在 2008 年上半年，国家版权局完成了著作权法的第二次修改调研工作，形成了《著作权法第二次修改调研报告汇报》向公众发布，公民著作权保护意识逐渐加强；③根据香港特区政府的要求，国家版权局向世界知识产权组织申请加入《世界知识产权组织版权条约》（World Intellectual Property Organization Copyright Treaty，简称 WCT）及《世界知识产权组织表演和录音制品条约》(WIPO Performances and Phonograms Treaty,简称 WPPT),于同年 10 月 1 日开始,两个条约适用于中国香港;④2008 年是改革开放 30 周年,也是《战略纲要》实施的开局之年,同时也是中国举办第 29 届奥运会的一年。各类活动纷至沓来激发了人们的创作欲望。综上,这四个主要原因致使 2008 年出现异常增长情况。2008 年版权爆发增长后又急速滑落,继而有继续稳步发展的原因,说明各个专项指标的产出量虽然不排除短期爆发增长的可能,但是难以持久,依然会回归正常稳步增长的态势。

(3)欠发达地区各省份间知识产权创造能力差异明显拉开。欠发达地区各省份间发展的不平衡性凸显,四川、重庆、陕西形成第一梯队,知识产权创造能力强、申请量大、知识产权的保有量也大,在全国也属于中上水平;广西、云南、贵州、新疆、内蒙古形成第二梯队,知识产权创造量在欠发达地区处于中等或中等偏下水平,各方面都中规中矩,但是距离第一梯队仍然有较大距离;甘肃、宁夏、青海、西藏形成了第三梯队,基础差,整体发展落后,其知识产权创造能力只是知识产权强省的零头。

五、欠发达地区实施国家知识产权战略的优化路径

从上述欠发达地区各省份知识产权发展情况可知,欠发达地区整体上工作成果显著。然而,无论是《2015 年中国知识产权发展状况报告》还是《中国知识产权指数报告》或者其他的评估,都显示不同的欠发达地区实施知识产权战略后发展的速度是不同的。其中的原因有很多,可以从多角度开展分析。[1] 从系统论的角度看,知识产权战略实施机制的科学架构包含系统、要素、结构和功能四项要素和战略层面、内部运行机制、外部环境三个完整的部分。[2] 根

---

〔1〕 唐恒、朱宇编著:《区域知识产权战略的实施与评价:江苏之实践与探索》,知识产权出版社 2011 年版,第 9 页。

〔2〕 杨德桥:《科学发展观视野下的国家知识产权战略实施机制研究》,载《生产力研究》2012 年第 5 期,第 69 页。

据知识产权自身的一般规律，知识产权战略的内部运行机制包括知识产权创造、运用、管理和保护四个相互联系的方面，知识产权战略的顺利实施有赖于这四个方面实施机制的合理构建，这也是欠发达地区知识产权战略实施的着力点。当前，政府和学界对于知识产权发展程度评估体系的标准仍未达成一致。然而通过整理、对比分析欠发达地区 12 省份的知识产权战略制定、推广和实施，可以发现对欠发达地区实施国家知识产权战略影响最大的在于战略制定的合理性和内部运行机制的有效性。因为知识产权战略作为一项顶层设计，其制度设计理念及制度体系是否合理和具有前瞻性，直接影响到后期的贯彻执行。相对地，内部运行机制的有效性既是落实战略的必要条件，也是检验战略设计是否合理的标准。优化欠发达地区的知识产权战略，应当从制度制定的合理性、前瞻性，内部运行机制的有效性着手。

（一）建立知识产权战略评估与调整机制

知识产权战略的制定和实施是在主体的统一规划下，统一执行、统一评估，并且不断循环往复的过程，具有活性的动态特征。[1] 这就意味着，知识产权战略需要审时度势，与时俱进，根据发展变化着的新形势，及时核定坐标系，适时对所确定的目标及策略进行修正和完善，使其始终符合时代发展的要求。[2] 因此，知识产权战略的实施，应建立评估和调整机制，组织阶段性的论证，全面分析检查战略实施和各项政策措施落实情况，同时根据本地区经济社会发展目标、主要工作和重点任务，对战略有关内容进行调整，推进战略的有效实施。

知识产权战略评估本质上是对知识产权战略所提出的战略目标的达成情况和战略措施的实施情况进行评价，因此在评价时必须以

---

〔1〕　梅术文：《知识产权战略的范畴界定与内容构成》，载《中华商标》2008 年第 1 期。

〔2〕　马先征、金志海、刘仁豪编著：《知识产权战略研究》，知识产权出版社 2008 年版，第 145 页。

战略纲要或者实施意见所提出的相关战略重点、战略任务和战略措施为杠杆，以战略目标达成程度和战略措施完成效果为主要评价内容，科学设计评价指标，并进行权重赋值，最后得出一套合理、有效的评价指标体系。[1] 从系统观的角度看，应以区域政府相关职能部门的工作为评价对象，以政府管理为评价视角，以增强区域自主创新能力和产业竞争力为核心，分析、解构区域知识产权战略实施过程绩效及结果绩效的各要素。就技术路线而言，应当按照"纲要目标与措施—实施完成情况对比—绩效评价与分析"来展开。具体来说，既要重视对战略实施效果与产出水平的考量，也要兼顾战略投入以及管理服务等过程性要素，[2] 还要考虑地区内的经济发展、科技进步、人员素质、精神文明建设等因素，审慎设计综合评价指标，使该指标体系既能从年度之间的动态比较中反映知识产权战略实施速度的快慢、效果的好坏，也能从静态的地区比较中反映各地区知识产权战略水平的高低，还能从各自系统的比较中反映不协调状况和薄弱环节，[3] 进而作为寻找区域政府知识产权战略实施工作过程中"短板"的工具，为政府决策、调整工作重点、控制人员等资源流向提供可靠的参考。[4]

　　对知识产权战略实施情况进行量化评价是一个非常复杂的问题，指标的选取是否能体现评价目的自然也是一个见仁见智的问题。欠发达地区推动知识产权事业发展的根本目的是通过"知识追赶"实现"经济追赶"。如前所述，《2015 年中国知识产权发展状况报告》适合于评价欠发达地区落实《战略纲要》的综合发展状况，而《中国知识产权指数报告》是引入经济学的方法观察欠发达地区的转化

　　[1]　张勤、朱雪忠主编：《知识产权制度战略化问题研究》，北京大学出版社 2010 年版，第 153 页。

　　[2]　郭斌、王思锋：《区域知识产权战略实施评估指标体系构建研究》，载《未来与发展》2013 年第 7 期，第 104 页。

　　[3]　易玉：《建立知识产权战略绩效评估指标体系的思考》，载《知识产权》2007 年第 1 期，第 32~36 页。

　　[4]　杨晨、孙旋：《SCP 视角下区域知识产权战略实施绩效探析》，载《科技进步与对策》2011 年第 5 期，第 40 页。

能力、综合绩效与发展的潜力，它为欠发达地区知识产权战略的评估提供了可借鉴之处：其一，分层次评价知识产权政策，如将知识产权分为产出水平、流动水平、综合绩效和创造潜力四个方面，在设计上比较全面；其二，使用数据清楚易得，数据全部来自与知识产权保护直接相关的部门的统计年鉴或年报，从而保证了数据的权威性和连续性；其三，重要指标深入浅出，如在知识产权综合绩效部分，对待衡量宏观经济、社会发展和企业绩效等不太容易理解和量化的概念时做简单处理，用收入、生产率和高新技术产业的相关发展表示，均衡了合理性和可行性。当然，该报告的知识产权指数研究仍有需要进一步讨论的地方，如各指数之间没有建立横向联系，知识产权综合绩效评价中宏观经济发展、经济增长方式转变和经济结构优化等指标的计算和排名并不能直接作为知识产权发展的结果，高技术产业规模的增长和占经济比例的变化在多大程度上可以归因于知识产权的发展和知识产权战略的实施仍需进一步研究和确认，而且从知识产权战略评价的目的来看，这一程度的衡量可能更加重要。[1]

（二）制定具有前瞻性的地方知识产权战略

上文已经从本文的角度对欠发达地区知识产权制定进行了探讨。本部分基于知识产权发展的要求，进一步分析欠发达地区知识产权战略制定工作中的前瞻性问题。

1. 欠发达地区各省份的知识产权发展水平不一样，知识产权发展水平综合指数发展呈现"橄榄型"

图5-27、图5-28是《中国知识产权指数报告》中欠发达地区各省份2010—2015年的知识产权综合排名变化，图5-11是《2015年中国知识产权发展状况报告》中欠发达地区2012—2015年各地区知识产权综合发展指数排名变化。如前所述，两份研究报告对我国

---

〔1〕 孙娜：《开放经济条件下我国知识产权政策及绩效评估研究》，对外经济贸易大学出版社2013年版，第119页。

知识产权发展的基本判断是一致的，但是因为指标体系不同导致了各省的排名会有差别。

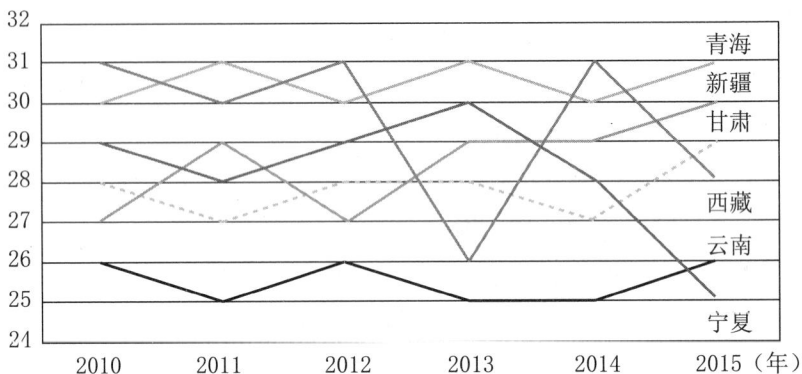

图5-27 2010—2015欠发达地区知识产权综合指数排名1

数据来源：王正志主编的《中国知识产权指数报告》，2009年、2011—2015年共6本。

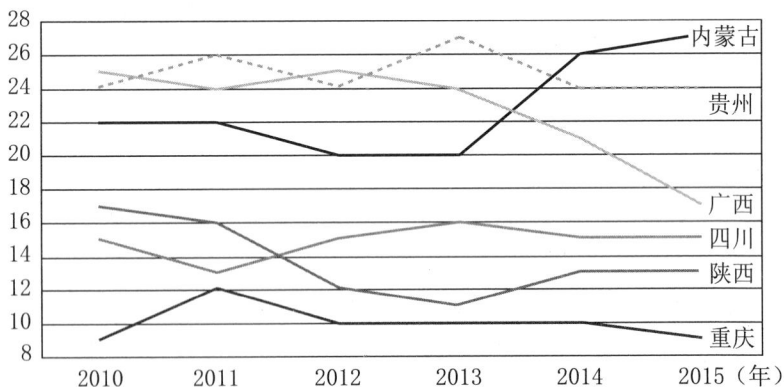

图5-28 2010—2015欠发达地区知识产权综合指数排名2

数据来源：王正志主编的《中国知识产权指数报告》，2009年、2011—2015年共6本。

通过对比图5-27、图5-28和图5-11可知，欠发达地区各省份的知识产权综合指数发展一定程度上呈现"橄榄型"。四川、重庆、陕西作为第一集团，地位已经相对稳固；广西、云南、贵州、内蒙古、新疆等实力相对靠近，但2015年广西发展迅速，已向第一集团靠拢；某个省份在当年只要有几个主要指标表现突出，名次就可能发生变化；甘肃、宁夏、青海、西藏等省份主要指标都低于全国平均发展水平，因为经济、地理和人口等原因，短时间内在知识产权领域的作为也有限，其地位变化可能性不大。

2. 知识产权战略制定符合地方经济特点并紧密配合产业转型，可实现知识产权与经济的共同快速发展

以陕西为例，图5-28显示陕西2010年排名为第17位，至2015年为第13位，名次上升了4位。图5-28显示2012—2015年间，陕西排名在第16位和第13位之间波动。说明陕西的知识产权得到了全面发展，其指标无论是专利、商标、版权的数量、质量等和效益相关的直接指标，或者是企业技改、引进指标，经济增长率转变、经济优化、环境改善等间接反映知识产权效果的间接指标都完成得很好。图5-29显示，陕西的知识产权综合指数排名与GDP双双呈上升趋势。

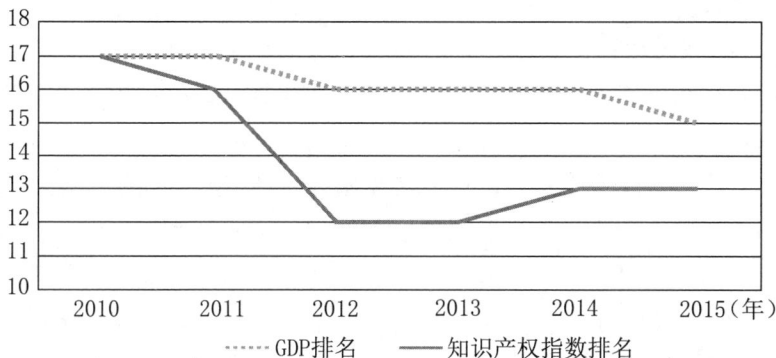

图5-29 2010—2015年陕西知识产权综合指数排名与GDP排名变化

数据来源：王正志主编的《中国知识产权指数报告2015》，由中国财经经济出版社出版。国家统计局：《中国统计年鉴——2016》。

陕西取得这样成绩的原因在于：

（1）陕西的产业结构需要知识产权加强其核心竞争力，实现了

产业布局与知识产权发展间的良性互动。2015 年陕西的 GDP 在全国排名 15，处于中游。但是自 2006 年开始，陕西的第一产业比重都一直在 10% 以下，第二产业维持在 50% 左右，第三产业比重在 40% 左右，建立了以陕北为代表的化工能源产业，以关中为代表的制造业，以西安高科技产业开发区、杨凌农业高新科技产业化示范区为代表的高科技构成了陕西的三大支柱产业，这三个支柱产业对于知识产权有旺盛的内在需求。自西部大开发以来，陕西一直在进行产业结构升级，并且陕西的产业结构升级对经济增长有贡献明显[1]。按照产业结构变化与工业化发展阶段关系的一般理论，目前陕西总体上处于工业化中期向后半期发展的阶段，而且在未来一段时期内陕西重工业化的产业结构难以扭转。[2] 陕西要增强三个支柱产业的核心竞争力，就必须鼓励和保护创新使其产业占领技术高地，因此陕西本身的经济特点决定了其较强的知识产权保护意愿。加上，陕西本来拥有高等院校科研机构比较多，有丰富的军事工业技术基础，科技研究和转化能力相对成熟。陕西经过多年的经营，积累了丰富的科技人才，拥有欠发达地区相对良好的人才基础为战略实施创造了有利条件。

（2）陕西的知识产权战略针对其本身的经济特点。陕西的知识产权各项指标表现较为平均，明显低于整体排名的指标项很少，说明陕西的整体发展状况较好。其中，知识产权的流动水平明显高于其综合指数，说明其知识产权的转化服务市场经营方面的工作卓有成效，在整合资源上陕西的工作较其他省份更有效率。知识产权战略是知识经济时代国家、地区、企业发展经济的竞争战略，其源于经济竞争又服务于经济竞争，是经济竞争的一部分。任何经济的发展均是必须以经济产业为载体和支撑的，以产业的发展体现和推动

---

〔1〕 张培：《西北五省产业结构比较分析》，载《新疆社会科学》2009 年第 6 期，第 21 页。

〔2〕 殷莉：《对当前陕西产业结构调整的几点思考》，载《经济师》2012 年第 1 期，第 221 页。

经济的发展。[1]《陕西知识产权战略纲要（2008—2020 年）》在明确战略目标和专项目标的前提下，陕西将其工作重点明确在关中经济区、陕北能源化工基地和陕南绿色产业基地，加强三大支柱产业的知识产权工作。其后，陕西的一系列知识产权活动都是围绕这三个重心，进而开展重大经济活动知识产权特别审查制度；发展知识产权中介体系；建立知识产权信息服务平台；建立知识产权交易平台；实施在职人员知识产权培训计划；实施"知识产权人才工程"，引进知识产权领域高端人才，优化知识产权人才发展环境。[2] 陕西的重点在于提升知识产权创造、运用能力，这种将重点领域和优势产业相结合进行突破的方法，就目前来看还是非常有成效的。

3. 知识产权战略实施受制于经济社会环境，战略中没有亮点就难以取得突破

以四川为例，四川知识产权发展良好，但是全国排名却在下跌。图 5-16、图 5-19 显示 2008—2015 年，四川的专利的申请总量、商标申请总量在欠发达地区排名第一，其他的各项指标在欠发达地区也表现很好，这与四川这几年经济生活文化的整体发展、知识产权工作的有效开展有直接联系，两份研究报告也都充分肯定了四川的发展。然而，图 5-11、图 5-28 却都显示，四川在全国的知识产权综合指数排名难以有所突破。

（1）四川具有坚实的经济基础，但是其产业结构优化改革开展不顺利。四川的 GDP 在 2011 年突破 20 000 亿元，2015 年突破 30 000亿元，经济基础雄厚。2015 年，四川的第一产业比重为 12.2%，第二产业比重为 44.1%，第三产业比重为 43.7%。四川的第一产业比重高于全国第一产业 8.9%的比重，这既有历史的原因，也与四川盆地本身的地理环境有关。近年来，四川产业加快饮食、

---

〔1〕　杨和义、刘小飞：《知识产权战略的目标定位及其制定》，载《法制论坛》2008年第 4 期，第 61 页。

〔2〕　参见《陕西省人民政府关于印发〈陕西省知识产权战略纲要（2008—2020年）〉和〈陕西省知识产权战略推进计划（2008—2010）〉的通知》（陕政发〔2008〕56 号）。

电子信息、加工制造、水电、医疗化工、金融等产业发展并建立了一系列的工业基地。但是产业结构不合理、高科技企业规模小、创新能力不足等问题制约着四川发展。20 世纪 80 年代，四川比较早地提出过产业结构调整这个很有远见的命题，但是可惜最后不了了之。重庆成为直辖市后，成为四川中的"低地"，不断吸附资源、技术和人才，进一步增加了四川产业结构升级的压力。在经济全球化条件下，四川不少优势产业已无多少优势。四川本应抓住机遇，大力调整产业结构，实现产业结构优化升级，可惜错过了机会。[1]

（2）四川知识产权战略制定全面，但是缺少亮点。一方面，四川知识产权的优势经济基础好，有良好的知识产权积累、良好的技术交易市场和中介市场。另一方面，四川知识产权的缺点在于其对社会和环境的间接作用没有体现出来，知识产权的发展没有能够带动出足够多有价值的新产品。通过分析《中国知识产权指数报告 2015》可知，四川的知识产权产出水平与其综合实力排名最相近，说明四川的知识产权创造的人均产出、产出质量、产出效率、企业产出等可以匹配四川的知识产权发展；四川的知识产权流动水平排名第 13 位，位次高于其知识产权综合实力指数排名，说明四川在技术市场建设、中介机构建设和企业技术引进方面成绩突出，即技术市场建设、中介机构建设和企业技术引进方面是四川的强项；四川的知识产权综合绩效排名第 21 位，远低于其知识产权综合实力指数排名，数据显示虽然四川经济发展水平高、经济增长方式有所转变，但是四川的环境治理，以及网络的覆盖率等表现一般，四川大中型企业的新产品研发和销售以及在大中型工业仪器和设备的投入属于中下水平。

《四川省知识产权战略纲要（2009—2020 年）》的编制体例基本是按照《战略纲要》，是从内容上确定了《战略纲要》在四川需要完成的工作，考虑的内容周全。然而，四川的知识产权战略缺少

---

[1] 江世银：《四川实现产业结构优化升级的对策研究——基于承接产业转移的背景》，载《理论与改革》2009 年第 5 期，第 151~152 页。

亮点，比如地方知识产权战略应当对现有资源有效整合，将复杂的问题简单化以便于确认方向和执行。相对于陕西明确提出区域知识产权与产业知识产权两个工作重点，四川的知识产权战略在描述战略重点时仍是按照《战略纲要》中知识产权的创造、运用、保护、管理和文化的战略重点进行论述。

4. 受自身经济社会基础的限制，越是欠发达地区开展知识产权战略的难度往往越大

以广西为例，2015 年，广西第一产业比重为 15.3%，第二产业为 45.9%，第三产业为 38.8%；全国的第一产业比重为 8.9%，第二产业为 40.9%，第三产业为 50.2%。广西的工业的主导地位加强，超过 50% 的经济增长贡献率由工业提供。[1] 广西是全国木材战略储备基地，也是全国重要的粮食、糖、水果、养殖业基地；广西千亿产业达到 10 个，拥有 26 家百亿元企业；服务业稳步发展，建立了桂林国家服务业综合改革试点、南宁-东盟商品交易中心等；是西部地区中唯一有出海口的省份，紧邻广东和东南亚，具备"两区一带"的发展优势。广西于 2009 年制定《广西壮族自治区实施知识产权战略意见》时就已经意识到了，广西的知识产权发展不能够适应新形势的需求，社会公众知识产权意识依然较薄弱，知识产权意识薄弱，知识产权人才队伍和服务体系建立相对滞后，知识产权保护和管理水平有待提高，特别是自主知识产权创造和运用能力还不能满足建设创新新广西的需要。

但是如图 5-30 所示，广西的知识产权指数排名落后于广西的国民经济生产总值排名。虽然广西资源众多，但是整体经济实力不强，缺少形成有竞争力的产业群，创新型企业和高科技企业缺乏，人民整体收入水平低。这些都直接导致知识产权创造将是广西知识产权发展薄弱环节，也是未来发展的重中之重。如《中国知识产权指数报告 2015》显示，广西的知识产权指数在全国的排名是第 17 位，但

---

〔1〕《2012 中国区域经济发展年鉴》，中国财政经济出版社 2012 年版。

是知识产权创造潜力只排第 23 位，尤其是知识产权总量少，知识产权的司法和行政保护在全国仍处于较落后的水平。

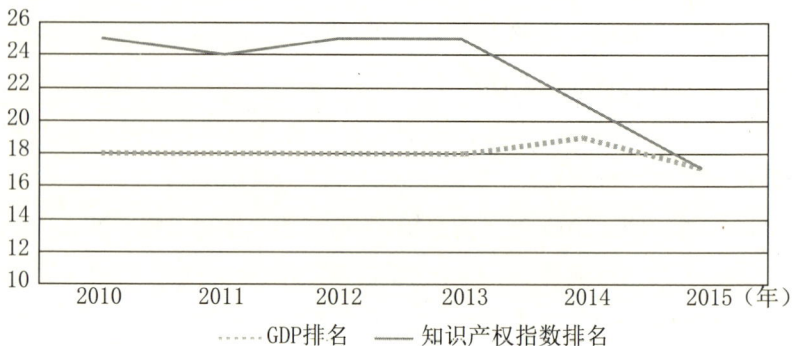

图 5-30　2010—2015 年广西知识产权综合指数排名与 GDP 排名变化

数据来源：王正志主编的《中国知识产权指数报告 2015》，由中国财经经济出版社出版。国家统计局：《中国统计年鉴——2016》。

（三）注重知识产权机构建设与职能转换

1. 规范和协调政府的管理职责

知识产权是国家基于特定时期的政策考虑而作出的一种制度安排，这种制度安排显然属于政府公共政策的范畴。[1] 知识产权工作渗透于经济、科技和文化的方方面面，几乎覆盖所有的行业领域。而这些领域都由不同的行政机关控制着，相对地，行政管理机构较为分散，拥有直接管理权的部门有近 10 个，与知识产权密切相关的管理部门有 20 多个，这在世界上都是罕见的。[2] 但知识产权管理与科技、经济、贸易、教育和社会管理有机衔接的工作机制并不完善，导致政出多门，缺乏统一的管理规范和标准，缺乏协调保护的防范措施、灵敏的预警和应对机制，直接影响了知识产权宏观管理

---

〔1〕 王先林：《从个体权利、竞争工具到国家战略——关于知识产权的三维视角》，载《上海交通大学学报（哲学社会科学版）》2008 年第 4 期，第 5~6 页。

〔2〕 李立：《传统知识遗传资源民间文艺等立法不够缺乏保护 国家知识产权局局长解析——中国优势领域的知识产权立法如何提速》，载中国人大网，www.npc.gov.cn，最后访问日期：2014 年 2 月 15 日。

的质量和效率。[1] 2008 年,《国务院关于议事协调机构设置的通知》中将国家知识产权战略制定工作领导小组和国家保护知识产权工作组被撤销,其工作职能由国家知识产权局承担。[2] 这表现了集中管理知识产权的趋势。但是,联席会议毕竟只是个协调机构,管理的职权仍然分散,无法统一。当然,这并不意味着我国要形成一个统一的知识产权权力机构,毕竟这需要一个相对长的历史过程来完成,是非常困难的事情。再者,考虑到我国行政管理体制形成的历史传统,现行体系运作已久并已被大众接受和习惯,加上贸然合并机构以成立统一的知识产权管理机构可能带来投入大、人员不稳、资源浪费以及效率未必能在短时间内提高等问题,走这一步还需慎重。[3]

对于欠发达地区而言,比较务实的选择是,一方面,参照现有的国务院知识产权部及联席会议工作机制,建立知识产权战略实施部门联席会议制度,同时将办公室设在知识产权局,负责知识产权战略实施的具体工作,不断推进规范管理、协调管理;另一方面,要注重知识产权管理部门的职能转换,逐步从传统的知识产权登记注册管理机构转型为以用户为中心、能为企业及经济社会发展提供支持的外向型服务机构,在此基础上,积极致力于探索构建知识产权战略区际协作机制,实现知识产权的主动管理、高效管理。

2. 统筹知识产权战略工作,保证政策的一致性

政策作为地方政府管理地方的一种重要手段,是地方政府实施知识产权战略的基本手段。地方政府的实际政策,往往更能体现政府落实战略的决心和手段。无论是从应然的要求,还是从历史经验看,政策的一致性是知识产权战略有效实施的重要支撑,因此,必

---

〔1〕 王海涛,高宇辉:《论云南实施知识产权战略的基本问题和战略重点》,载《云南科技管理》2006 年第 3 期。

〔2〕 《国务院关于议事协调机构设置的通知》,载法律图书馆,http://www.law-lib.com/law/law_view.asp?id=308553,最后访问时间:2012 年 9 月 1 日。

〔3〕 吴汉东主编:《科学发展与知识产权战略实施》,北京大学出版社 2012 年版,第 218 页。

须加强工作谋划，努力实现三个统筹，即统筹知识产权与科技、金融、贸易、教育等其他领域的公共政策；统筹知识产权各领域的公共政策，尽可能地消除法律制度、管理制度和其他制度上的矛盾和冲突，使知识产权制度成为一个整体性较强的制度，使专利、商标、版权等知识产权互为补充，使各类知识产权真正成为促进社会财富生产和经济技术自主性的要素；通过积极的知识产权领域的外交活动，统筹国内知识产权制度建设与知识产权国际制度变革，确保按照中国发展和改革的需要，有阶段、有重点地加强知识产权制度建设。[1] 此外，要积极发挥地方对于中央的影响，将地方优良的知识产权制度建设成果进行推广。

（四）发挥企业市场主体作用，推进试点示范工作

1. 企业是知识产权创造和运用的主体

《战略纲要》明确指出："推动企业成为知识产权创造和运用的主体。促进自主创新成果的知识产权化、商品化、产业化，引导企业采取知识产权转让、许可、质押等方式实现知识产权的市场价值。"企业作为市场经济的主体，是知识产权主要的创造者，也是实现知识产权价值的实践者。企业运用知识产权的数量和质量，可检验欠发达地区是否有效实施了其知识产权战略。因此，欠发达地区政府应当把引导和扶持企业知识产权事业的发展作为其核心任务之一。以陕西为例，其专门制定了《陕西省知识产权优势企业培育工程实施办法》，实施了包括修改专利资助办法、建立服务企业长效机制、免费开放式开展信息服务、开展行业知识产权预警工作、创新知识产权维权援助工作模式等颇具特色的工作，促进企业知识产权工作。[2] 因此，欠发达地区政府应当鼓励企业加强对关键技术和重

---

〔1〕 刘雪凤：《国家知识产权战略中政府的角色定位分析——从政策过程视角》，载《理论探讨》2009 年第 2 期，第 143 页。

〔2〕 《大力实施知识产权战略 提高企业核心竞争 促进产业结构调整 服务陕西经济发展》，载陕西知识产权局，http://ip.people.com.cn/GB/136672/136683/180999/10900240.html，最后访问时间：2012 年 4 月 1 日。

大产品的发展和知识产权的创新与保护，支持企业学习或采用国际先进的技术标准，进行产能改造和技术改造，助推企业形成自己的专利战略和商标战略。从已经实施的工作来看，这对增强企业知识产权意识，推动企业制定和实施知识产权战略，培育一批拥有自主知识产权的企业，提高企业、行业和区域竞争力等有积极作用。[1]

2. 欠发达地区应当把握产业转移的机遇，运用好知识产权示范点

当前，我国的产业经济开始向内陆发展，这是欠发达地区应当把握的机遇。把握住产业发展的浪潮，可以让一个地区在其竞争对手中脱颖而出，并根据"马太效应"不断扩大地方的竞争优势。知识产权试点示范工作是适应当前知识产权工作普及面日益扩大、内容日益丰富和层次日益提高等客观形势和发展要求，为推动知识产权工作向深度和广度方向发展而推出的一项举措。示范点和相应的工业园区的建设，可以成为欠发达地区引进外来企业和先进技术的桥头堡。

在实施知识产权战略过程中，应依据《国家知识产权局关于知识产权试点示范工作的指导意见》，按照分类指导、突出特色、跟踪管理的原则开展试点示范工作，重点要选择一批基础好、动力强、潜力大的城市、园区和企业进行知识产权的试点示范，并与区域创新能力提升、经济结构调整和增长方式转变结合起来，与特色企业培育、产业发展壮大结合起来，推动形成以试点促推广、以示范促深化发展的工作格局，进而以点带面，推动企事业单位自觉运用知识产权制度，增强经济和科技的竞争力，促进地区经济社会发展。

---

〔1〕《奚国华：进一步加强技术创新和知识产权保护》，载中央政府门户网站：www. gov. cn，最后访问时间：2012 年 3 月 4 日。

欠发达地区实施国家知识产权战略保障体系

一、欠发达地区实施国家知识产权战略法律保护体系

随着人类社会在 21 世纪跨入知识经济时代，国家与国家之间的综合实力竞争越来越集中于知识产权方面的竞争。温家宝曾经说过："世界未来的竞争就是知识产权的竞争。"知识创造国家财富，知识增进人民福利，知识促进经济发展，知识推动社会改革。知识是一个国家和地区发展最大的优势资源，知识发展水平落后是一个国家和地区发展最大的制约"瓶颈"。[1]毫不夸张地说，知识产权发展水平的高低决定着一个国家、民族的未来。[2] 随着《国家知识产权战略纲要》的颁布及实施，我国的知识产权建设取得了非常可喜的业绩。根据世界知识产权组织（WIPO）2016 年 11 月 23 日发布的《2016 年世界知识产权指标》(World Intellectual Property Indicators 2016，简称 WIPI 2016)[3]，2015 年全球知识产权申请量同比增长 7.8%，持续保持增长的趋势，其中一个非常重要的因素就是中国知识产权申请量的快速增长。WIPI 2016 显示，2015 年，中国国家知

---

〔1〕 胡鞍钢主编：《中国战略构想》，浙江人民出版社 2002 年版，第 15 页。

〔2〕 郑勇：《论涉外知识产权关系之法律适用》，载《广西师范大学学报（哲学社会科学版）》2013 年第 3 期，第 67 页。

〔3〕 报告原文见于 http://www.wipo.int/publications/en/details.jsp? id = 4138&plang = ZH.

识产权局成为全球第一个在一年内收到超过 100 万份专利申请的办事处，专利申请总量几乎与美国专利商标局（United States Patent and Trademark Office，简称 USPTO，共 589 410 件）、日本专利局日本特许厅（Japan Patent Office，简称 JPO，共 3 187 221 件）和韩国知识产权局（Korean Intellectual Property Office，简称 KIPO，共 213 694 件）受理的专利申请总和相等。[1] 如今，我国已是世界上第一大专利申请国，商标申请量连续 14 年居世界第一，论文发表量世界第一。虽然我国的知识产权发展随着国家知识产权战略的实施取得长足的进步，但是也存在致命的缺陷，即区域发展不平衡现象异常突出。从 2015 年中国区域知识产权综合实力指数排名看，前十位依次是北京、江苏、上海、广东、浙江、天津、山东、福建、重庆、安徽，后十位为江西、吉林、贵州、宁夏、云南、内蒙古、西藏、甘肃、新疆、青海，知识产权发展呈现出"东高西低"的明显特征。[2] 加快开发西部地区，是全国发展的一个大战略、大思路。加快开发西部地区，对于推进全国的改革和建设，对于保持国家的长治久安，是一个全局性的发展战略，不仅具有重大的经济意义，而且具有重大的政治和社会意义。[3] 区域知识产权发展不平衡的情况不仅严重影响和制约了我国知识产权的可持续发展，而且也威胁到国家的整体发展战略。知识产权法是促进科学技术发展的根本保障，也是国际科学技术交流的关键要素。一项专为包括新思想、发明和创新在内的知识所有权而制定的法律则可以提供更为经常的刺激。没有这种所有权，便没有人会为社会利益而拿私人财产冒险。[4] 知识产权水平的高低与区域经济社会发展速度和质量密切相关，因而研究西部欠发达地

---

〔1〕 李青文：《〈世界知识产权指数 2016〉报告的主要内容及启示》，载《中国发明与专利》2017 年第 6 期，58~63 页。

〔2〕 王正志主编：《中国知识产权指数报告 2015》，中国财经经济出版社 2015 年版，第 1 页。

〔3〕 江泽民：《抓住世纪之交历史机遇，加快西部地区开发步伐》，载《人民日报》1999 年 6 月 19 日，第 1 版。

〔4〕 ［美］道格拉斯·诺斯、罗伯特·托马斯：《西方世界的兴起》，厉以平、蔡磊译，华夏出版社 2009 年版，第 4 页。

区实施《国家知识产权战略纲要》的法治保障不仅具有强烈的现实迫切性，而且具有重要的战略意义。

（一）立法保障

1. 我国知识产权立法进程的必要考察

中国的知识产权同许多发展中国家一样，走的是外发型道路。自清末开始，中国知识产权在资本侵略的过程中逐渐被迫在中国社会断断续续留下烙印；而真正意义上中国知识产权制度的建立始于1979 年的改革开放，在与世界经济融合的同时，也被动地与世界知识产权融合。[1] 自改革开放以来，我国知识产权法律制度发展历程大体上可以划分为三个阶段：

（1）基本制度初创阶段（20 世纪 70 年代末至 90 年代初）。

自从 1978 年党的十一届三中全会确立改革开放、以经济建设为中心的基本政策以来，社会主义商品经济的迅猛发展对知识产权保护法制建设提出了客观的现实要求，我国及时因应社会经济发展状况的变化，开始了知识产权保护方面的基本法律制度建设工作。我国分别于 1982 年、1984 年、1990 年制定颁布了《商标法》《专利法》《著作权法》，这些法律的制定颁布构建了我国知识产权法律保护制度的基本框架。同时，我国还在 20 世纪 80 年代先后加入了一系列知识产权国际公约，如 1980 年加入《建立世界知识产权组织公约》、1985 年加入《保护工业产权巴黎公约》、1989 年加入《商标国际注册马德里协定》（Madrid Agreement Concerning the International Registration of Marks）、1989 年签署《关于集成电路知识产权保护条约》（Treaty on Intellectual Property in Respects of Integrated Circuits）等。总体来说，这一时期的立法主要考虑到我国当时的经济发展水平和社会现实情况，保护标准处于较低层次。

---

〔1〕 邹彩霞：《中国知识产权发展的困境与出路：法理学视角的理论反思与现实研究》，上海社会科学院出版社 2013 年版，第 3 页。

（2）立法迅速发展时期（20 世纪 90 年代）。

随着我国改革开放的不断深入，党的十四大明确提出了建立社会主义市场经济体制的改革目标，这一目标的确立对我国的知识产权保护和立法工作提出了新的要求。我国于 1992 年对《专利法》进行了第一次修改，对专利权的内容和客体作了更为广泛的规定，将进口专有权纳入专利权内容，把方法专利的保护客体延及至利用该方法制造的食品、调味品、饮料等。1993 年 2 月 22 日，我国对《商标法》做了修改，规定服务商标可以注册并获得商标专用权。1993 年 9 月 2 日我国颁布了《反不正当竞争法》，明确将市场竞争中的不正当竞争行为归入法律调整范畴。1997 年 3 月 20 日我国颁布的《中华人民共和国植物新品种保护条例》规定了植物新品种的品种权。我国这一时期知识产权立法的发展主要基于国际国内社会的双重压力：一方面，随着中国对外开放和对外贸易的发展，双边、多边知识产权冲突不时发生。1992 年《中美知识产权谅解备忘录》的形成，客观上加快了知识产权修法进程。[1] 另一方面，由于我国自身改革开放和社会经济发展的客观需要，我国的科学技术和经济发展要取得巨大进步，就必须加强知识产权保护，否则改革开放的目标就会成为泡影。随着一系列相关法律制度的制定，我国知识产权法律保护的标准达到了国际水平，我们用了不到二十年的时间完成了知识产权保护标准的国际化，走过了一些西方发达国家需要数十年甚至一个世纪才能完成的立法过程。可以毫不夸张地说，我们的知识产权立法在短短的十几年内取得了巨大的成绩。世界知识产权组织总干事阿帕德·鲍格胥博士在回顾该组织与中国合作 20 年的历史时指出："在知识产权史上，中国完成所有这一切的速度是独一无二的。"[2]

---

〔1〕　吴汉东主编：《科学发展与知识产权战略实施》，北京大学出版社 2012 年版，第 253 页。

〔2〕　参见国务院新闻办公室：《中国知识产权保护状况》（1994 白皮书）。

（3）法律体系基本建成阶段（21世纪以来）。

为了加入世界贸易组织（WTO）的需要，我国根据TRIPs协议的要求对相关的知识产权法律制度进行了修订、补充，于2000年8月25日再次对《专利法》进行了修改，2001年10月27日对《著作权法》《商标法》进行了重新修订。除此之外，还修订颁布了新的《计算机软件保护条例》和《中华人民共和国知识产权海关保护条例》。为了适应加入《世专利界知识产权组织版权条约》（WCT）和《世界知识产权组织表演和录音制品条约》（WPPT）的需要，我国于2006年5月10日通过了《信息网络传播权保护条例》。为了强化知识产权保护力度，我国于2004年、2005年先后成立了"国家保护知识产权工作组""国家知识产权战略制定工作领导小组"。2008年6月5日，国务院颁布了《国家知识产权战略纲要》。这一纲领性文件为我国大力提升知识产权创造、保护、管理能力打下了坚实的基础，是我国知识产权发展进程中的里程碑。这一时期，我国《著作权法》《专利法》《商标法》和《反不正当竞争法》经历了多次修改完善，还制定了《民法总则》和《侵权责任法》。

可以说，经过40年的努力，我国已经初步建立起了基本符合本国经济发展水平和国际通行规则、门类比较齐全的知识产权法律制度。

2. 西部欠发达地区知识产权立法的应然转向

通过对我国知识产权立法历史进程的考察，我们发现，虽然我国在短短的40年时间取得了令人瞩目的成就，但是我国知识产权立法的缺陷也是显而易见的。总体上看，我国知识产权立法的"被动性"比较明显，无论我国知识产权法律的制定和修改，还是我国知识产权法律的具体实施，很大程度上都体现了外部压力的阴影，是一种"枪口下的法律"。这种缺陷的存在有其合理的历史和现实因素，但是我国的知识产权法律制度在经过几十年的发展后，应该尽快走出这种被动立法的影子，要充分体现出中国元素。特别是西部欠发达地区，在专利发明、驰名商标、计算机软件等方面基础明显薄弱，更应切实考虑地区社会经济发展的状况，争取早日走出一条体现自身特色和优势知识产权的战略发展道路，实现知识产权立法的应然转向。诞生于 19 世纪末 20 世纪初的制度经济学派认为，社会经济发展历程中具有决定性作用的是社会制度而并非科学技术。目前，中国在知识产权、特别是"自主知识产权"的拥有及利用上，从总体看不占优势。而要增强我们的地位、至少使我们避免处于过于劣势地位，我们有两条路可走：一是力争在国际上降低现有专利、商标、版权的知识产权保护水平，二是力争把中国占优势而国际上还不保护（或者多数国家尚不保护）的有关客体纳入国际知识产权保护的范围，以及提高中国占优势的某些客体的保护水平。[1] 我国在发明专利、驰名商标、计算机软件等主要的知识产权客体方面都处于劣势，但是我国是一个有着上千年悠久历史的文明国家，我们在生物多样性、地理标志、民间文学艺术和传统医药等方面有着自身鲜明的特色和无可比拟的优势。特别是我国广袤的西部地区，存在丰富多彩的民间文学艺术、民族传统医药、地理标志等。民间文学艺术典型的有贵州省台江县、黄平县的苗族古歌，广西壮族自治区田阳县的布洛陀，广西壮族自治区的桂剧和彩调，云南省梁河县的遮帕麻和遮咪麻，云南省普洱市的牡帕密帕，甘肃省武威市凉州区、酒泉市肃州区的河西宝卷，贵州省施秉县的刻道，内蒙古自治区的蒙古族长调民歌和呼麦，新疆维吾尔族达瓦孜……这些异彩纷呈的民间文学艺术是我们国家的文化瑰宝，是我们国家和民族生活的重要资源，是连接民族情感的纽带和维系国家统一的坚实文化基础。西部地区传统医药最为典型的是藏医药，它又分为拉萨北派藏医水银洗炼法和四川省甘孜藏族自治州的南派藏医药，还有蜚声海内外的云南白药……这些传统医药是我国西部地区人民智慧的结晶，是我国西部经济社会发展的强大动力源泉。根据《中华人民共和国立法法》和《中华人民共和国民族区域自治法》的有关规定，省、

----

〔1〕 郑成思：《国际知识产权保护和我国面临的挑战》，载《法制与社会发展》2006年第 6 期，第 12 页。

自治区、直辖市的人民代表大会及其常务委员会、较大市的人民代表大会及其常务委员会有权根据本地区的实际情况制定地方性法规，民族自治地方的人民代表大会有权依照当地民族的政治、经济和文化的特点，制定自治条例和单行条例。区域知识产权战略的价值在于做大做强与区域经济社会发展密切相关的知识产权创造、保护、管理和贸易，因而法律原则和法律制度更应体现区域特色。[1] 我国西部地区在实施《国家知识产权战略纲要》时应该根据本地区的社会经济发展现实状况制定相关的法律和政策，在立法指导思想上应坚持保护和开发利用齐头并进，建立公法与私法相结合、中央立法与地方立法相结合的综合性立体法律保护体系。知识产权制度选择的基础是国情。根据国家不同发展阶段的不同发展需求，对知识产权作出选择性政策安排，是以往西方国家的普遍做法。[2] 充分考虑西部地区的地方资源和地理优势，科学制定和有效利用适合于西部欠发达地区实际情况的知识产权保护制度，是西部欠发达地区缩小与中东部社会经济发展水平的差距、实现跨越式发展的根本制度保障，是西部欠发达地区有效实施《国家知识产权战略纲要》的前提条件。西部欠发达地区在实施国家知识产权战略，制定地方性法规时应重点突出对传统文化知识、生物多样性和地理标志的保护。近年来，一些地方已经在这方面进行了积极有益的尝试，出台了保护民族民间传统文化的专门性地方法规，有力地推动了这方面的工作。[3] 2000 年 5 月发布、同年 9 月生效的《云南省民族民间传统文化保护条例》就是一个很好的成功范例。我们要通过科学的立法，建立良好的保护制度，将西部欠发达地区的传统文化资源、生物多样化、地理标志等转化为生产力，令其成为西部欠发达地区的经济

---

〔1〕 王国金：《区域知识产权战略的法律思考》，载《知识产权》2006 年第 4 期，第 82 页。

〔2〕 吴汉东：《中国知识产权法制建设的评价与反思》，载《中国法学》2009 年第 1 期，第 55 页。

〔3〕 邹敏：《我国非物质文化遗产保护立法探析》，载《宁夏大学学报（人文社会科学版）》2008 年第 3 期，第 127 页。

社会发展的不竭动力源泉。

（二）执法保障

知识产权战略的执法保障实际上就是知识产权行政保护，在知识产权保护制度设计上，我国实行的是知识产权行政保护与知识产权司法保护并驾齐驱的双轨制模式。知识产权行政保护是指国家行政管理机关在遵循法定程序和运用法定行政手段的前提下，依法处理各种知识产权纠纷、维护知识产权秩序和提高知识产权社会保护意识，从而有利于知识产权制度扬长避短的一种保护方式。[1] 知识产权行政执法具有以下几个主要特点：

第一，知识产权行政执法具有主动性。这是知识产权行政执法与知识产权司法相区别的一个主要特征。执法主要体现为国家行政机关及其工作人员依据法律规定，积极主动履行职责，而知识产权司法活动的突出特点是被动性，是一种事后救济。行政执法的一个重要特点就是可以主动介入，耗时非常短，投诉非常方便，力度也比较大。[2] 主动性是知识产权行政保护的显著优势。

第二，知识产权行政执法具有效率性。行政机关的行政执法程序相对司法来说比较简便，案件的处理比较迅速，权利人的权利能获得及时保护。司法保护以公平为优先价值追求，而知识产权行政保护以权利人合法权益的及时实现为核心要求。

第三，知识产权行政执法方式具有多样性。即可以通过具体行政行为（典型如行政许可、行政处罚、行政调解、行政确认等），又可以通过抽象行政行为来对知识产权进行保护。

第四，知识产权行政执法的内容具有广泛性。知识产权行政执法活动广泛涉及人们生活的各个方面，政治、经济、文化等许多方面都是执法范畴。我国的法律法规80%左右是由国家行政机关执行，

---

〔1〕 邓建志、单晓光：《我国知识产权行政保护的涵义》，载《知识产权》2007年第1期，第67页。

〔2〕 赵国梁：《加强知识产权行政保护之我见》，载《中共太原市委党校学报》2007年第6期，第47页。

知识产权行政执法是我国知识产权保护的不可或缺的重要内容，是西部欠发达地区实施《国家知识产权战略纲要》的重要制度保障。知识产权行政执法是我国知识产权法律制度在知识产权保护方面的特色，自我国知识产权制度建立之初即已存在，后在三部主要知识产权法律的历次修订中予以延续，并在立法和执法实践中均呈现不断扩张的趋势。[1]

虽然说知识产权行政保护是我国知识产权保护的一大特色，但是我国的知识产权行政保护也存在一些明显的弊端。首先，在过去相当长一段时间，知识产权行政管理职能分散、主体多元。在最新一轮机构改革中之前，我国的知识产权行政管理分属较多的政府职能部门，专利管理归属国家知识产权局，著作权管理归属版权局，商标管理归属工商行政管理局，审查、登记、注册实行集中管理，行政执法则主要由省、市级相应机构负责实施。国家知识产权局负责主管全国范围内的专利工作，《专利法》规定了国家各级知识产权局查处专利侵权行为的行政执法权限，专利法相关实施细则也明确规定了专利行政机关在专利行政指导、专利权的保护方面的权限。国家工商行政管理总局是商标管理的最高行政机构，地方工商行政管理局是管理和执行地方商标事务的机构，国家和地方版权局负责本辖区内的文学、艺术和科学作品的著作权管理工作。同时，还具有知识产权行政管理职能的部门有国家质量监督检验检疫总局、商务部、海关总署等。我国现行知识产权法律规定的行政保护主体多达十余个，包括知识产权、工商行政管理、新闻出版、国家版权、文化、食品药品监督、质量技术监督、农业、林业、化工、公安和海关等机关，而且管理体制复杂，有的是中央垂直领导，有的是省以下垂直领导，有的是地方政府领导。[2] 这样的职能部门设置导致

---

〔1〕 李永明、郑淑云、洪俊杰：《论知识产权行政执法的限制——以知识产权最新修法为背景》，载《浙江大学学报（人文社会科学版）》2013 年第 5 期，第 162 页。

〔2〕 曲三强、张洪波：《知识产权行政保护研究》，载《政法论丛》2011 年第 3 期，第 63 页。

条块分割、权力分散，带有计划经济的浓厚烙印，人为拆解了行政执法力量，大大浪费了行政资源。其次，知识产权行政执法队伍观念落后、服务意识淡薄。知识产权行政执法观念上停滞于查处与惩治，严重缺乏行政执法服务意识。知识产权行政保护不仅仅是行政授权、行政查处、行政处罚，还包括行政服务这一重要内容。知识产权保护是一项专业技术性、知识综合性要求很高的工作，知识产权的发展日新月异，对知识产权工作人员的素质要求非常高。我国知识产权保护工作起步较晚，知识产权人才教育培养工作基础薄弱、先天不足，不能培育出大批适应社会发展、综合素质高、执法服务意识强的人才。知识产权行政执法队伍观念滞后、执法服务意识淡薄的现实情况是制约我国知识产权事业快速发展的一个重要因素。最后，行政执法经费短缺。在经费方面，仅就知识产权系统负责的专利保护来说，管理经费收支两条线，专利申请和维持费上交中央财政，而专利纠纷处理和侵权假冒行为的查处则由地方知识产权管理部门负责，因此，行政执法经费由地方财政支出。目前，大部分地方都把知识产权管理部门视为普通的政府行政管理机构，只拨行政费或事业费，没有行政执法专项费用。[1]

　　2018 年机构改革后，重新组建了国家知识产权局，很大程度上将改变上述知识产权行政管理职能分散、主体多元的局面。[2] 但是应该看到，由于行政体系的变革延滞效应，由多部门整合起来的新的知识产权行政体系的运作难免在一定时期保持着原来的惯性。因此，我国西部欠发达地区在实施《国家知识产权战略纲要》时应该根据本地区的社会经济现实情况努力克服行政管理职能分散、主体多元等原因导致的效率低下的弊端，争取开创知识产权行政保护的崭新局面。首先，应充分协调好知识产权各管理部门之间的关系。

---

〔1〕 赵国梁：《加强知识产权行政保护之我见》，载《中共太原市委党校学报》2007年第 6 期，第 48 页。

〔2〕 2018 年，将原国家知识产权局的职责、国家工商行政管理总局的商标管理职责、国家质量监督检验检疫总局的原产地地理标志管理职责整合，重新组建国家知识产权局，由国家市场监督管理总局管理。

以前知识产权管理的职能部门分散，容易导致执法标准参差不齐。西部欠发达地区在实施知识产权战略时，要认真考虑在专利、商标、著作权等知识产权行政执法职能统一以后，如何整合管理制度、管理权限，开展联合执法。从全球范围来看，设立统一的知识产权行政管理机构为主流做法，这更有利于国家整合行政管理资源，制定和实施知识产权国内外贸易政策，促进国际合作，顺应知识产权管理国际发展规律。[1] 其次，应加强知识产权行政执法队伍的素质培养。要教育广大的行政执法工作人员提高服务意识，变管理为服务，牢固树立"人人为我，我为人人"的思想。最好的行政执法是执法者在执法过程中为相对人提供优质服务，最好的服务是相对人接受执法者的服务后能够自觉守法，最高境界的执法就是不执法。[2] 最后，切实加大知识产权行政执法经费投入。应着力改变目前这种知识产权行政执法经费筹措来源现状，应加大知识产权行政执法经费投入力度，要让知识产权行政执法经费来源稳定、可靠，并逐步使其制度化、专项化。

（三）司法保障

司法是指国家司法机关依据法律规定的职权和程序，具体适用法律处理案件的专门活动。知识产权司法保护即是指通过司法途径对知识产权进行保护。司法保护具有如下一些特点：

第一，司法保护的权力专属性。司法活动是国家特定的司法机关及其工作人员以国家的名义行使司法权的活动。司法权是专有权，只能由司法机关来行使，其他任何组织和个人都不能拥有此项权力。在实行三权分立的国家，司法机关是法院。根据我国的宪法规定，司法机关包括法院和检察院。

第二，严格的法定程序性。司法是司法机关依照法律规定的严

---

〔1〕 杨美琳：《论我国知识产权行政管理体制的完善》，载《保定学院学报》2012年第2期，第70页。

〔2〕 曲三强、张洪波：《知识产权行政保护研究》，载《政法论丛》2011年第3期，第65页。

格程序适用法律的专门活动。严格的法定程序性是司法保护的最明显特点，是保障司法公正的前提条件。

第三，司法活动的被动性。审判权的被动性是司法权基本特征之一，法院的法官不可以主动启动司法程序，亦不可以私自变更当事人的诉讼请求。司法权的被动性是防止审判权被专横滥用，杜绝枉法裁判、确保司法公正的有力屏障。

第四，司法裁判的权威性。司法机关所做出的裁决是具有法律效力的，并且以国家强制力作为保证力量，任何组织和个人都必须执行，不得违抗，司法裁判具有很高的权威性。

第五，司法裁判的终局性。在现代法治社会中，权利人维护自己权益有很多种途径，但是司法是最后的防线。司法裁判不可以随意更改，否则就会损害司法的权威和效率，从而引发更多的纠纷。"加强司法保护体系和行政执法体系建设，发挥司法保护知识产权的主导作用"乃是国家知识产权战略的重点内容。司法保护作为保障知识产权权利人利益的最后一道屏障，是知识产权保护的核心组成部分，其重要性是不言而喻的。随着知识产权在我国经济社会发展战略中的核心地位不断增强，知识产权司法保护对文化发展、科技进步和知识创新的规范引导作用日益明显。在新兴产业领域，知识产权司法裁判甚至具有确立业界行为标准和发展导向的作用。[1] 我国的知识产权保护体制虽然实行的是行政保护和司法保护并行的"双轨制"，但二者仍然是有主次之分的，显而易见，司法保护应该处于主导地位。

西部欠发达地区在知识产权司法保护方面落后于中东部地区，今后应在硬件设施、软件建设等各方面加倍努力，不断提高司法水平，使知识产权司法保护成为西部地区实施国家知识产权战略的有力保障，以下几个方面具有迫切现实性，尤其值得重视：

第一，知识产权司法保护与知识产权行政保护密切配合。行政

---

〔1〕 吴汉东、锁福涛：《中国知识产权司法保护的理念与政策》，载《当代法学》2013 年第 6 期，第 42 页。

保护与司法保护是知识产权保护的两种不同手段，二者各有利弊。在知识产权保护的实践中，这两种保护手段应紧密结合，相辅相成。知识产权问题从来就不是单纯的法律问题抑或经济问题，而是与一个地区、国家的政治、经济贸易、外交政策等密切联系，具备相当的综合性与复杂性的问题。西部欠发达地区应该充分了解知识产权司法保护与本地区经济社会发展客观情况的现实结合点，将知识产权行政保护与司法保护的方式有机结合起来，形成一种立体的综合保护体系，切实推进知识产权保护工作，为本地区的经济发展注入强大动力。

第二，进一步推动知识产权审判机构建设。成立知识产权法院是国际上知识产权比较发达地方较为成熟的经验，美国、德国、日本、我国台湾地区的法院系统都设置了相关的知识产权审判机构。2013 年 11 月 12 日十八届三中全会通过的《中共中央关于全面深化改革若干重大问题的决定》提出"探索建立知识产权法院"。设立知识产权法院对于加强知识产权司法保护，提高知识产权审判水平，有效维护市场经济的公平竞争秩序具有重大的意义，也是当下知识产权国际保护的发展趋势。目前，我国已在北京、上海、广州成立知识产权法院。知识产权法院的审级等同于所在地中级人民法院，跨区域管辖所在省（直辖市）的专利、技术秘密以及植物新品种、集成电路布图设计等知识产权案件。显而易见，知识产权法院主要管辖专利技术类案件，主要原因在于专利技术在促进科学技术更新、经济迅速发展过程中的作用更为明显与直接，具有加强司法保护的迫切性。西部欠发达地区也可以在一些具备较好基础的省份，结合当地的知识产权优势和实际情况做一些成立相关知识产权法院的基础性探索，不要坐等上面的决定和安排，总是跟着别人的后面亦步亦趋。

第三，加强知识产权审判队伍建设。知识产权审判人员专业素质的高低直接决定知识产权司法保护水平的高低。一支理论素养高、业务能力强、审判经验丰富的人才队伍是西部欠发达地区实施国家知识产权战略的坚强有力保障。我国的知识产权案件主要分布在经济发达地区，特别是北京、上海、广东、浙江、江苏、山东等地占据了我国知识产权案件的大部分。这些地方法院审判工作人员实践经验丰富，专业素质高，西部欠发达地区的知识产权审判工作人员可以通过挂职锻炼、参观学习等交流方式向他们学习，努力提高知识产权司法保护能力。

第四，审判方式的改进。具体的审判实践中，法院可以根据西部欠发达地区优势的知识产权客体类型和客观的社会经济发展进程灵活采用有效的审判方式，力争让知识产权司法保护成为社会发展、技术创新的助力推进器。

第五，建立专家论证制度。知识产权案件涉及的知识非常广泛，不仅涉及法学知识，而且还涉及科学技术知识，特别是专利技术案件，技术性很强。在如今这样一个科学技术日新月异的时代，审判人员不可能做到样样精通。要解决这样的问题，可以考虑设立专家论证制度，把专家对一些专业性极强的技术性问题的论证作为案件裁判的重要依据，以确保知识产权案件审理的正确性。知识产权法律是市场经济的产物，是保证公平有序的市场竞争的重要法律。人民法院加强知识审判工作，高质量、高效率地审理知识产权案件，依法保护知识产权所有人的合法权益，保护公平竞争，对推动我国社会主义市场经济体制的健康发展，促进科学技术转化为生产力，繁荣我国科学、文化、艺术具有重大意义。[1]

二、欠发达地区实施国家知识产权战略政策扶持体系

国家知识产权战略是一项以强化权利保护为手段，以促进科技创新为核心，以增强国家综合竞争力为目的的综合性战略体系。法律问题毫无疑问是国家知识产权战略的重要内容，但是国家知识产

---

〔1〕　李国光：《中国知识产权司法保护的现状与前瞻》，载《法律适用》1996 年第 7 期，第 5 页。

权战略绝不仅仅是法律问题，更多情况下是与国家的产业政策、财政政策、科技政策、教育政策等密切联系的综合性的有机体系。如果没有一系列相关的政策支撑与扶持，国家知识产权战略就会成为无本之木、无源之水。知识产权竞争的背后是国家利益的争夺。由于国际竞争日益激烈，政府不再遵循古典自由主义的原则——"管的最少的政府是最好的政府"，政府积极介入市场，制定各种政策进行干预，竭力使知识产权成为国家发展和谋求国际竞争优势的工具。[1] 知识产权制度本身的重要性不言而喻，但是它只是我们实施国家知识产权战略的有效手段，我们实施国家知识产权战略的终极目的是要提升国家科技创新实力，增强民族工业的国家竞争力从而创造更多的社会财富。尽管知识产权政策经常被误解为一种奖励发明者的方式，但这一制度真正的目的是通过激励那些可能作出发明和创新的人从而使整个社会受益。[2] 西部欠发达地区应该根据本地区的社会经济发展客观要求制定出科学完善的实施《国家知识产权战略纲要》政策体系，积极创造出有利于知识产权创造与运用的良好社会环境。

（一）教育政策

教育具有显著的引领功能和价值导向作用。教育政策与知识产权战略的联系十分紧密，对知识产权战略的成功与否具有决定性的影响。知识产权战略的实施不仅在于完善法律制度，更重要的在于培养人们"崇尚创新、尊重产权"的知识产权意识，为高新技术产业发展与文化产业发展营造良好的创新社会环境。提升全社会的知

---

〔1〕 刘雪凤：《国家知识产权战略中政府的角色定位分析——从政策过程视角》，载《理论探讨》2009 年第 2 期，第 141 页。

〔2〕 See e. g. Carlos Correa (2003), "Formulating effective pro-development national intellectual property policies", in C. Bellmann, G. Dutfield and R. Meléndez - Ortiz (editors), *Trading in knowledge*, *Development Perspectives on TRIPs*, *Trade and Sustainabili*ty, Earthscan, London. 转引自 Carlos M. Correa：《设计发展中国家的知识产权政策》，朱贞艳译，载道客巴巴网站，http://www.doc88.com/p-8106037155058.html.

识产权意识有赖于一个以知识产权普及教育为主旨的教育政策作为保障。[1] 我国于 2008 年 6 月 5 日颁布的《国家知识产权战略纲要》明确提出要"广泛开展知识产权普及型教育"。为了加强知识产权教育培训工作的水平，提升知识产权人才队伍的业务素质，国家知识产权局先后制定并修订了《全国知识产权教育培训指导纲要》，明确提出要"充分动员和利用社会多种教育培训资源，发挥各方面积极性，建立政府部门和社会组织共同推动、良性发展的知识产权教育培训工作格局"。西部欠发达地区应结合当地的实际情况，充分利用国家关于知识产权教育方面的指导方针，制定出适合本地区发展的知识产权教育政策，培养出高素质的适合西部欠发达地区实际的知识产权管理人才、创新人才、教学科研人才、应用人才，在社会公众中营造出浓厚的尊重知识产权氛围。世界上所谓的知识产权强国，均是将知识产权战略或政策与教育政策紧密结合，形成培育知识产权文化和培养知识产权人才的政策体系。[2] 我国西部地区地域宽广、少数民族众多，拥有丰富的传统知识产权。欠发达是做许多事情的劣势，研究保护传统知识产权却是优势。因为欠发达就有机会保留许多发达地区已经不存在的资源和遗迹，因为欠发达就使我们有机会利用最原始的素材和数据。[3]

(二) 财政政策

国家知识产权战略的有效实施，依赖于政府强有力的财政政策支撑。没有足够的资金投入，知识产权战略就无法有效运行。在当今世界的科技创新领域，仍然是美国、欧洲和日本三足鼎立的格局。但三者之中，欧洲落后于美国和日本，究其原因，资金支持的不足

---

〔1〕 吴汉东主编：《科学发展与知识产权战略实施》，北京大学出版社 2012 年版，第 304 页。

〔2〕 吴汉东主编：《科学发展与知识产权战略实施》，北京大学出版社 2012 年版，第 305 页。

〔3〕 徐家力：《传统知识产权的人才培养与西部优势分析》，载陶鑫良主编：《中国知识产权人才培养研究》，上海大学出版社 2006 年版，第 262 页。

是非常关键的因素。[1] 西部欠发达地区应该加大对知识产权研发、管理、创新的财政扶持力度，着力为企业拓展融资渠道，尤其应加强对中小型企业、民营企业的资金扶持，充分调动这部分市场主体的生产和研发活力。另外，西部欠发达地区还可以尝试设立知识产权研发、保护、管理的专项资金，以确保实施知识产权战略的稳定资金来源。西方发达国家的历史经验证明，知识产权投资研发的规模决定着一个国家、民族科学技术创新进步和社会经济发展的速度和质量。下文将进一步讨论我国实施国家知识产权战略资金投入体系问题。

（三）科技政策

科技政策是国家为实现一定历史时期的科技任务而规定的调控科技活动、指导整个科技事业的战略和策略原则。科技政策的内容包括科技创新促进政策、科技成果转化政策、科技成果管理和保护政策等。[2] 我国为了促进科学技术创新与发展，加快科技成果转化为现实社会生产力，在国家层面相继制定了《中华人民共和国科学技术进步法》《中华人民共和国促进科技成果转化法》《国家科学技术奖励条例》等有关法律和行政法规。中共中央和国务院在 1999 年还联合出台了《关于加强技术创新，发展高科技，实现产业化的决定》。这些相关文件的制定为我国实施知识产权战略奠定了良好的科技政策基础。但是，这些政策文件的出台都是在我国颁布《国家知识产权战略纲要》之前，因此，西部欠发达地区应该根据近些年我国有关情况的发展变化，并有效结合西部地区的实际情况制定出与本地区社会经济发展相吻合的科技政策。如下几个方面应是西部欠发达地区制定有关科技政策时必须重点考虑的因素：一是要增加科研创新投入，突出应用型研究。一方面政府应增加研发投入；另一

---

〔1〕 卢海君：《发达国家知识产权政策与中国知识产权战略》，载《中华商标》2008年第 2 期，第 4 页。

〔2〕 吴汉东主编：《科学发展与知识产权战略实施》，北京大学出版社 2012 年版，第 307 页。

方面政府应引导企业高瞻远瞩，深刻认识到科技创新的长远意义，让企业自觉认识到科技创新的重要性并切实注重科技研发的资本积累与投入。要充分用好和盘活财政金融增量与存量资金，特别加大对实体经济和新兴产业的财政支持力度。二是如何促进科技成果转化为现实社会生产力。无论是知识产权创新、知识产权管理，还是知识产权服务、知识产权保护，它们都是为社会经济发展服务的，都是以切实促进社会生产力的快速发展为目标。所以，西部欠发达地区在制定科技政策时应把如何促进科技成果转化作为考量的核心要素，制定有利于科学技术转化和扩散的科技政策。从世界各国的情况来看，美国、日本、德国、韩国等科技较为发达的国家均制定了促进本国科技进步与专利战略实施的相关政策。这些政策或旨在增加政府的科技创新投入，或致力于促进科技成果的转化与应用。[1]

（四）产业政策

西部欠发达地区在产业政策方面应大力扶持一些重点产业，特别是一些与西部地区的传统资源优势相结合而又事关西部欠发达地区社会经济发展的核心产业。西部欠发达地区面积宽广，大多未获开发，是我国未来建设发展的重点地区，没有西部的发展繁荣，就没有真正意义上的国家稳定繁荣，就没有真正意义上的伟大民族复兴。虽然西部欠发达地区目前落后于中东部，但是西部欠发达地区具备后发优势，拥有强大的发展潜力。西部欠发达地区拥有丰富的自然人文资源和历史遗迹，贵州的茅台酒享誉海内外，桂林山水闻名遐迩，内蒙古伊利、蒙牛家喻户晓……这些资源的存在恰恰是过去的欠发达才得以保留和延续，而在现在，资源是我们最大的短缺和最大的价值，尤其面对十几亿的人口大国，最后我们缺乏的可能就是资源，因为资源是有限的，它是不能再生的，面对这种历史机

---

〔1〕　吴汉东主编：《科学发展与知识产权战略实施》，北京大学出版社 2012 年版，第 309 页。

遇，西部地区应该清醒地认识到并把握好。[1]

三、欠发达地区实施国家知识产权战略资金投入体系

在经济全球化和世界政治经济格局深度调整的背景下，加快知识产权事业的发展已成为当今世界各国提升综合实力的发力点。我国知识产权战略于 2008 年正式上升为国家发展战略。知识产权战略以科学技术的创新为核心，无论是知识产权的创造，还是知识产权的管理、实施和保护都依赖于技术创新。技术创新离不开资金的投入。科技投入的可持续增长是科技创新的重要保障，充足稳定的科技投入以及合理有效的资金配置直接影响着知识产权的创造、管理、保护和创新。但由于知识产权自身的特点，创新资金投入受到限制，创新资金投入不足仍然是不争的事实。2010 年第十一届全国人大常委会第十五次会议上，路甬祥副委员长在《全国人大常委会执法检查组关于检查〈中华人民共和国科技进步法〉实施情况的报告》中指出，科技进步法实施中仍存在科技投入不足，激励创新不到位，保护创新力度不够，科技成果难以转化，产学研结合不紧密等问题。[2]

（一）知识产权发展与资金投入

作为民事主体基于智力劳动成果、工商业标志和特定信息而依法享有的权利，知识产权的创造、管理、保护和实施必须依靠资金的投入。

1. 知识产权的创造需要大量资金

知识产权的创造过程是科学家、工程师、政治家和艺术家等各类知识专家进行创造性思维劳动的过程，他们所进行的创造性智力

---

〔1〕 徐家力：《传统知识产权的人才培养与西部优势分析》，载陶鑫良主编：《中国知识产权人才培养研究》，上海大学出版社 2006 年版，第 263 页。

〔2〕《全国人大常委会执法检查组关于检查〈中华人民共和国科学技术进步法〉实施情况的报告》，载人大网，http://www.npc.gov.cn/wxzl/wxzl/2000 - 12/17/content_3918.htm，最后访问时间：2013 年 2 月 15 日。

活动必须具备人、财、物、时间等生产要素，也就是说人力资源在投入知识研究与开发的过程中，总需要利用一定的工具和设备，花费一定的资金、时间和精力。资金虽然在知识创造中不发挥直接作用，但它是获得人才和设备等要素的支撑条件，是不可或缺的物质基础。例如制药行业是高投入、高效益、高风险的产业，也是知识产权丰富的产业，从实验室到市场药品的比例为 5000∶1，开发一个新产品要投入数以亿计的费用。[1] 汽车行业也是一个需要大投入的行业，国外汽车每 7~8 年换一次，而开发一个新的汽车车型要数十亿的投入。[2] 可见，没有足够的资金支持很难有知识产权的创新、创造，很难培养出自主开发能力。而且知识产权的地域性[3]也限制了落后国家或地区向发达国家或地区知识产权的学习和借鉴。因此，落后国家或地区必须重视、投入足够的资金来培育自主开发能力。

2. 知识产权的管理和保护需要大量资金

知识产权的管理主要是 R&D 的管理。目前对 R&D 的管理影响最大的因素是商业环境的变化，新的商业环境主要表现在国内外竞争加剧、政府加大安全、卫生、环境等方面的管制，技术进步速度加快，市场细分和顾客需求更加成熟等。这些变化需要 R&D 的管理不断创新。现代 R&D 的管理创新不再只涉及科学技术的管理，还有多方面的创新管理。这些创新需要投入人力资源、设备、时间、精力和大量的资金。

根据知识产权的时间性特点，除识别性标记和特定信息对应的知识产权（前者如商标权，后者如商业秘密权）在法律上没有时间性外，创造性成果对应的知识产权都规定了期限，如专利权、著作

---

〔1〕 徐明华、包海波等：《知识产权强国之路——国际知识产权战略研究》，知识产权出版社 2003 年版，第 308 页。

〔2〕 徐明华、包海波等：《知识产权强国之路——国际知识产权战略研究》，知识产权出版社 2003 年版，第 308 页。

〔3〕 所谓知识产权的地域性是指在某一国家或地区取得的知识产权原则上只在本国或本地区内有效。知识产权的地域性产生的主要原因是各国知识产权发展的水平和知识产权保护的水平差异。各国为了扶持本国工业或是为了保护本国的知识产权优势，往往会采取地域性保护措施。

权、集成电路布图设计权和植物新品种权等。对这些有时间性限制的知识产权则需要大量资金来维护。如专利，从申请到维护及年费都需要不少资金。相关资料研究表明，专利从研发开始到投放生产，一般需要经历好几年甚至十几年的时间，而且这期间，随时有失败的可能，在这么长的时间里如果没有强大的经济实力做后盾，要想把专利转化为现实生产力是难以想象的。目前，在国内申请一项基因专利，除国家优惠政策及专项资金支持外，还需花费 3000 元左右的人民币。但申请国际基因专利的费用却贵得惊人，一项基因专利在 30 个国家申请下来至少需花费 6 万美元，其中主要的花费是在一些发达国家。如在日本申请一项专利需缴纳 2 万美元，美国 1.7 万美元，欧盟 2 万美元。[1] 而且，在向每个国家申请专利之前，首先必须向国际专利条约组织（PCT）提出申请，待该组织向所有成员国发出通知，才能获得专利申请的优先权。此项服务收费也不低，每申请一项专利需收费 1.2 万元人民币。[2] 由于专利的维护费贵，放弃已申请了的专利在我国的国际专利申请中也是一个较为严重的问题。1999 年我国因申请单位缺乏经费而主动撤回和视为撤回的国际专利申请，分别为 59 件和 21 件，占当年申请总量的 30%。[3]

可见，知识产权发展需要大量的资金投入，没有资金的支撑，知识产权的可持续发展是不可能实现的。

（二）知识产权资金投入的困境及原因

知识产权融资难是知识产权资金投入最大的困境，知识产权客体的无形性、可复制性直接带了潜在的巨大的投资风险，成为造成知识产权融资难的直接原因。

---

〔1〕 李富勇：《"知识产权伏击中国民营企业"系列报道》，载《中华工商时报》2002 年 4 月 10 日。

〔2〕 李富勇：《"知识产权伏击中国民营企业"系列报道》，载《中华工商时报》2002 年 4 月 10 日。

〔3〕 张卫平：《中国专利国际申请怎么越来越少了》，载《经济日报》2002 年 2 月22 日。

1. 客体的无形性使知识产权难以估价

知识产权保护对象是无形的智力劳动成果、工商业标志和特定信息，是一种无形财产。这种无形性特点，一方面使得在目前没有参照物的评价体系和缺乏完善市场机制的条件下，对无形资产的估价风险很大；另一方面使得它容易受到侵权，保护它很困难，也就是说受侵权性强直接增大了投资者的投资成本，同时也影响了投资者对知识产权的投资冲动，导致知识产权融资难。

2. 客体的可复制性可能使投资者的"权利不稳定"

所谓客体的复制是把原来的对象制成两份或两份以上的行为。智力劳动成果、工商业标志和特定信息等知识产权保护的对象在物理上是可以复制的。进一步说，作品、专利、商标在物理和技术上是可以用不同的载体进行复制的。知识产权客体的可复制性大大增加了知识产权保护的难度，特别是现今社会，由于技术迅猛的发展和信息的快速传递，作品、专利、商标等知识产权客体极易被复制，且手段非常隐蔽，这就使得知识产权投资者的投资利益保护难度加大，因此可能影响投资者对知识产权的投资意愿，导致知识产权融资难。

综上所述，知识产权创造、管理、保护等均需要大量的资金投入，而知识产权的无形性和可复制性带来的高风险使其陷入了融资难的困境。因此，为解决知识产权融资难的瓶颈问题，构建顺应知识产权发展的创新资金投入体系是实施知识产权战略的重要保障。对于原本资金匮乏的欠发达地区而言，解决知识产权融资难的问题就更有难度。

（三）欠发达地区知识产权资金投入的现状

近年来，在加快科技创新步伐和实施知识产权战略的进程中，国家大幅度增加了知识产权的投入。知识产权的投入主要表现在科技创新的投入上。根据工业化国家发展道路及我国中长期科技发展规划研究结论，衡量科技投入的主要指标是对研究与实验发展（R&D）的投入情况和 R&D 经费占国内生产总值的比重（R&D/

GDP），即 R&D 经费投入强度，前者是衡量国家或区域自主创新能力的主要标准，后者是衡量科技竞争力的核心指标。近年来，中央和地方政府、企业对科技创新的投入大幅度增加，全国各地的 R&D 经费整体上逐年增加，欠发达地区与发达地区的 R&D 经费及 R&D 经费投入强度差距正在逐渐缩小，详见表 6-1。

表 6-1 2013—2015 年各地区 R&D 经费情况

地 区	R&D 经费（亿元）			R&D 经费投入强度（%）		
	2013 年	2014 年	2015 年	2013 年	2014 年	2015 年
全 国	11 846.6	13 015.6	14 169.9	2.08	2.05	2.07
西部地区占比	11.99%	11.99%	12.22%			
北 京	1185.0	1268.8	1384.0	6.08	5.95	6.01
天 津	428.1	464.7	510.2	2.98	2.96	3.08
河 北	281.9	313.1	350.9	1.00	1.06	1.18
山 西	155.0	152.2	132.5	1.23	1.19	1.04
内蒙古	117.2	122.1	136.1	0.70	0.69	0.76
辽 宁	445.9	435.2	363.4	1.65	1.52	1.27
吉 林	119.7	130.7	141.4	0.92	0.95	1.01
黑龙江	164.8	161.3	157.7	1.15	1.07	1.05
上 海	776.8	862.0	936.1	3.60	3.66	3.73
江 苏	1487.4	1652.8	1801.2	2.51	2.54	2.57
浙 江	817.3	907.9	1011.2	2.18	2.26	2.36
安 徽	352.1	393.6	431.8	1.85	1.89	1.96
福 建	314.1	355.0	392.9	1.44	1.48	1.51
江 西	135.5	153.1	173.2	0.94	0.97	1.04
山 东	1175.8	1304.1	1427.2	2.15	2.19	2.27
河 南	355.3	400.0	435.0	1.11	1.14	1.18
湖 北	446.2	510.9	561.7	1.81	1.87	1.90

续表

地　区	R&D 经费（亿元）			R&D 经费投入强度（%）		
	2013 年	2014 年	2015 年	2013 年	2014 年	2015 年
湖　南	327.0	367.9	412.7	1.33	1.36	1.43
广　东	1443.5	1605.4	1798.2	2.32	2.37	2.47
广　西	107.7	111.9	105.9	0.75	0.71	0.63
海　南	14.8	16.9	17.0	0.47	0.48	0.46
重　庆	176.5	201.9	247.0	1.39	1.42	1.57
四　川	400.0	449.3	502.9	1.52	1.57	1.67
贵　州	47.2	55.5	62.3	0.59	0.60	0.59
云　南	79.8	85.9	109.4	0.68	0.67	0.80
西　藏	2.3	2.4	3.1	0.29	0.26	0.30
陕　西	342.7	366.8	393.2	2.14	2.07	2.18
甘　肃	66.9	76.9	82.7	1.07	1.12	1.22
青　海	13.8	14.3	11.6	0.65	0.62	0.48
宁　夏	20.9	23.9	25.5	0.81	0.87	0.88
新　疆	45.5	49.2	52.0	0.54	0.53	0.56

数据来源：中国科学技术发展战略研究院：2013—2015 年全国科技经费投入统计公报，载 http://www.stats.gov.cn/tjsj/tjgb/rdpcgb/qgkjjftrtjgb/，最后访问时间：2017 年 7 月 21 日。

近年来，国家科技计划对西部欠发达地区的投入经费也逐年增加，西部区域的科技实力得到了较大提高，与东部地区的差距逐步缩小，为西部地区经济社会可持续发展提供了强有力的科技支撑。同时，欠发达地区地方财政科技拨款数额逐年增加，但欠发达地区12 个省份地方财政科技拨款占地方财政总支出的比重与全国平均值仍有不小差距，见表 6-2。

表 6-2　2013—2015 年欠发达地区地方财政科技支出情况

地 区	地方财政科技支出（亿元）			地方财政科技拨款占地方财政总支出的百分比（%）		
	2013 年	2014 年	2015 年	2013 年	2014 年	2015 年
全国合计	2715.31	2877.79	3384.18	2.27	2.23	2.25
重　庆	38.65	38.16	45.67	1.26	1.15	1.20
四　川	69.51	81.76	96.69	1.12	1.20	1.29
贵　州	34.27	44.34	58.68	1.11	1.25	1.49
云　南	42.59	43.15	48.56	1.04	0.97	1.03
西　藏	4.17	4.42	5.41	0.41	0.37	0.39
陕　西	38.02	44.86	57.28	1.04	1.13	1.31
甘　肃	19.76	21.16	29.85	0.86	0.83	1.01
青　海	8.39	10.39	11.22	0.68	0.77	0.74
宁　夏	10.69	11.66	17.25	1.16	1.17	1.52
新　疆	39.85	40.34	41.64	1.30	1.22	1.09
内蒙古	31.64	32.87	35.72	0.86	0.85	0.84
广　西	54.36	59.93	49.63	1.69	1.72	1.22

数据来源：国家统计局：2014—2016 年中国统计年鉴，载 http://www.sta-ts.gov.cn/tjsj/ndsj/，最后访问时间：2017 年 7 月 21 日。

　　"创新效率"是反映创新投入转化为创新产出的一个重要指标。知识产权的创新产出主要反映在注册商标量、专利申请量和作品著作权登记量上。从国家知识产权局发布的统计数据中可知，近年来在中国发明专利申请量的增长上欠发达地区贡献突出。以 2012 年为例，在 2012 年前 8 个月的内地发明专利受理量排行榜上，西部地区的四川省以 9454 件排名第 8 位，同比增长 56.1%，呈现大幅增长之势。在四川省发明专利领先的成都市，2012 年前 8 个月地区生产总值（GDP）增幅近 13%，超过全国平均值。[1] 截至 2012 年 8 月 31 日，国内有效发明专利为 39.4741 万件，同比增长 37.7%；每万人口发明专利拥有量同比增长 0.79 件，比 6 月底增长了 0.15 件，增势喜人。广西同比增长 102.3%，宁夏同比增长 84.1%。[2] 2015 年，西部地区规模以上工业企业研究与试验发展（R&D）全时人员[3]数量达到 26.6 万人，专利数量大幅增加，三种专利申请受理量为 391 038 件、申请授权数为 201 038 件，与 2008 年同期相比分别增长了 501.4% 和 502.8%，技术合同成交额达到 1345.01 亿元，增速高于全国平均水平。[4]

（四）欠发达地区知识产权资金投入存在的问题

1. 科技投入仍然不足，还不能保障欠发达地区的可持续和高质量发展

从表 6-1 可知，2013 年、2014 年、2015 年全国 R&D 投入强度平均值分别为 2.08、2.05、2.07，而欠发达地区 12 个省份同期的 R&D 投入强度除了陕西外，均没有达到全国平均值，其余最好的四川也只有 1.52、1.57、1.67，最差的西藏只有 0.29、0.26、0.30，差距显著，这将使欠发达地区科技创新能力严重滞后，严重影响了该地区实施国家知识产权战略。

2. 欠发达地区地方财政科技支出占地方财政总支出的比重均不高，有些省份甚至呈下降趋势

从表 6-2 可知，2013—2015 年地方财政科技支出占地方财政总支出的比重全国均值为 2.27、2.23、2.25，欠发达地区 12 个省份均没有达到全国平均数值；这三年间，地方财政科技拨款占地方财政

---

〔1〕 赵建国：《中国如何实现创新效率全球第一》，载《中国知识产权报》2012 年 10 月 12 日。

〔2〕 赵建国：《中国如何实现创新效率全球第一》，载《中国知识产权报》2012 年 10 月 12 日。

〔3〕 研究与试验发展（R&D）全时人员：是指本年度从事 R&D 活动的工作量在 0.9 年以上（含 0.9 年）的人员数。

〔4〕 国家统计局：《中国统计年鉴——2016》。

总支出的比重逐年增长的只有四川、贵州、山西和宁夏。说明地方财政科技拨款增长缺乏规律性，靠地方财政科技拨款来推动欠发达地区知识产权战略进程是不稳定的。

3. 部分欠发达地区政府投入在科技投入中的比重不大，难以起到引导和带动作用

表6-3所示，从欠发达地区中经济发展最好的重庆、四川、陕西2014年、2015年两年的研究与实验发展（R&D）内部支出情况来看，地方财政政府投入的资金所占比例平均不到20%，且上升的幅度不大，与工业化国家这一指标30%～50%相距甚远。但同时另一不正常的现象是在经济最不发达的省份，政府投入在R&D经费投入中起到了绝对重要的作用，如2014年、2015年西藏分别达到184.17%、174.52%，但由于地方财政落后，能投入到科技创新的资金少得相当可怜。

表6-3　2014—2015年欠发达地区地方财政科技拨款占R&D经费的比重情况

地　区	地方财政科技拨款（亿元）		R&D 经费（亿元）		地方财政科技拨款占R&D 经费的比重（%）		备注
	2014 年	2015 年	2014 年	2015 年	2014 年	2015 年	
重　庆	38.16	45.67	201.9	247.0	18.90	18.49	↓
四　川	81.76	96.69	449.3	502.9	18.20	19.23	↑
贵　州	44.34	58.68	55.5	62.3	79.89	94.19	↑
云　南	43.15	48.56	85.9	109.4	50.23	44.39	↓
西　藏	4.42	5.41	2.4	3.1	184.17	174.52	↓
陕　西	44.86	57.28	366.8	393.2	12.23	14.57	↑
甘　肃	21.16	29.85	76.9	82.7	27.52	36.09	↑
青　海	10.39	11.22	14.3	11.6	72.66	96.72	↑
宁　夏	11.66	17.25	23.9	25.5	48.79	67.65	↑
新　疆	40.34	41.64	49.2	52.0	81.99	80.08	↓
内蒙古	32.87	35.72	122.1	136.1	26.92	26.25	↓

续表

地　区	地方财政科技拨款（亿元）		R&D 经费（亿元）		地方财政科技拨款占R&D 经费的比重（%）		备注
	2014 年	2015 年	2014 年	2015 年	2014 年	2015 年	
广　西	59.93	49.63	111.9	105.9	53.56	46.86	↓

数据来源：国家统计局：2014—2015 年全国科技经费投入统计公报，载 http://www.stats.gov.cn/tjsj/tjgb/rdpcgb/qgkjjftrtjgb/，最后访问时间：2020 年 3 月 25 日。国家统计局：2015—2016 年中国统计年鉴，载 http://www.stats.gov.cn/tjsj/ndsj/，最后访问时间：2020 年 3 月 25 日。

注：用"↑"表示上升，用"↓"表示下降，用"−"表示不变。

因此，要改变当前欠发达地区科技投入不足的局面，实现欠发达地区的科技创新可持续发展，必须实施积极的、追赶式科技投入战略，采取有效措施，促进欠发达地区科技投入多元化体系的建设。

（五）构建欠发达地区知识产权资金投入体系的建议

发达国家和我国沿海发达省份的成功经验表明，现代经济的发展必须依靠科技创新，而科技创新必须加大科技投入，要加大科技投入必须以政府为主导、以企业为主体，发挥全社会的力量，群策群力共同投资。只有地方政府不断地加大对 R&D 的投入，在科技拨款中处于主导地位，在科技投入中起到表率作用，才能在全社会的R&D 投入中起到主导和带动作用。企业是市场经济中最重要的主体，要激励其在科技投资发挥第一主体作用，调动个人、民间组织、非营利机构等其他社会的力量来参与科技投入，构建以政府资金为主导、以企业为主体、以社会资本为补充的多元化科技投入体系。

1. 确保政府科技投入的稳定增长

建立基本科技投入和专项科技投入相结合的稳定增长机制。政府对知识产权的投入主要是在政府预算中建立长期、稳定和足额的专项资金用于知识产权的基础性关键环节上，因此，要把科技投入作为预算保障的重点，在编制年初预算和安排当年超收预算时，要保证每年财政科技投入增长速度体现法定增长的要求，明显高于财政经常性收入的增长速度。在知识产权投资中，欠发达地区要善于把力量用在刀刃上，突出重点，应将可以产生自主知识产权的研究项目作为重大科技专项，将拥有自主知识产权的重大高科技研发和产业化、重点实验室建设等科技专项纳入本省的财政预算，确保关系本省科技创新能力的主要项目有稳定的投入渠道，保证本地区的核心竞争力的培养。各级政府应当按照省（市）、自治区专利保护条例关于筹措专利专项资金的规定，对本行政区域内公民、法人或其他组织划拨专款设立专利资助金，用于必要的专利申请费、专利维持费的资助，对有重大发明创造的专利技术项目的实施和产业化还应该创建专利风险投资资金予以扶持。

2. 建立以政府为主导，企业为主体的新型多元化科技投入体系

欠发达地区要增加科技投入，要使当前科技投入不足的局面有较明显的改观，光靠政府财政投入是远远不够的。在建设创新型国家的新形势下，欠发达地区政府必须采取积极的、追赶式战略，改变传统的单一的财政科技投入模式，充分发挥政府引导社会科技投入的职能，运用经济、行政、法律手段，建立提供财税、金融贴息、政府采购、知识产权保护、人才队伍建设等政策，引导和扶持各种社会力量如企业、高校、科研机构、个人和金融机构等创办科技事业，形成多元化科技投入的稳定增长机制。

科技创新活动是一项高投入、高风险和潜在高收益的开拓性活动，并带有一定的社会公益性，需要政府扶持。由于政府财政预算终究是有限的，因此，政府投入应有所为和有所不为，对于不能由市场机制有效配置资源的基础研究、社会公益性研究、前沿技术研究等重大科技攻关项目应给予重点支持；对于纯公共产品领域应以直接拨款方式为主；对于准公共产品领域以直接拨款、政府采购、税收支出和政策性金融支持等多种方式参与投入；对于一般应用型的科技研究，以市场竞争配置为主；对于私人产品领域，政府一般不提供资金，而是提供和维护公平竞争环境并施以合理政策引导。

政府应充分调动企业、商业性金融、非营利机构等各方的积极性，把投入潜力变成现实投入，形成多方面合力，促进科技投资的良性发展。

3. 建立有效的激励机制，培育企业成为科技投入的主体

要强化企业在研发投入和技术创新中的主体地位，则必须根据技术研发和技术创新的特点对企业采取有力措施和有效激励，才能促进企业真正成为研发投入的主体。

优惠的税收政策是激励企业加大自主创新的投入的又一举措。欠发达地区应该努力用足国家关于企业技术创新的有关企业所得税优惠政策，对企业自主创新投入加大所得税前抵扣力度；根据国家出台的高新技术企业发展的税收政策，鼓励和引导企业依法依规加速研究开发仪器设备折旧。

改善企业科技创新的信贷服务和融资环境。在企业科技创新的融资方面，既可以依据创新产品所处的创新过程及其特征和资金的投放情况，制定相应的创新资金配置方案，又可以基于创新企业的生命周期的特点提供不同的创新资金。如高新技术企业的生命周期包括种子期、创业期、成长期、成熟期和衰退期。各时期的特点不同，使其创新资金的来源渠道也不同。具体方案如表 6-4：

表 6-4　基于生命周期的创新企业的创新资金投入体系

	企业的主要任务	潜在的风险	筹资的环境	解决的思路
种子期	进行新产品和新技术的研发，并对新产品和新技术反复进行实验修正和改进，以达到预期的研发目标。	研发失败技术风险；新产品不被市场接受的风险。	企业初创期缺乏商业信用的基础，获得银行等金融机构贷款的可能性很小；技术和市场的高风险大，风险投资机构积极性不高。	来自企业自有资金和政府对高新技术企业的政策扶持资金，如科技型中小企业创新风险引导基金等。

	企业的主要任务	潜在的风险	筹资的环境	解决的思路
创业期	已基本完成新产品或新技术的开发与试制。	消费者对新产品认知度不高，产品成本过高，技术问题尚未完全解决和市场占有率低，企业在相关管理与决策方面尚不成熟，容易出现失误。	企业的商业信用处于起步阶段，没有资金的净流入，从银行等金融机构取得债务融资的付息压力较大，财务风险较高。	融资成本相对较小的风险投资和政策扶持资金等。
成长期	创新产品基本定型、核心技术基本形成、销售额和利润持续增长、产品售后服务趋于完善、产品品牌在市场中具有一定的信誉度和知名度，企业已初具规模。	面临的风险程度有所降低。	前期的风险有所释放，为企业带来了良好的商业信用。	风险投资的进一步投入，银行等金融机构的贷款，部分优秀的企业可以选择在创业板上市实现公开募集资金。
成熟期	产品和相关技术已经稳定，企业生产经营和资本运营已经步入正轨，销售和售后服务相对完善，产品有较高的市场占有率，企业获得相对稳定的资金净流入。	各种风险得以控制和降低。	企业获得了普遍的商业信用认可，并且一般建立了良好的信用记录。	创新资金来源比较丰富，可选择性较多，主板上市融资和组合型融资方式降低融资成本。
衰退期	企业的创新能力明显下降，对创新资金的需求也明显弱于其他时期。			

4. 引导全社会积极参与科技投入

建立政府采购制度来鼓励和激励企业自主创新。加快发展创业风险投资事业，鼓励设立创业风险投资引导基金，扶持种子期的高新技术企业；支持证券公司、保险公司开展创业风险投资业务；推进高新技术企业股份转让，支持有条件的科技型企业在国内主板和中小企业板上市；创造条件帮助企业通过知识产权入股、质押、信托、拍卖和知识产权转让和许可等方式向社会融资；建立健全金融资本科技贷款风险补偿机制，开发知识产权证券化融资业务和组合型知识产权融资模式等形式，运用政策性金融加强对重大科技项目的支持，引导商业金融对高新技术产业化的扶持。制定相关政策鼓励社会资金捐赠创新活动；引导个人、非营利机构和民间组织等对科技的投入。

5. 建立和完善科技投入的法律保障和约束机制

为了从根本上改变目前各级政府对科技的投入因财政收入变化而随意改变的行为，欠发达地区应根据本省的实际情况制定和出台有关的科学技术投入条例，用法规的形式，明确政府科技投入比例、投入方向、投入结构、管理办法、监督机制、奖惩措施等，规范政府科技投入行为。

为鼓励和吸引作为科技投入主体的企业加大对科技投入，政府应加快有关科技税收政策方面的立法步伐，提高科技税收法律的权威性，创造条件尽快对科技税收优惠实施单独立法，更好地发挥税收的调节作用。对一些已经相对成熟的科技税收条例、法规尽快通过必要的程序使之提升到法律层面，提升科技税收的稳定性和法律效力。

四、欠发达地区实施国家知识产权战略人才支撑体系

(一) 欠发达地区知识产权人才培养的重要性与紧迫性

知识产权人才是指掌握了知识产权专门知识，具备了知识产权

专门技能的人，广义上说，知识产权人才应该包括知识产权创造人才、管理人才、应用人才、保护人才、研究人才，但我们在谈及知识产权人才时往往是指知识产权保护人才、管理人才、应用人才和研究人才。"加强知识产权人才队伍建设"是《国家知识产权战略纲要》确定的战略措施之一。要发展我国的知识产权事业，有效实施国家知识产权战略，最根本的是要培养大批合格的知识产权专业人才，这一点对西部欠发达地区显得尤为迫切和重要。知识产权人才培养是西部欠发达地区实施国家知识产权战略至关重要的基础环节，一大批优秀知识产权人才的存在是西部欠发达地区实施国家知识产权战略的关键支撑。知识产权战略实施比较成功的国家都非常重视知识产权教育，并将培养知识产权创新人才和知识产权专门人才视为成功实施知识产权战略的保证。[1] 截至 2015 年，全国知识产权专业人才队伍仅 15 万余人，知识产权人才数量和能力素质还不能完全满足事业发展的需要，人才结构和布局有待优化，高层次和实务型知识产权人才缺乏。[2] 而西部欠发达地区的知识产权人才就更是捉襟见肘，十分稀缺。现代知识产权制度肇始于西方，也是西方发达国家掠夺发展中国家传统知识产权成果的工具。我国的一些中草药材民族品牌、民间文学艺术、民俗风情等曾经或者是可能遭受别国抢注或侵权。为了吸取经验教训，防止类似事情的再发生，我们应该利用西部地区现有的条件尽快培养出来知识产权人才以解燃眉之急。[3]

（二）欠发达地区知识产权人才的知识结构分析

知识产权学科具有显著的跨学科性，广泛涉及法学、管理学、

---

〔1〕 徐萍、庞翠华：《关于知识产权战略与知识产权教育的思考》，载《大连大学学报》2007 年第 5 期，第 113 页。

〔2〕《国家知识产权局关于印发知识产权人才"十三五"规划的通知》（国知发人字〔2017〕12 号）。

〔3〕 徐家力：《传统知识产权的人才培养与西部优势分析》，载陶鑫良主编：《中国知识产权人才培养研究》，上海大学出版社 2006 年版，第 265 页。

工学、理学、经济学等学科。知识产权人才应当是"明法律、懂科技、晓管理、知经济"的复合型人才。知识产权工作人员如果仅仅拥有上述某一学科单方面的知识，事实上都是不能真正做好知识产权工作的。特别是当今时代，科学技术日新月异、发展变化非常快，对知识产权人才更是提出了极高的要求。随着社会经济的不断发展，社会对知识产权人才的需求越来越强烈，无论是国家立法、行政、司法机关，还是高校、科研院所、企业、中介服务机构，都对知识产权人才有着广泛的需求。知识产权学科具有非常明显的跨学科性、科学技术含量高、应用性非常强的特点。严格说来，知识产权人才应该是具备知识产权相关学科基础知识，并在其中至少某一学科方面具备较为扎实、深厚专业知识的人才。基础知识乃是运用专业知识的前提和基础，如果没有相关学科基础知识作为前提，就无所谓知识产权专业知识的生成及运用。随着世界经济一体化的浪潮持续增强，知识产权人才还应具备宽阔的国际视野。除了这些要素之外，西部欠发达地区的知识产权人才还应拥有与当地知识产权特色资源相关的知识储备，如关于民族传统医药、少数民族民间文学艺术、民族风情与手工艺品等方面的知识。

（三）欠发达地区政府、高校、科研院所和企业的角色定位

在知识产权人才培养的系统工程中，政府、高校、科研院所是直接的责任担当者，企业由于直接面向生产和市场，对生产与市场实践反应最为灵敏和快捷，是知识产权人才培养不可或缺的重要参加者。这些知识产权人才培养具体角色的科学定位，将直接决定着知识产权培养的质量高低。中国社会是一个渔网状的社会结构，政府的主导地位及权威性十分明显，特别是在西部欠发达地区体现得更为显著。西部欠发达地区在知识产权人才培养上应该走以政府为主导，高校、科研院所直接承担，企业积极主动参与的联动培养模式。西部欠发达地区还处在知识产权事业发展的初级阶段，广大民众的知识产权意识有待唤醒，政府的主导地位非常必要、十分关键。政府应该根据本地区的知识产权传统特色和社会经济发展实际水平

制定出切实可行的知识产权人才培养政策，为知识产权人才培养指明方向与奋斗目标。以政府为主导的培养模式更适合经济欠发达地区，这些地区的科技文化水平较为落后，尚未形成内生型的对知识产权人才的迫切需求，但经济社会发展的现实又逼迫其必须在这方面进行投资以应对客观现实需要。[1] 高校、科研院所是我国科学技术与知识文化的集聚和传承地，是我国经济社会发展的智慧发源地，理应是西部欠发达地区知识产权人才培养的直接承担者，高校、科研院所应该负责知识产权人才培养的课程体系设置、培养计划的制定与实施、人才培养的科学研究等。西部地方政府应加大投入，扶持西部地方院校建立知识产权人才培养基地，加强知识产权人才的培养，强化地方知识产权战略的人力资源基础。[2] 西部欠发达地区的高校、科研院所应该根据本地区知识产权人才培养的特殊性设置出具有本地区特色的专业课程体系、人才培养机构及科学研究方向。企业是市场经济社会最为活跃的主体，它对市场变化和生产最为敏感。社会需要什么样的知识产权人才，知识产权人才培养实践有哪些优点和缺陷，企业应该是最有发言权的。同时，企业也通过自己的生产实践培养知识产权人才。随着我国市场经济建设的不断深入和完善，企业将在知识产权人才培养中担当着越来越重要的角色和任务。

（四）欠发达地区知识产权人才培养的个性关注

知识产权人才培养具有一定的共性，但是我们也要充分关注到西部欠发达地区知识产权人才培养的个性特征。西部欠发达地区的知识产权发展战略不可能完全照搬中东部地区的发展模式和步骤。西部欠发达地区应该根据本地区的知识产权特色，在知识产权人才培养模式上闯出一条适合当地优势的道路。西部欠发达地区居住着

---

〔1〕 罗宗奎：《西部少数民族地区知识产权人才培养的"个性"分析》，载《内蒙古工业大学学报（社会科学版）》2013年第2期，第14页。

〔2〕 陈海华、柯涛、谢宝凤：《对西部高校加强知识产权人才培养的探讨》，载《广西大学学报（哲学社会科学版）》2005年第S1期，第149页。

我国众多少数民族，他们创造了多姿多彩的民族传统文化、民族医药、民间文学艺术。除此之外，西部欠发达地区还拥有极为丰富的自然资源。这些人文社会与自然资源充分表明了西部欠发达地区的知识产权事业具有很大的发展后劲。在保护传统知识产权方面，我国西部地区与东部地区相比，就犹如发展中国家对比发达国家一样具有不可比拟的优势。西部地区在保护传统知识产权方面，尤其在人才培养方面，具有以下优势：地域性优势、欠发达地区的优势、国家政策倾斜的优势、地方政府支持的优势、国际社会重视的优势。[1] 我们应将知识产权现代制度与西部欠发达地区特有的人文社会和自然资源有机结合起来，培养出优秀的传统知识产权保护人才，为西部欠发达地区的早日腾飞提供强有力的人才资源。

（五）知识产权人才培养应从基础教育抓起

西部欠发达地区要想使知识产权事业得到可持续发展，就必须要源源不断地储备知识产权人力资源。而要做到这一点，知识产权人才培养就应该从基础教育抓起，而且应该从娃娃抓起，知识产权普及教育必须从中小学开始。广大的青少年是未来的知识产权创造者、管理者、使用者，要让他们从小树立知识产权意识。遥想邓小平同志当年英明地提出"计算机普及要从娃娃抓起"，为我国在计算机技术方面培养了大量后备人才，才使得我国的计算机运用技术在世界上名列前茅。西部欠发达地区公众知识产权知识和意识都十分薄弱，更应该从基础教育做起，为本地区培养优秀的储备人才。在中小学的知识产权教育中，既可以开发中小学生的科技创新能力，同时又可以对他们进行法治教育和道德情操引导。美国现行知识产权人才培养模式正是建立在良好的知识产权普及教育和启蒙教育的基础上。[2]

---

〔1〕　徐家力：《传统知识产权的人才培养与西部优势分析》，载陶鑫良主编：《中国知识产权人才培养研究》，上海大学出版社 2006 年版，第 261~266 页。

〔2〕　曾培芳、叶美霞、刘红祥：《中美知识产权人才培养模式比较研究》，载《科技进步与对策》2008 年第 12 期，第 227 页。

五、欠发达地区实施国家知识产权战略文化普及体系

西部欠发达地区实施国家知识产权战略的文化普及其实就是指其为实施国家知识产权战略而进行的与其相适应的知识产权文化建设。知识产权文化建设的构想是世界知识产权组织（WIPO）于2003年底提出的，目的是要促进与鼓励每一个国家建设适合自身需要的知识产权文化。自主创新能力是国家竞争力的核心，是我国应对未来挑战的重大选择，是统领我国未来科技发展的战略主线，是实现建设创新型国家目标的根本途径。[1] 随着知识产权在国家社会经济建设中的作用日益增强，知识产权文化建设的重要性自然不言而喻。知识产权文化建设的质量高低事关一个国家或地区的社会经济发展进程。西部欠发达地区知识产权文化建设的好坏决定着其实施国家知识产权战略的成败。知识产权文化虽然非常重要，但是要对其涵义进行明确的界定却是非常困难的事情。一则因为人们对文化的涵义有着不同的见解，二则由于学界对知识产权的对象至今没有明确的界定和统一的认识。知识产权文化主要是指人们基于对知识产权的理解和认识而形成的制度政策、行为范式、意识观念和价值观念等外在的知识产品和内在的精神活动的总和。知识产权文化主要涵括知识产权制度文化、知识产权意识文化。知识产权制度文化是指关于知识产权的综合制度体系，主要指知识产权法律制度、知识产权管理制度、知识产权政策、知识产权创新制度等。知识产权意识文化主要指人们对知识产权的观念、价值观等。知识产权文化建设的本质属性在于激励创新，知识产权文化建设对西部欠发达地区而言具有更为现实的迫切性和重要性。

---

〔1〕 胡锦涛：《坚持走中国特色自主创新道路 为建设创新型国家而努力奋斗——在全国科学技术大会上的讲话》，2006年1月9日。

（一）知识产权文化的功能

1. 知识产权文化是知识产权制度运行的基础

著名的美国法学家奥利弗·温德尔·霍姆斯在其著作《普通法》中明确指出："法律的生命不在于逻辑，而在于经验。"这句话启示我们，无论是法律，还是其他制度，都是人们经验的产物，没有体验和实践的概括和抽象，就无所谓真正的制度。知识产权制度要想得到有效实施，它就必须以人们的社会经验作为基础，从根本上要取得社会的广泛认同。或者说，要想使知识产权制度得到有效运行。必须首先加强知识产权文化建设，必须要有相应的知识产权文化作为前提条件。

2. 知识产权文化有利于激发创新能力

知识产权文化的本质属性在于创新，一切知识产权的产生本质上都是创新的结果。知识产权制度的本质之一是鼓励创新，不鼓励模仿与复制。[1] 知识产权文化建设的根本出发点和目标就是要激发社会的创新热情，提高社会的科技创新能力。知识产权的基本理念是"尊重知识，崇尚创新，诚信守法"。尊重知识就是应充分尊重他人的知识产权成果，遵守知识产权法律制度，同时有保护自己的知识产权成果的良好意识。崇尚创新就是要在全社会形成一种锐意创新科学技术的精神面貌，追求卓越，追求创新。诚信守法就是要遵循诚实信用的法律原则，遵守国家的相关法律制度。知识产权文化建设有助于在全社会弘扬改革创新精神，树立创新理念，有助于让一切创造源泉充分涌流，让一切创新热情充分焕发。[2]

3. 知识产权文化有利于形成良好的社会秩序与价值观念

知识产权文化建设本身是一种法治教育，是一种诚信精神培养。知识产权文化建设是法治社会教育的重要组成部分，有助于人们养

---

〔1〕　郑成思：《知识产权战略与知识产权保护》，载中国法学网，http://www.iolaw.org.cn/showNews.aspx? id＝11217.

〔2〕　栾春娟：《日本知识产权文化建设及其启示》，载《文化学刊》2009年第6期，第74页。

成良好的法治观念，形成良好的社会秩序。如果没有良好的知识产权文化建设，普通大众就不会形成尊重他人知识产权成果的价值理念，也不会产生高水平的科技创新能力，也不会形成一个具有良好社会秩序的法治社会。

（二）欠发达地区知识产权文化建设的路径抉择

1. 加大知识产权宣传教育力度，增强民众知识产权意识

我国民众知识产权素养普遍欠缺，很多人对盗版、假冒、专利侵权等现象见怪不怪。既没有保护自己知识产权的意识，也缺乏尊重他人知识产权的理念。《国家知识产权战略纲要》明确提出"加强知识产权宣传，提高全社会知识产权意识"。政府、学校、企业，作为知识产权文化建设的领导者和承担者，应加强联系与合作，形成一个有机联动机制，加强知识产权宣传力度，提高知识产权教育的普及性。加强知识产权的宣传教育力度，是解决全社会知识产权意识不足的重要途径。[1] 通过知识产权文化建设，在社会上形成一种以追求创新、诚信为荣，以盗版、假冒、侵权为耻的知识产权文化氛围。

2. 强化企业知识产权文化建设

随着知识经济的深入发展，传统的工业模式已经逐渐淡出历史舞台，决定企业竞争力的不再是自然资源和廉价劳动力，而是企业的创新能力、核心技术。作为市场经济最为重要的主体，企业是科学技术创新的直接应用者，对科学技术的发展变化也最为敏感。知识产权是现代企业的重要资产，是企业保持和追求竞争优势的必要手段。目前，我国企业总体上对知识产权的认识还不够深刻，企业的专业技术人员知识产权保护意识和转化意识都比较薄弱，比较而言，大型企业的情况有所改观，但仍然有较大的提升空间。西部欠发达地区的企业知识产权意识就更令人担忧。许多企业没有充分认

---

[1] 许艺：《浅析知识产权文化与创新型国家建设》，载鲍红主编：《知识产权文化建设与发展论坛论文集》，知识产权出版社 2013 年版，第 133 页。

识到知识产权与竞争优势的直接关系，实际上只要企业取得了一项知识产权，也就意味着企业在某一方面获得了受法律保护的市场竞争优势。从席卷全球的"公司治理"浪潮看，随着现代公司产权关系的系列变革，加强知识产权文化建设，是形成科学的公司治理结构的一个重要创新。[1] 企业应该建立科学的知识产权激励和管理制度，引导技术人员致力于科学技术创新活动。如果企业的知识产权文化建设不能取得进步，那么整个社会的知识产权文化建设就不会真正取得实质性进步。

3. 西部欠发达地区的知识产权文化建设必须立足于地域基因

法学和民族志，一如航行术、园艺、政治和诗歌，都是具有地方性意义的技艺，因为它们的运作凭靠的乃是地方性知识（local knowledge）。[2] 知识产权文化建设莫不如此，西部欠发达地区的知识产权文化建设一定要以当地的优势和特色作为基础和前提，否则无异于缘木求鱼、海市蜃楼。韩国在科技及文化产业方面的迅速发展，与其在知识产权文化建设方面的努力密切相关。典型经验在于其措施的针对性，有针对贫困地区的共享创新教育计划，有针对中小企业的中小企业支持计划，有因人而异的专门人才培养计划。[3] 西部欠发达地区的知识产权文化资源十分丰富，如广西的《印象·刘三姐》、云南的《印象·丽江》、新疆的维吾尔木卡姆艺术、青海热贡艺术、西安古乐、陕西皮影戏等。西部欠发达地区的知识产权文化建设必须立足于其传统知识产权，同时引入现代知识产权理念，形成有自身鲜明特色的、与社会经济发展相互促进的独特知识产权文化，为西部欠发达地区的现代化建设注入强大的动力。

---

〔1〕 莫守忠：《公司治理视域下加强知识产权文化建设的重要性与路径选择》，载鲍红主编：《知识产权文化建设与发展论坛论文集》，知识产权出版社 2013 年版，第 52 页。

〔2〕 ［美］克利福德·吉尔兹：《地方性知识：事实与法律的比较透视》，载梁治平编：《法律的文化解释》（增订本），生活·读书·新知三联书店 1998 年版，第 73 页。

〔3〕 陈瑜：《韩国知识产权文化建设概况》，载《中国发明与专利》2013 年第 12 期，第 6 页。

六、欠发达地区知识产权战略组织协调保障机制

国家层面上，我国当前的知识产权战略体系机构是在国务院领导下，国家知识产权战略实施工作部际联席会议（以下简称"联席会议"）协调各部委，通过每年制定《国家知识产权战略实施推进计划》确保战略实施按进度、分阶段推进。

（一）切实落实知识产权战略实施工作联席会议制度

联席会议是《战略纲要》颁布后，国务院批复成立了由国家知识产权局牵头、28 个成员部门组成的国家知识产权战略实施工作部际联席会议，统筹协调全国战略实施工作，并对各成员单位做出明确任务分工。在 28 个部门中，既有专利、商标、版权等知识产权管理部门，也有分别承担知识产权创造、运用和保护各环节的相关职能部门，以及各行业、领域的主管部门。

知识产权战略是一个跨越部门的系统工程，联席会议制度是解决战略实施问题的重纽带和平台。欠发达地区应根据国家有关部门的要求，建立健全联席会议制度，统筹协调区域知识产权战略实施工作，研究制订知识产权战略实施计划，指导、督促、检查有关政策措施的落实，协调解决知识产权战略实施过程中的重大问题，研究知识产权战略实施的重大政策措施，向国务院提出建议，研究协调与知识产权战略实施工作有关的其他重要事项。

（二）建立沟通层级关系制度体系

对于国家战略纲要的颁布，国家知识产权联席会议和中央各部委主要发挥的是协调统筹工作，不可能直接解决知识产权战略纲要中所有问题。配套制度建设、推动知识产权增长与转化、知识产权保护等大量的具体问题仍然必须由地方各省、自治区、直辖市政府来解决。比如《战略纲要》第 8 条至第 15 条规定了我国的知识产权战略重点，但是具体如何落实这些战略重点仍然要回到我国现行的行政体制中。中央各部委虽然可以管理其行政管理范围内的下级部

门，但是不同的部门间的协调很大程度上依赖于地方政府的工作，各省份政府作为地方的直接管理者起到了承上启下的关键作用。服从中央的指示与命令是地方政府责任，对于《战略纲要》已经明确的问题，欠发达地区政府更多地考虑如何落实和开展活动，基于现实的情况，西部地区面对最直接的问题就是如何结合欠发达地区的实际实现知识产权总量增长、实现知识产权的转化、增进司法与行政保护。各省份如何灵活地贯彻和执行《战略纲要》，在现有基础上制定最符合实际的地方知识产权战略并执行，是非常值得研究的问题。

附录1 中国西部 10 省区传统医药（部分）简表

省区	传统医药				知识产权保护情况
	类 别	名 称		简 介	
西藏甘肃青海	藏医药	藏医外治法		放血法、火灸法、寒热敷法、药浴法和涂抹法五种。适宜放血法的病类有："血、赤巴"型热病、肿胀、各类疮、痛风等。适宜火灸法的病类有："龙、培根"型寒病、消化不良、水肿、脓肿、癫痫、精神病、半身不遂等。寒热敷法对"龙、培根"型病、消化不良、急慢性疼痛及皮肤出痘有效。	（1）藏医药浴疗法、七十味珍珠丸赛太炮制技艺、藏药阿如拉炮制技艺 3 个项目被列为国家级非物质文化遗产。（2）自 2002 年至 2010 年，西藏专利申请已达 953 项，其中，藏医药专利占了很大的比重。
		藏医尿诊法		藏医认为，身无疾病时的尿液刚排出时颜色淡黄、澄清且伴有骚味，蒸汽大小适中，既不久留也不速散，气泡大小相同，变温后尿液中的沉淀物分布均匀。否则，即有病。	
		藏医药浴疗法		藏医药浴疗法是具有特色的一种自然疗法。常用的药用温泉水为硫磺温泉、寒水石温泉、矾石温泉、五灵脂温泉和石灰石温泉。除了温泉水浴，常用五味甘露汤进行药浴，以圆柏叶、黄龙杜鹃叶、水柏枝、藏产麻黄、丛生亚菊（青蒿）为基本方，并可随症加药，如风寒所致消化不良者，可将寒水石、荜茇、姜等药物研细加入浴水中，以加强药力。浴法分为水浴和敷浴两种。敷浴法是将配制或经烧煮后之药物装入布袋中，包扎或放置于病患部位，从而起到治疗作用的疗法。	
		藏药炮制技艺		藏药炮制是根据藏医药理论，依照辨证施治用药的需要和药物自身性质，以及调剂、制剂的不同要求，所采取的一项制药技术。藏药炮制工艺包括净制、切制和炮炙三大工序，不	

续表

省区	传统医药				知识产权保护情况
	类别	名 称	简 介		
西藏甘肃青海	藏医药	藏药炮制技艺	同规格的饮片要求不同的炮制工艺,有的饮片要经过蒸、炒、煅等高温处理,有的饮片还需要加入特殊的辅料如酒、醋、盐、奶、药汁等后再经高温处理,最终使各规格饮片达到规定的纯净度、厚薄度和安全有效性的质量标准。		(1) 藏医药浴疗法、七十味珍珠丸赛太炮制技艺、藏药阿如拉炮制技艺 3 个项目被列为国家级非物质文化遗产。(2) 自2002年至2010年,西藏专利申请已达 953项,其中,藏医药专利占了很大的比重。
		藏药七十味珍珠丸配伍技艺	七十味珍珠丸成方于公元 8 世纪,始载于藏医巨著《四部医典》中,本产品根据藏医学原理,选用生长在世界屋脊特殊生态环境下的天然稀有藏药材,采用传统配伍精制而成。本药物主治:安神,镇静,通经活络,调和气血,醒脑开窍。用于"黑白脉病""龙血"不调;用途广泛,无病服用具有滋补健身、提高身体免疫力等功能。		
		藏药"珊瑚七十味丸"	"珊瑚七十味丸"是藏医治疗心脑血管疾病的特效藏药品种之一,具有综合调节人体的"龙""赤巴""培根""三大因素"机能,使人体的内环境处于健康平衡的状态。整体调节人体的血液循环和血压,降低血液粘度和血脂,畅通络脉,改善心脑血管痉挛、硬化,激活受损神经,改善神经功能,恢复中风偏瘫病人的身体功能,并有镇心、安神、定惊之功能。其对心脑血管疾病的治疗有综合效应,能有效预防和治疗高血压、多血症、冠心病、缺血性心脏病和脑血管疾病和肢体瘫痪、半身不遂等中风后遗症,以及各类神经炎、神经衰弱、神经官能症、神经功能性损伤等神经系统疾病。而且对小儿麻痹、癫痫和失眠也表现出了良好的治疗效果。对中老年人无病也有提高机体免疫力,改善血液循环和微循环以及神经系统功能,预防心脑血管疾病的保健作用。充分体现了藏医药在治疗心脑血管病方面所具有的优势和独特疗效。		
		《四部医典》	"四部医典"藏医学的主要医典是《居悉》(即《四部医典》),相传为玉妥·云登贡布编著。《四部医典》的内容十分丰富,包括各种疾病的分类以及生理、病理、诊断治疗、药物配方等。世界上很多国家和地区正在研究藏医学。		
		"三因学说"	藏医认为宇宙是由小五行(金、木、水、火、土)和大五行(气、火、土、水、空间)组成,小五行在人体则指心、肝、脾、肺、肾;大五行		

省区	传统医药				知识产权保护情况
	类别	名称	简介		
西藏甘肃青海	藏医药	"三因学说"	则包括整个宇宙，整个宇宙都依赖大五行的运行。"隆"（气），"赤吧"（火），"培根"（水、土）是构成人体的三大元素（三因学说），任何一个元素的盛衰都会引起疾病发生。藏医诊断最终将"隆"（气）、"赤吧"（火）、"培根"（水、土）三症归结为寒症、热症两大类型，故藏药方剂亦按其性质将药区分为热性、寒性两大性能。藏医在治疗寒症时用热性药，治疗热症时用寒性药。		（1）藏医药浴疗法、七十味珍珠丸赛太炮制技艺、藏药阿如拉炮制技艺 3 个项目被列为国家级非物质文化遗产。（2）自 2002 年至 2010 年，西藏专利申请已达 953 项，其中，藏医药专利占了很大的比重。
		《晶珠本草》	收载藏区药名两千余种，对药物的形态、性味及功能等均讲述得十分详细。		
		炮制的方法	火制法、水制法和水火合制法。		
		藏药仁青常觉配伍技艺	本品成方于公元 8 世纪，始载于藏医经典巨著《四部医典》，是根据藏医学原理，选用生长在世界屋脊特殊生态环境下的天然、珍贵、稀有藏药材，并采用现代科学与传统技艺相结合的方法精制而成，对陈旧性胃炎、胃溃疡、慢性萎缩性胃炎、肝胆等疾病具有独特疗效。		
		"水银洗炼法"	藏医"水银洗炼法"，简称"水银加工"或"佐珠钦莫"，是藏族历代名医把含有剧毒的水银经过复杂的特殊加工炮制后，炼制成无毒而具有奇特疗效的药中之王"佐塔"。		
四川	中医药	成都中药炮制技术	四川素有"中医之乡，中药之库"的美誉，全川中药资源约占全国中草药品种的 75%左右。成都是全国著名的中医之乡。在中药炮制技术领域，成都在全省乃至全国都具有鲜明的特色和很大的影响力，有一大批知名的中医师和药工云集在这座历史文化名城。成都中药炮制技术中的"九制大黄""九转南星""仙半夏"等，现在就几乎没有人能够炮制了。		入选 2008 年第二批国家级非物质文化遗产名录。
	藏医药	甘孜州南派藏医药	藏医药有近两千三百余年的历史，是藏族人民通过长期的实践，不断积累完善而形成的具有完整理论体系、独特治疗方法和浓郁民族特色的医药学体系。在历史上藏医药形成南北两派，甘孜州是藏医药的发祥地之一，南派藏医药的故乡。		入选 2006 年第一批国家级非物质文化遗产名录。

省区			传统医药		
	类　别	名　称	简　介		知识产权保护情况
新疆	维吾尔医药	维药传统炮制技艺	维药（维吾尔药）传统炮制技艺是根据维吾尔医药学基础理论，按照医疗、调剂、制剂、储藏等需要，对维吾尔药材进行各种加工处理的一项技术。维吾尔医药炮制法有净选、切制、干燥法、炒法、去毒法、库西台法、炙法、水蒸馏法、取汁法、取油法、浮沉法、取膏法、研磨法等二十多种，炮制工艺有简有繁，有严格的操作程序。		入选 2011年第三批国家级非物质文化遗产名录。
		木尼孜其·木斯力汤药制作技艺	维吾尔医药木尼孜其汤药（致病体液成熟剂）—木斯力汤药疗法是维吾尔医学"依拉吉"（治疗）学说中的治疗方法之一，系指治疗体液型气质失调疾病之前，为了使致病体液成熟首先应用的一种治疗方法。 木尼孜其汤药（致病体液成熟剂）—木斯力汤药（致病体液清除剂），该处方中的药物经过凉水（热水）浸泡数小时后，加热煮成汤药，口服使用。		入选 2011年第三批国家级非物质文化遗产名录。
		食物疗法	维吾尔医药非常重视同人体健康有直接关系的饮食疗法，注重进食的时间和营养成分之间的关系。维医根据人们所摄取的食物的营养成分，将食物分成 5 类。按照食物的营养成分和冷性、中性、热性，在生活中一日三餐合理安排饮食。		入选 2011年第三批国家级非物质文化遗产名录。
		库西台法	"库西台"维吾尔语直译为烧或致死，系指用一定的器具和辅料或配料，将药物加热炼药的方法，主要分为：①"各立衣克买提"泥封闭炼法；②"各立衣克买提"泥包药炼法；③锅炼法；④烟化炼法；⑤加热滴馏法。 库西台法主要有以下 6 种功效：①降低或消除药物的毒性或副作用；②改变和缓和药性和性级；③提高疗效；④便于调剂、制剂和保存；⑤保证药物的纯净度；⑥便于服用。		入选 2011年第三批国家级非物质文化遗产名录。
		沙疗			入选 2014年第四批国家级非物质文化遗产代表性项目名录。

续表

省区	传统医药				知识产权保护情况
	类别	名称	简介		
新疆	维吾尔医药	维吾尔医药学治疗方法	（1）非体液型失调气质调整法：寒法、干法、热法、湿法。 （2）体液型失调气质调整法：致病体液成熟法、致病体液排泄法、失调体液平衡法（湿寒法、干寒法、干热法、湿热法）。		据统计，目前维医药已经申请了以设计维药药用组合物及其相关的制备工艺和用途专利9项，已公开的有6项。
		维药	目前，已收入国家级药典的药品就有202种，其中药材115种，成方制剂87种。维吾尔医药学主要是由气质学说、体液学说、器官学说组成，它认为，人体的病灶主要是由气质失调，异常黑胆质所致。要治病，首先要清除病体内的异常黑胆质。维医维药对预防肿瘤、心血管病、皮肤病、糖尿病有独特效果。已研制出复方麝香口服液、香妃强心剂、依木萨克片及治疗白癜风、糖尿病等世界疑难病的13个剂型、147个民族医药品种。		
		诊断方法	维吾尔族医药主要通过望诊、听诊、问诊、脉诊、尿诊、大便诊、痰诊等方法来观察和了解疾病的变化，分析判断疾病的症结。		
	哈萨克族医药	治疗方法	布拉吾药浴熏蒸疗法、卧塔什正骨术、冻伤疗法。		入选第四批国家级非物质文化遗产代表性项目名录。
		哈萨克族医药理论	《奇帕格尔巴彦》由新疆古籍出版社出版，汉译名为《医药志》，是哈萨克民族传统医药学的重要经典著作。		
	布依族医药	布依医	布依医认为人类的疾病成因主要有三个方面：跌打碰撞；饮食不调或服食药物不当；不适应气候环境的变化。布依医还认为人体内精、气、血沿血管流动而循环往复，自然相存，互不相碰，碰撞绞结就会导致机体疾病发生。 布依医诊断疾病主要依靠望诊、问诊、脉诊、摸诊等方法。		益肝草制作技艺入选第四批国家级非物质文化遗产代表性项目名录。
宁夏	回族医药	张氏回医正骨疗法	张氏回医正骨在治疗骨伤时，采用手法复位、自制"活血化瘀回药膏""接骨续筋回药膏"药外敷和小夹板外固定等方法，使骨折患者不伤元气，且疗程短、损伤小、痛苦少。它是阿拉伯医学文化与我国传统医学文化相互结合、融会贯通的结晶，有着鲜明的民族特征和地域特色。		入选第二批国家级非物质文化遗产名录。
		回族汤瓶八诊疗法	回族汤瓶八诊养生坊源自中医学和回族医学，与汤瓶七式拳并生，属民间传统的"内病外治"保健		

省区	传统医药				知识产权保护情况
	类 别	名 称		简 介	
宁夏	回族医药	回族汤瓶八诊疗法		疗法。 汤瓶八诊医学的经络原理出于《黄帝内经·素问·经络论篇》："经有常色而络无常变"之说，《黄帝内经·灵枢·经络》有"卒口僻，为之三拊而已"临床手法，《汉马王堆医书·导引图》；其与回族医学暨回族武术的结合原理出于 7 世纪《古兰经》"大小宇宙"论、阿拉伯医学"四元素""四体液"论、回族先民汤瓶七式拳。 汤瓶八诊疗法，包括头诊、面诊、耳诊、手诊、脚诊、骨诊、脉诊、气诊等。其法结合汤瓶功，通过非药物疗法，激发调动潜能，疏通经络、平衡阴阳，并根据不同人体机能而采取不同的方式进行保健康复治疗，使人的五脏六腑、四肢百骸、三节四梢相联贯，促进气血流畅，脏腑功能协调，达到强身、防病、治病效果。	入选第二批国家级非物质文化遗产名录。
		陈氏回族医技十法			入选 2014 年第四批国家级非物质文化遗产代表性项目名录。
云南	中医药	中医传统制剂方法		昆中药传统中药制剂。	入选 2014 年第四批国家级非物质文化遗产代表性项目名录。
	藏医药	藏医骨伤疗法		迪庆藏医骨伤疗法是以传统藏医创伤学理论为基础，运用具有接骨功效的天然鲜草药捣成糊状外敷和内服传统藏药相结合。迪庆藏医骨伤疗法由整复、外敷药加夹板或牵引固定、功能锻炼三个基本步骤构成。其中最具特色的当属外敷药加夹板或牵引固定。这个步骤中包括了骨折初期、中期、后期。五味甘露药浴具有消炎止痛、活血化瘀、强筋壮骨、防止肌肉萎缩、防止关节僵硬等作用。外敷药的主要成分均就地取材，按藏医理论处方，形成了独具特色的迪庆藏医骨伤疗法。	入选 2011 年第三批国家级非物质文化遗产名录。

省区	传统医药				
	类别	名 称	简 介		知识产权保护情况
云南	彝医药	彝医水膏药疗法	水膏药疗法是一种清热解毒的外治法。彝族地区气候湿热，虫虺蚊蚋为害，瘴疬疫气为毒，疖肿痈疽时有发生。水膏药疗法用井水或冰水、雪水（在冬天或从高山收集后贮于瓦罐内备用）调和草药，敷于患处。当疖肿疮毒尚未破溃时，将一种或多种草药切碎捣烂，加井水或冰水、雪水调成糊状，敷于红肿热痛部位，外用纱布包住，1~2天更换一次。所用草药，如青叶胆、地胆、迎春花、野菊花等，加上水性透凉，具有清热、解毒、消肿、镇痛的作用。		入选 2011年第三批国家级非物质文化遗产名录。
		拨云锭制作技艺			入选 2014年第四批国家级非物质文化遗产代表性项目名录。
	傣医药	傣医传统疗法：暖雅（睡药疗法）烘雅（熏蒸疗法）阿雅（洗药疗法）沙雅（刺药疗法）喃雅（坐药疗法）咱雅（擦药疗法）秧郎拥（踩背疗法）拨郎多（捶敲疗法）放血拔罐疗法	傣族医药学理论的核心为"四塔五蕴"理论。"四塔"包括："塔拎"（土）即为人的肌体；"塔喃"（水）指人体的水血（体液）；"塔菲"（火）指人体内的火气、热量、能量（阳气）；"塔拢"（风）相当于汉族中医"正气"的范畴。傣医学还认为，人体内除了"四塔"外还蕴藏另外 5 种元素，称为"五蕴"，即色蕴、识蕴、受蕴、想蕴、行蕴。"四塔""五蕴"二者相结合，构成了一个有思维能力和生命活动的完整躯体。在此理论指导下，通过人体组织结构和生理病理的研究，临床上总结了"望、闻、问、切"的诊断方法，并制定了"热病冷治、寒病温治、虚病补之"的治疗方案。傣医用药包括植物药、矿物药和动物药，据统计，目前傣药共有 2500 多种，其中植物药用得最多。傣药又被归纳总结为"四气""五性""八味"。傣族医药治疗方法主要分为两大类，即内治法和外治法。		
		睡药疗法	睡药疗法是傣医药传统外治法之一，主要用于治疗中风、风湿病及高热昏厥等病症。它分冷睡和热睡两种。冷睡疗法治热病，热睡疗法治寒病。		

续表

省区	传统医药				知识产权保护情况
	类别	名称	简　介		
云南	傣医药	睡药疗法	冷睡疗法即根据病情所需，选择相应的处方，采集傣药鲜品切碎捣烂（也可用干品），加入适量的药酒、旱莲草汁拌匀后，把药平摊在睡药床上，让患者睡在药上，然后将余药均匀地包敷周身（除颜面部外），再用布包裹。一次治疗时间视病情而定，具有清火解毒、退热镇惊、除风止痛、保护脏器之功，用于治疗发热性疾病出现高热不退、惊厥抽搐、神昏谵语、类风湿病、痛风、周身关节肌肉红肿热痛等病症。 热睡疗法针对寒病，按病情所需，配备相应的傣药鲜品或干品，置于锅内，加适量水和酒，炒热后平摊在睡药床上，待温度适中，让患者平睡在药上，再取余药包裹周身（除颜面部外），用布包住，覆盖被褥，一次约三十分钟左右（视其体质和病情而定），令其发汗，以达到开汗孔、通气血、除风毒、止疼痛的目的，用来治疗风湿病、中风偏瘫后遗症、月子病、老年性腰腿痛等。		入选 2011 年第三批国家级非物质文化遗产名录。
内蒙古	中医药	中医传统制剂方法	鸿茅药酒配制技艺。		入选 2014 年第四批国家级非物质文化遗产代表性项目名录。
	蒙医药	"三根""七素""三秽"	蒙医理论认为人体是由三根因素、七素三秽等构成。 三根学说认为人体之所以能维持正常的生理活动，主要是体内具有三种能量和基本物质，即赫（相当于气）、巴达干（相当于土水）、希日（相当于火或胆）。 七素：食之精华、面、肉、脂、骨、髓、精。 三秽：二便及汗液。		被列为第二批国家级非物质文化遗产名录。
		酸马奶疗法	酸马奶，是用马奶经过发酵制成的一种健身饮料，也是能治一些疾病的良药，对高血压、瘫痪、冠状动脉粥样硬化性心脏病、肺结核、慢性胃炎、十二指肠溃疡、肠结核、细菌性痢疾、糖尿病等疾病用酸马奶疗法有显著疗效。		
		瑟必素疗法	用牛羊等动物胃内反刍物做热敷的一种热置法。		
		矿泉疗法	利用矿泉水的化学和物理综合作用，达到治疗疾病和防治疾病的一种疗法。		

续表

省区	传统医药				知识产权保护情况
	类别	名 称	简 介		
内蒙古	蒙医药	灸疗法	蒙医灸法是具有蒙医特点的一种传统外治法，是在热敷疗法的基础上发展起来的。灸法是蒙医传统"五疗"的重要内容之一。灸疗法包括：桦柳灸法、纸屑灸法、铜灸法、金灸法、银灸法。		被列为第二批国家级非物质文化遗产名录。
		拔火罐疗法	拔罐法又名"火罐气""吸筒疗法"，古称"角法"。这是一种以杯罐作工具，借热力排去其中的空气产生负压，使吸着于皮肤，造成淤血现象的一种疗法。古代医家在治疗疮疡脓肿时用它来吸血排脓，后来又扩大应用于肺痨、风湿等内科疾病。后来，由于不断改进方法，使拔罐疗法有了新的发展，进一步扩大了治疗范围，成为针灸治疗中的一种疗法。		
		赞巴拉道尔吉温针、火针疗法	赞巴拉道尔吉温针疗法是用特制的银针在人体的固定部位或其他部位给予针刺加温灸刺激，达到预防、康复和治疗疾病目的的一种蒙医传统疗法。该疗法治疗风湿性关节炎、腰椎间盘突出症、急慢性腰扭伤、腰椎骨质增生症、颈椎病、肩周炎等疾病都取得了非常满意的疗效。		入选 2008 年第二批国家级非物质文化遗产名录。
		蒙医传统正骨术	蒙医正骨术的内容：在肢体骨折的治疗上采取手法整复、外固定、喷酒按摩、服用蒙药、功能锻炼等综合性治疗方法。具体步骤为：①根据各部位的不同骨折采取相应的整复措施；②用牛或马的干皮做固定装置（现在已演变成特制的木质夹板），实施外固定术；③在创伤部位喷酒按摩（一般情况下，喷酒可分两个步骤，即手法复位之前喷酒，固定之后再喷酒按摩）；④择期进行创伤肢体的功能锻炼；⑤根据病情使用适当的蒙药。		入选 2011 年第三批国家级非物质文化遗产名录。
		蒙医正骨疗法	蒙医正骨疗法基本内容有： 三诊：望、问、切。做到手摸心会。 六则：即正骨的原则，分别为手法复位、夹板固定、按摩疗法、对症下药、调解饮食、功能锻炼。其中又以前三项最具特色，手法复位是因势利导，以力对力的功能适应的正骨技术，分为放置患肢、拽撑牵拉、摇摆扭压、抖提压推、挤挣分骨、折顶回触、拢挤捏拿、钩拉提推、挺压撑推、捻滚按揉 10 种手法。 九结合：指医生与患者相结合；三诊与 X 片相结合；形与神结合；意与气结合；喷酒与手法相结合；局部与整体相结合；内因与外因相结合；固定与锻炼相结合；主动与被动相结合。		入选 2011 年第三批国家级非物质文化遗产名录。

省区	传统医药				知识产权保护情况
	类　别	名　称	简　　介		
内蒙古	蒙医药	科尔沁蒙医药浴疗法			入选 2014 年第四批国家级非物质文化遗产代表性项目名录。
贵州	中医药	中医传统制剂方法（廖氏化风丹制作技艺）	中药传统制剂，主要指丸、散、膏、丹，此外还有酒剂、锭剂、胶剂等等，每一种剂型都有一套传统制剂工艺，结合某些产品，还有一些特殊的制作方法。 廖氏化风丹创制人廖耀寅依托贵州大娄山丰富的药材资源和板桥古镇的流通便宜，承袭祖业行医济世，于明代崇祯十七年（1644 年）研制出具有息风通络、镇惊豁痰、开窍醒脑功能的"化风丹"。工艺上借鉴白酒发酵窖藏工艺，将核心药物处理制成药母，另将 15 味中药用不同方法进行炮制后，与药母合磨成粉，制成丸剂，再将朱砂水与麝香研磨后的混合剂均匀涂于丸剂表面，经附着后烘干即成。化风丹为朱红色丸剂，剖面呈棕黄色，味辛。对四时瘴气、中风偏瘫、小儿高热惊风、癫痫、面肌麻痹有特效。		入选 2008 年第二批国家级非物质文化遗产名录。
		传统中医药文化（同济堂传统中药文化）	同济堂传统医药文化集中体现为"同心协力、济世为民"的价值观，"购药须出地道，制作必须精细，配售必依法度"的质量观和"货真价实""童叟无欺"的经营理念，"济世活人，急人之急，质量取胜，济世取信"的职业道德，同济堂的品牌和特有标记，以及同济堂传统的中药炮制技术。同济堂的医药特色是传统中医药与民族民间医药的融合。		入选 2008 年第二批国家级非物质文化遗产名录。
	瑶族医药	药浴疗法	瑶族药浴疗法是贵州省从江县境内高坡瑶寨瑶民以药物洗浴来强身健体、抵御风寒、消除疲劳防治疾病的传统养生治疗方法。它是瑶族祖先独创的传内不传外的保健良方。 瑶族药浴主要是将多种植物药，经过高温烧煮成药水，倒入杉木桶，让人坐于桶内薰浴浸泡，使药液渗透到人体的五脏六腑、全身经络，达到祛风除湿、排汗排毒、活血化瘀的功效。此药物洗浴无副作用，对人体内脏、血液、神经系统有益无害，符合现代人对绿色医药的追求。		入选 2008 年第二批国家级非物质文化遗产名录。

省区	传统医药			知识产权保护情况
	类别	名称	简　介	
贵州	瑶族医药	药浴疗法	（1）香薷浴。有清热解表、退热的作用。 （2）菖蒲艾叶浴。有辛温解表、祛风散寒的功效。 （3）生姜浴。有祛风散寒之效。 （4）龙石浴。有舒筋活络、消肿止痛之效。	
		治疗诊断方法	诊断方法上除了望、闻、问、触之外，常用的还有甲诊、掌诊、舌诊、耳诊和面诊等。在治疗上除了采草药内服、外洗、外敷和熏、熨、佩带等之外，还有放血、骨灸、药物灸、药棍灸以及拔罐、针挑、捶击、推拿和指刮、骨弓刮、碗刮、青蒜刮、秆草刮等。	
		"风打药物分类理论"	"风打药物分类理论"是瑶医药学理论的重要组成部分。"风"即柔弱、柔软；"打"即坚硬、坚强。"风药"具有和缓，平调腑脏功能的作用，"打药"则取效迅速，具有驱逐邪气之效。"风打"反映了药物的功效特点，也是瑶医临床用药的依据。	
		用药形式	瑶医用药形式多种多样，如煎剂、内服膏剂、散剂、药汁丸剂、酒剂、鲜药捣汁内服、鲜药含服、搽剂、外敷剂、滴耳（眼）剂、烟熏剂、熏洗剂、沐浴剂、食疗剂、佩挂剂等应用形式。	
		瑶药制剂	"五虎""九牛""十八钻""七十二风"等。	
		四大类药物	（1）消炎解毒、利水消肿的凉药：如竹叶伸筋、铁马鞭等。 （2）解除表证治疗疳积病的表药：如泽兰、甜酿草等。 （3）驱逐寒湿活血的暖药：如满山香、石龙藤等。 （4）治疗跌打损伤、毒蛇咬伤和打胎的打药：如竹叶老根等。	
	苗医药	苗药	常见药材：血藤、铁筷子、百金条、白龙须、蓝布正等。 珍稀药材：八角莲、九月生、金铁锁、一支箭、仙桃草等。 苗族常用九节茶来治疗头晕（九节茶、苦丁茶用水煎服）、骨折（九节茶、野葡萄根、泡桐树根皮、四块瓦鲜品捣烂，加白酒外裹患处）、风湿疼痛（九节茶用水煎服）。	
		苗医	诊断方法：望、号、问、触。 特色治疗：糖药针疗法和滚蛋疗法都是苗医特有的	

省区	传统医药				知识产权保护情况
	类别	名称	简　　介		
贵州	苗医药	苗医	治疗方法，前者发源于苗族古代狩猎活动，后者则起源于巫术。		
		苗药的配方原则与方法	苗医用药配方有两个法则：配单不配双；三位一体。		
		骨伤蛇伤疗法	苗族医生是治疗接骨和蛇伤的行家里手。2006年，贵州省雷山县卫生局组织调查的113名苗医中，就有47名苗医擅长治疗上下肢骨、肋骨、颅骨、锁骨等外伤骨折，15名苗医擅长治疗毒蛇咬伤，有6名能兼治这两种伤患。 苗族骨伤、蛇伤疗法的传承主要是祖传和师授两种方式。因为苗族没有文字，苗医多是文盲或半文盲，加大了传承的难度，传承谱序不完整，苗族骨伤蛇伤疗法处于濒危状态。		入选2008年第二批国家级非物质文化遗产名录。
		九节茶药制作工艺	九节茶药是药膏型药剂，来源于黔东南自治州锦屏县、榕江县、黄平县等地的苗医经验方，其方剂来源于锦屏县苗医杨氏家族。 九节茶药的处方主要为九节茶1500克、野葡萄根1200克、水三七1000克、水冬瓜800克、滚山珠500克、螃蟹500克。制作工艺是按处方将药称量配齐，滚山珠、螃蟹、白蜡单放。先将九节茶、水冬瓜、水三七、野葡萄根等药物碎断成细块，将滚山珠、螃蟹碾成细粉过80~100目细罗。炸料是另取茶籽油1500克，倒入锅内加热，将九节茶、水冬瓜、水三七、野葡萄根等炸枯至黄色时，去渣、过滤。制膏是取白蜡500克加入药油内溶化，倒入缸中待温，将滚山珠、螃蟹粉兑入，搅匀即成药膏。贮藏用搪瓷缸或陶瓷罐装，密封置室内阴凉处，勿受高热。九节茶药的功效是散血退肿、续筋接骨，主治骨折、跌打损伤瘀肿，是苗族医药的重要组成部分。		入选2008年第二批国家级非物质文化遗产名录。
	侗医药	过路黄药制作工艺	"天、地、气、水、人"五位一体的思想是侗医学术思想的核心。侗医把疾病分为二十四大症、七十二小疾，广泛涉及内、外、妇、儿、骨伤等疾病，对伤科正骨、刀箭枪伤以及蛇虫咬伤更是卓有成效。 过路黄药的制作工艺便是侗族传统医药的精华之一，其在炮制工艺以及检查病因、病机，诊断、用药、养生保健等方面，都独具特色。		入选2008年第二批国家级非物质文化遗产名录。

续表

省区	传统医药				
	类别	名称	简介		知识产权保护情况
贵州	侗医药	过路黄药制作工艺	过路黄属报春花科珍珠菜属植物，是黔东南侗族医药中普遍应用的天然药用植物，全草供药用，有止血、抗菌、抗病毒、消炎等功效。根据不同的病症，按照不同的方法进行采摘，或全草入药、或部分入药，配以其他草药制成所需的剂型，主要剂型有过路黄鲜药汁、鲜药敷剂，复方过路黄煎剂、酒剂、膏剂等。侗医把过路黄药广泛用于治疗尿路结石、胆囊炎、胆结石、黄疸性肝炎、水肿、跌打损伤、毒蛇咬伤及毒蕈和药物中毒，外敷治火烫伤及化脓性炎症等消化系统疾病。过路黄药制作工艺是侗族人民在长期使用药用生物资源、矿物资源的过程中积累和创造的、依靠口传方式传承的民间医药知识。		入选 2008 年第二批国家级非物质文化遗产名录。
	布依族医药	益肝草制作技艺			入选 2014 年第四批国家级非物质文化遗产代表性项目名录。
广西	壮医药	壮医医疗工具	针（挑针、陶针、金针、火针、麝香针、梅花针等）、药线、瓷碗、骨弓、药锤及熏蒸、药物敷贴、药佩、药刮、牛角、竹罐等。		2009 年 3 月 1 日施行的《广西壮族自治区发展中医药壮医药条例》为壮医药知识产权保护提供了法律制度保障。
		壮药	肉桂、八角、薏苡仁、罗汉果、珍珠、蛤蚧等2000 多种。		
		壮医防病强的功夫动作图	花山崖壁画。		
		壮医药市和佩药挂药	靖西药市、各种药囊。		
		壮医神话传说	"神医三界公的传说"和"爷奇斗瘟神"。		
		壮医药线点灸疗法	药线点灸是壮医药外治法之一。壮医所用的药线由苎麻搓成，直径 0.25 毫米、0.7 毫米、1 毫米不等，用药水浸泡后干燥备用。使用时将药线点燃，点灼患者体表穴位，以达到疏通龙路、火路的目的，具有祛风通痹、止痛止痒、活血化瘀、		入选 2011 年第三批国家级非物质文化遗产名录。

省区	类别	名称	传统医药		知识产权保护情况
			简　介		
广西	壮医药	壮医药线点灸疗法	消肿散结等作用。这种疗法，苎麻药线与浸泡的药水，均就地取材，草药药水的处方组成，按壮医理论处方。所取穴位有梅花穴、莲花穴、长子穴（均拟其形象）和经验穴等，也可用中医针灸穴位。		入选 2011年第三批国家级非物质文化遗产名录。
		梧州龟苓膏	龟苓膏是由多味中草药熬制而成，很早以前就被人们当作药膳来食用，吃了能够促进新陈代谢、清热降火、润肺止咳，还能美容养颜和滋阴补肾。得了嗓子疼、痔疮、痱子和便秘等病，吃它也能起到一定的改善作用。现代营养学研究发现，龟苓膏中含有多种活性多糖和氨基酸，具有低热量、低脂肪、低胆固醇的特点，能够调节血脂和血糖。龟苓膏呈黑色，微带透明。它最早产于广西梧州，是以鹰嘴龟和土茯苓为主要原料，再加入甘草、红枣、桑叶、金银花、蜂蜜、菊花等，经过长时间熬炼而成的保健食品。以前，广东的凉茶铺前常爱养几只龟以招徕顾客，不过，现在销售的龟苓膏大部分是采用龟胶代替野生金钱龟和鲜鳖甲，或者把龟板磨成粉与土茯苓和几十种中药熬煎而成。 根据《地理标志产品保护规定》，国家质检总局组织了对梧州龟苓膏地理标志产品保护申请的审查。经审查合格，批准自 2007 年 5 月 29 日起对梧州龟苓膏实施地理标志产品保护。 梧州龟苓膏地理标志产品保护范围以广西壮族自治区梧州市人民政府《关于梧州龟苓膏申报地理标志产品保护的函》（梧政函〔2005〕231 号）提出的范围为准，为广西壮族自治区梧州市所辖行政区域。		

附录2　广西自治区级非物质文化遗产总体分布

类型	序号	项目名称	分布地区或申报单位
民间文学	1	布洛陀	田阳县
	2	刘三姐歌谣	宜州市
	20	柳州山歌	柳州市、柳城县、鹿寨县
	21	合浦珠还民间传说	北海市
	22	壮族嘹歌	平果县
	23	壮族民间故事百鸟衣	横县
	60	瑶族分架	都安县
	61	壮族悲歌	忻城县
	62	瑶族密洛陀古歌	都安县
	108	桂林山水传说	桂林市
	109	仫佬族古歌	罗城仫佬族自治县
	110	贺州瑶族盘王大歌	贺州市八步区
	111	象州壮欢	象州县
	112	宾阳"老窍"故事	宾阳县
	113	田东壮族排歌	田东县
	195	刘永福传说	钦州市
	196	冯子材传说	钦州市
	197	美人鱼传说	北海市
	198	右江壮族排歌	百色市右江区
	199	平果壮族丧歌	平果县
	200	上林瑶族山歌	上林县
	201	隆安壮族排歌	隆安县
	202	乐业壮族古歌	乐业县
	203	绿珠传说	广西中华文化促进会
	292	妈勒访天边传说	南宁市

续表

类型	序号	项目名称	分布地区或申报单位
民间文学	293	壮族信歌	南宁市
	294	南宁五象传说	南宁市
	295	白话童谣	南宁市
	296	良庆壮族嘹啰山歌	南宁市
	297	壮族传扬歌	南宁市
	298	南宁民谣	南宁市
	299	苗族古歌	融水县
	300	贵港客家山歌	贵港市
	301	壮族巫辞	百色市右江区
	302	卜伙的故事	巴马县
	425	起凤山传说	南宁市武鸣区
	426	珠郎娘美	三江侗族自治县
	427	那坡彝族开路经	那坡县
	428	莫一大王	河池市金城江区、柳州市柳江区
	429	天峨布洛陀	天峨县
	430	金龙壮族官郎歌	龙州县
	562	青秀山传说	南宁市青秀区
	563	壮族特掘传说	南宁市武鸣区
	564	八角寨山水传说	资源县
	565	藤县龙母传说	藤县
	566	瑶族盘王传说	贺州市八步区
	567	瑶族千家峒传说	灌阳县
	568	融安土拐山歌	融安县
	569	毛南族民歌	环江毛南族自治县
	570	平果壮族唱文龙	平果县
	571	文龙与肖妮	东兰县

类型	序号	项目名称	分布地区或申报单位
传统美术	45	毛南族花竹帽编织工艺	环江毛南族自治县
	84	侗族刺绣	三江侗族自治县
	191	全州民间剪纸技艺	全州县
	244	三江农民画	三江侗族自治县
	256	天等进远石雕技艺	天等县
	266	毛南族木雕技艺	环江毛南族自治县
	267	毛南族石刻技艺	环江毛南族自治县
	483	点米成画	南宁市邕宁区
	484	壮族刺绣	马山县
	485	苗族刺绣	融水苗族自治县
	486	兴安瑶族刺绣	兴安县
	487	合浦角雕技艺	合浦县
	488	灵山傩面具	灵山县
	489	玉林羽毛画	玉林市
	490	靖西壮族民间剪纸	靖西市
	491	靖西壮族堆绣	靖西市
	608	仫佬族剪纸技艺	罗城仫佬族自治县
	609	桂林雕版彩色套印技艺	桂林市秀峰区
	610	桂林傩面具制作技艺	桂林市秀峰区
	611	桂林彩色拓印技艺	桂林市秀峰区
	612	田林瑶族刺绣技艺	田林县
传统技艺	9	壮族织锦技艺	靖西县
	10	侗族木构建筑营造技艺	柳州市、三江侗族自治县
	43	钦州坭兴陶艺	钦州市
	44	贡川纱纸制作工艺	大化瑶族自治县
	85	南宁老友粉	南宁市

续表

类型	序号	项目名称	分布地区或申报单位
传统技艺	86	平南三利小刀锻制工艺	平南县
	87	六堡茶制作技艺	苍梧县
	88	京族鱼露	东兴市
	89	黄姚豆豉加工技艺	昭平县
	90	桂林三花酒传统酿造技艺	桂林市
	91	麻布制作工艺	临桂区
	92	桂林豆腐乳制作工艺	桂县
	93	柳州螺蛳粉手工制作技艺	柳州市城中区
	94	油茶制作工艺	恭城瑶族自治县、平乐县
	142	天等指天椒加工技艺	天等县
	144	京族服饰制作技艺	东兴市
	145	把吉造纸技艺	乐业县
	146	红良打铁技艺	隆安县
	147	黄昌典毛笔制作技艺	桂林市
	148	侗族草龙草狮制作技艺	龙胜各族自治县
	149	湘山酒传统酿造技艺	全州县
	150	壮族铜鼓铸造技艺	珠江毛南族自治县
	151	仫佬族刺绣技艺	罗城仫佬族自治县
	152	苗族服饰制作技艺	南丹县
	153	瑶族织绣技艺	金秀瑶族自治县
	154	桂林米粉制作技艺	桂林市
	155	宾阳酸粉制作技艺	宾阳县
	156	横县鱼生制作技艺	横县
	157	杨美豆豉制作技艺	南宁市江南区
	158	壮族五色糯米饭制作技艺	武鸣县
	159	横县大粽制作技艺	横县

续表

类型	序号	项目名称	分布地区或申报单位
传统技艺	160	全州醋血鸭制作技艺	全州县
	245	罗秀米粉制作技艺	桂平市
	246	开山白毛茶制作技艺	贺州市八步区
	247	宾阳大罗毛笔制作技艺	宾阳县
	248	横县南山白毛茶制作技艺	横县
	249	横县茉莉花茶制作技艺	横县
	250	扬美沙糕制作技艺	南宁市江南区
	251	南宁铁鸟酱料制作技艺	南宁市兴宁区
	252	长安滤粉制作技艺	融安县
	253	柳城云片糕制作技艺	柳城县
	254	苗族芦笙制作技艺	融水苗族自治县
	255	苗族亮布制作技艺	融水苗族自治县
	257	全州红油米粉制作技艺	全州县
	258	临桂回族板鸭制作技艺	临桂区
	259	龙胜北壮服饰制作技艺	龙胜各族自治县
	260	小江瓷器手工制作技艺	浦北县
	261	北海疍家服饰制作技艺	北海市
	262	靖西壮族绣球制作技艺	靖西县
	263	靖西壮族夹砂陶制作技艺	靖西县
	264	凌云火纸制作技艺	凌云县
	265	右江壮族麽乜制作技艺	百色市右江区
	268	仫佬族煤砂罐制作技艺	罗城仫佬族自治县
	345	抹茶制作技艺	广西中华文化促进会
	346	壮族服饰制作技艺	南宁市
	347	横县鱼宴制作技艺	南宁市
	348	大罗毛笔制作技艺	南宁市

续表

类型	序号	项目名称	分布地区或申报单位
传统技艺	349	宾阳油纸伞制作技艺	南宁市
	350	隆安构树造纸技艺	南宁市
	351	柳州"棺材"制作技艺	柳州市
	352	苗族蜡染手工技艺	融水县
	353	荔浦纸扎工艺	荔浦县
	354	灌阳瑶族油茶技艺	灌阳县
	355	阴笛制作技艺	永福县
	356	灵川县阳氏石雕技艺	灵川县
	357	融安传统龙舟制作技艺	融安县
	358	岑溪竹芒编织手工技艺	岑溪市
	359	木格彩灯	贵港市港南区
	360	东龙彩灯	贵港市覃塘区
	361	沙田柚皮酿	容县
	362	博白芒竹编织手工技艺	博白县
	363	靖西东球供纸制作技艺	靖西县
	364	凌云白毫茶制茶技艺	凌云县
	365	隆林苗族服饰制作技艺	隆林县
	366	右江瑶族服饰制作技艺	百色市右江区
	367	德保麦杆花篮制作技艺	德保县
	368	丹泉酒酿造技艺	南丹县
	369	南丹壮族服饰	南丹县
	370	德胜红兰酒传统酿造技艺	宜州市
	371	凤山瑶族服饰	凤山县
	372	金秀瑶族服饰	金秀县
	373	江州草席制作技艺	崇左市江州区

续表

类型	序号	项目名称	分布地区或申报单位
传统技艺	374	宁明壮族民间染织工艺	宁明县
	375	扶绥壮族酸粥	扶绥县
	376	桄榔粉制作	龙州县
	492	南宁生榨米粉制作技艺	南宁市西乡塘区
	493	宾阳邹圩陶器制作技艺	宾阳县
	494	柳江壮族竹编技艺	柳州市柳江区
	495	长安芙蓉酥制作技艺	融安县
	496	三江侗族服饰制作技艺	三江侗族自治县
	497	苗族油茶制作技艺	融水苗族自治县
	498	苗族银饰锻造技艺	融水苗族自治县
	499	苗族服饰制作技艺	融水苗族自治县
	500	苗族织锦技艺	融水苗族自治县
	501	苗族竹编书画制作技艺	融水苗族自治县
	502	苗族吊脚楼营造技艺	融水苗族自治县
	503	桂林石刻传拓技艺	桂林市
	504	龙脊水酒酿造技艺	龙胜各族自治县
	505	唐泰隆纸扎技艺	永福县
	506	梧州纸包鸡制作技艺	梧州市万秀区
	507	防城彩石雕刻技艺	防城港市防城区
	508	京族风吹饼制作技艺	东兴市
	509	钦州造船技艺	钦州市
	510	灵山大粽制作技艺	灵山县
	511	平南竹木芒藤编织技艺	平南县
	512	玉林茶泡制作技艺	玉林市
	513	石南小刀锻制技艺	兴业县
	514	乐业壮族纺织技艺	乐业县

类型	序号	项目名称	分布地区或申报单位
传统技艺	515	隆林蓝靛膏制作技艺	隆林各族自治县
	516	壮族衮服制作技艺	隆林各族自治县
	517	鼎罐铸造技艺	凤山县
	518	仫佬族土布染制技艺	罗城仫佬族自治县
	519	都安旱藕粉丝制作技艺	都安瑶族自治县
	613	武鸣柠檬鸭制作技艺	南宁市武鸣区
	614	武鸣生榨米粉制作技艺	南宁市武鸣区
	615	横县替僧簸箕粉制作技艺	横县
	616	桂林马肉米粉制作技艺	桂林市秀峰区
	617	兴宾红薯粉制作技艺	来宾市兴宾区
	618	武鸣灵马旱藕粉制作技艺	南宁市武鸣区
	619	平果芭蕉芋粉制作技艺	平果县
	620	平乐石崖茶制作技艺	平乐县
	621	昭平茶制作技艺	昭平县
	622	龙胜苗族油茶制作技艺	龙胜各族自治县
	623	梧州冰泉豆浆制作技艺	梧州市万秀区
	624	梧州三蛇酒泡制技艺	梧州市万秀区
	625	巴马蛇王酒泡制技艺	巴马瑶族自治县
	626	岑溪古典鸡制作技艺	岑溪市
	627	北海沙蟹汁制作技艺	北海市
	628	怀远八宝饭制作技艺	河池市宜州区
	629	钦州传统蚝豉制作技艺	钦州市钦南区
	630	博白豉膏制作技艺	博白县
	631	武鸣府城红糖制作技艺	南宁市武鸣区
	632	横县芝麻饼制作技艺	横县
	633	柳州礼饼制作技艺	柳州市鱼峰区

续表

类型	序号	项目名称	分布地区或申报单位
传统技艺	634	柳城太平牛腊巴制作技艺	柳城县
	635	灵山武利牛巴制作技艺	灵山县
	636	隆安布泉壮族酸鱼制作技艺	隆安县
	637	三江侗族酸食制作技艺	三江侗族自治县
	638	武宣红糟酸制作技艺	武宣县
	639	武宣三里鱼圆制作技艺	武宣县
	640	隆林辣椒骨制作技艺	隆林各族自治县
	641	宾阳竹编技艺	宾阳县
	642	灵山竹编技艺	灵山县
	643	德保壮族藤编技艺	德保县
	644	宾阳草席编织技艺	宾阳县
	645	三江壮族草龙编织技艺	三江侗族自治县
	646	三江竹器编织技艺	三江侗族自治县
	647	田阳壮族麦秆花篮编织技艺	田阳县
	648	南宁制陶技艺	南宁市
	649	柳城龙窑陶器烧制技艺	柳城县
	650	赤江陶烧制技艺	北海市铁山港区
	651	靖西壮族土陶烧制技艺	靖西市
	652	桂林漆器制作技艺	桂林市
	653	灵山蓝田瑶族造纸技艺	灵山县
	654	桂林圆竹剖丝团扇制作技艺	灵山县
	655	桂林团扇制作技艺	荔浦市
	656	贵港壮族油纸伞制作技艺	贵港市港北区
	657	田东瑶族吡咧制作技艺	田东县
	658	东兰壮族铜鼓铸造技艺	东兰县
	659	金秀瑶族黄泥鼓制作技艺	金秀瑶族自治县

续表

类型	序号	项目名称	分布地区或申报单位
传统技艺	660	苗族百褶裙制作技艺	融水苗族自治县
	661	三江侗布制作技艺	三江侗族自治县
	662	三江侗族织锦技艺	三江侗族自治县
	663	龙州金龙壮族织锦技艺	龙州县
	664	富川瑶族织锦技艺	富川瑶族自治县
	665	那坡瑶族织绣技艺	那坡县
	666	那坡壮族服饰制作技艺	那坡县
	667	大新宝圩壮族服饰制作技艺	大新县
	668	凌云壮族儿童配饰制作技艺	凌云县
	669	隆林壮族背带制作技艺	隆林各族自治县
	670	隆林壮族蓝靛染布技艺	隆林各族自治县
	671	三江侗族银饰锻造技艺	三江侗族自治县
传统音乐	3	侗族大歌	柳州市、三江侗族自治县
	4	那坡壮族民歌	那坡县
	24	壮族三声部民歌	马山县、南宁市邕宁区、田阳县、德保县
	25	广西八音	玉林市、邕宁区、桂平市
	26	瑶族蝴蝶歌	富川瑶族自治县、钦州市钦北区、贺州市八步区、平南县
	27	京族独弦琴艺术	东兴市
	28	凌云壮族七十二巫调音乐	凌云县
	29	高沙锣鼓	柳州市柳南区
	30	壮族天琴艺术长	龙州县、凭祥市
	59	壮族哭嫁歌	贵港市港北区
	63	侗族器乐	三江县
	64	汉族多声部民歌	邕宁区、龙胜县

续表

类型	序号	项目名称	分布地区或申报单位
传统音乐	65	水上船歌	桂江 藤县
	66	壮族民歌	上思县
	67	贺郎歌	兴安县
	68	贺郎歌	兴安县
	69	壮族蜂鼓音乐	来宾市
	70	壮族会鼓	马山县
	71	桂平西山佛教音乐	桂平市
	114	壮族马骨胡艺术	德保县
	115	北海咸水歌	北海市
	116	大新壮族高腔山歌	大新县
	117	永福阴笛乐	永福县
	118	苗族山歌	资源县
	119	瑶族山歌	资源县
	120	瑶族溜喉歌	富川瑶族自治县
	121	瑶族门咪歌	钟山县
	122	瑶族过山音	金秀瑶族自治县
	123	南宁多声部民歌	南宁市
	124	南宁平话民歌	南宁市
	194	上林四六联民歌	上林县
	204	上林壮族八音	上林县
	205	武鸣壮族山歌	武鸣县
	206	南宁壮族哭嫁歌	南宁市兴宁区
	207	京族民歌	东兴市
	208	恭城瑶族八音	恭城瑶族自治县
	209	那劳山歌调	西林县
	210	靖西壮族山歌（靖西上下甲山歌）	靖西县

类型	序号	项目名称	分布地区或申报单位
传统音乐	211	凌云瑶族长号艺术	凌云县
	212	田州壮族山歌	田阳县
	213	隆林壮族山歌（隆林哥侬呵山歌）	隆林各族自治县
	214	田东瑶族噜吡咧	田东县
	215	天峨壮族八仙	天峨县
	303	北路壮族唢呐套曲	龙胜各族自治县
	304	永福瑶族民歌	永福县
	305	下俚歌	梧州市长洲区
	306	靖西壮族民间小调	靖西县
	307	田东瑶族山歌	田东县
	308	靖西壮族八音	靖西县
	309	八步客家师公音乐	贺州市八步区
	310	钟山瑶族蝴蝶歌	钟山县
	311	东兰壮族长排山歌	东兰县
	312	武宣壮欢调	武宣县
	431	南宁壮族高腔民歌	南宁市
	432	南宁江南平话民歌	南宁市江南区
	433	三江六甲歌	三江侗族自治县
	434	侗族牛腿琴歌	三江侗族自治县
	435	三江侗族琵琶歌	三江侗族自治县
	436	苗族果哈艺术	融水苗族自治县
	437	融水土拐山歌	融水苗族自治县
	438	融水壮族朋比艺术	融水苗族自治县
	439	融水苗族芦笙音乐	融水苗族自治县
	440	藤县八音	藤县
	441	防城壮族天琴艺术	防城港市防城区

续表

类型	序号	项目名称	分布地区或申报单位
传统音乐	442	贵港港南八音	贵港市港南区
	443	田东咸水歌	田东县
	444	田东蔗园歌	田东县
	445	田东壮族欢侬	田东县
	446	田东壮族嘹歌	田东县
	447	田林定安调	田林县
	448	壮族北路八音	西林县
	449	贺州平桂瑶族唢呐	贺州市平桂区
	450	贺州客家民歌	贺州市平桂区
	451	东兰壮族勒脚歌	东兰县
	452	壮族咧嘿歌	南丹县
	453	金秀瑶族深牌歌	金秀瑶族自治县
	454	武宣蜂鼓艺术	武宣县
	572	瑶族剪刀歌	马山县
	573	恭城瑶族山歌	恭城瑶族自治县
	574	金秀瑶族香哩歌	金秀瑶族自治县
	575	蒙山山歌	蒙山县
	576	隆林壮族南盘江调	隆林各族自治县
	577	凤山莲花调	凤山县
	578	长洲八音	梧州市长洲区
	579	八步瑶族过山音	贺州市八步区
	580	凌云壮族欢隆	凌云县
	581	都安壮族陶鼓艺术	都安瑶族自治县
	582	壮族筒噔艺术	天峨县
传统舞蹈	31	壮族春牛舞	西宁县
	32	瑶族长鼓舞	富川瑶族自治县

续表

类型	序号	项目名称	分布地区或申报单位
传统舞蹈	33	壮族蚂拐舞	天峨县
	34	田林瑶族铜鼓舞	田林县
	35	壮族春榔舞	东兰县
	42	舞狮技艺（藤县狮舞、田阳壮族狮舞）	藤县、田阳县
	72	龙凤麒麟舞	港南区
	73	瑶族猴鼓舞	东兰县
	74	壮族打扁担	都安县
	75	板凳龙	临桂县
	76	桂林牌灯	临桂区
	77	瑶族吹笙挞鼓舞	恭城县
	78	壮族师公舞	象州县
	79	瑶族黄泥鼓舞	金秀县
	125	壮族打砻（榔）舞	天等县、马山县、平果县
	126	瑶族羊角舞	恭城瑶族自治县
	127	瑶族羊角长鼓舞	钟山县
	128	临桂草龙舞	临桂区
	129	桂林傩舞	桂林市
	130	南丹勤泽格拉	南丹县
	131	瑶族香龙舞	平乐县
	132	壮族舞火猫	贺州市八步区
	133	壮族翡翠鸟舞	武宣县
	134	瑶族金锣舞	田东县
	135	平果壮族踩花灯	平果县
	136	南宁香火龙舞（青秀区壮族芭蕉香火龙舞、良庆区香火龙舞）	南宁市青秀区、南宁市良庆区

类型	序号	项目名称	分布地区或申报单位
	137	壮族九莲灯	隆安县
	138	南宁壮族春牛舞	南宁市江南区
	216	浦北舞青龙	浦北县
	217	上林壮族师公舞	上林县
	218	仙回瑶族调马	昭平县
	219	八步瑶族长鼓舞	贺州市八步区
	220	水口麒麟马	贺州市
	221	上林瑶族猴鼓舞	上林县
	222	南宁傩舞	南宁市西乡塘区
	223	壮族麒麟舞	南宁市青秀区
	224	马山壮族踩花灯	马山县
	225	上思舞鹿	上思县
传统舞蹈	226	龙胜侗族庖颈龙舞	龙胜各族自治县
	227	北海耍花楼	北海市
	228	靖西壮族舞蹈（壮族马绿舞、壮族弄腊舞、壮族田间矮人舞、舞春牛）	靖西县
	229	凌云瑶族龙凤舞	凌云县
	230	壮族铜鼓舞	东兰县
	231	壮族板鞋舞	南丹县
	232	乐业壮族龙灯舞	乐业县
	313	横县百合茅山舞	南宁市
	314	瑶族蚩尤舞	南宁市
	315	盘王神武	平乐县
	316	苍梧鲤鱼舞	苍梧县
	317	苍梧麒麟白马舞	苍梧县
	318	北海五方舞（道公舞）	北海市

续表

类型	序号	项目名称	分布地区或申报单位
传统舞蹈	319	壮族国调毪	金城江区
	320	瑶族八仙舞	金秀贤
	321	浦北舞麒麟	浦北县
	322	田林瑶族盘王舞	田林县
	455	苗族芦笙舞	融水苗族自治县
	456	木犀舞	苍梧县
	457	钱鞭舞	玉林市
	458	金龙花凤舞	龙州县
	583	隆安壮族狮舞	隆安县
	584	桂平石龙壮族春牛舞	桂平市
	585	八步瑶族盘王舞	贺州市八步区
	586	毛南族傩舞	环江毛南族自治县
	587	宁明壮族道公舞	宁明县
	588	天等壮族跳花灯	天等县
	589	扶绥壮族三穿花	扶绥县
传统医药	47	梧州龟苓膏	梧州市
	54	壮族民间医药	广西中医学院
	95	侗族医药	三江侗族自治县
	193	瑶族医药	金秀瑶族自治县
	269	八步瑶族医药	贺州市八步区
	270	龙胜瑶族药浴疗法	龙胜各族自治县
	271	靖西壮医驳骨疗法	靖西县
	377	宾阳封氏烧伤创疡治疗术	南宁市
	378	壮族谭氏草药疗骨法	南宁市
	379	苗族传统医药	融水县
	380	瑶医偏方（治鬼刺风）	永福县

续表

类型	序号	项目名称	分布地区或申报单位
传统医药	381	瑶族火疗	永福县
	382	潘公平跌打还魂丸	蒙山县
	520	壮医经筋疗法	南宁市
	521	壮医药物竹罐疗法	南宁市
	522	瑶医观目诊病法	广西中医药大学
	523	瑶医滚蛋疗法	广西中医药大学
	524	瑶医磨药疗法	广西中医药大学
	672	壮医目诊	南宁市
	673	平乐瑶族药浴	平乐县
	674	梧州蛇伤疗法	梧州市长洲区
	675	平果壮族眼疾疗法	平果县
	676	金秀瑶族灯草灸疗法	金秀瑶族自治县
	677	瑶族针挑疗法	广西中医药大学
	678	甘氏养骨疗法	广西中华文化促进会
传统戏剧	5	桂剧	广西壮族自治区、桂林市
	6	桂南采茶戏	博白县、钦州市钦南区、南宁市邕宁区、横县
	7	彩调	广西壮族自治区、桂林市、永福县
	8	壮剧	广西壮族自治区、靖西县、德保县
	36	壮族师公戏	来宾市
	37	岑溪牛娘戏	梧州市
	38	桂平杖头木偶戏	桂平市
	39	侗戏	三江侗族自治县
	40	邕剧	南宁市

类型	序号	项目名称	分布地区或申报单位
传统戏剧	80	丝弦戏	宾阳县
	81	牛歌戏（藤县牛歌戏、平南牛歌戏）	藤县、平南县
	82	客家山歌剧	贺州市八步区
	139	壮族提线木偶戏	靖西县
	140	乐业唱灯	乐业县
	141	鹿儿戏	苍梧县
	233	北路壮剧	田林县
	234	平南大安粤剧	平南县
	235	上林壮族师公戏	上林县
	236	防城采茶戏	防城港市防城区
	237	临桂彩调	临桂区
	238	浦北鹩剧	浦北县
	324	广西木偶戏	广西木偶剧团有限责任公司
	325	广西粤剧	南宁市
	326	南宁平话师公戏	南宁市
	327	梧州粤剧	梧州越剧团
	328	平南杖头木偶	平南县
	329	陆川哇戏	陆川县
	330	鹩剧	兴业县
	331	汉族师公舞	田东县
	332	隆林北路壮剧	隆林县
	333	西林那劳土戏	西林县
	334	合山壮师剧	合山市
	335	扶绥壮族采茶剧	扶绥县
	459	古潭邕剧	隆安县

续表

类型	序号	项目名称	分布地区或申报单位
传统戏剧	460	马山丝弦戏	马山县
	461	柳州彩调	柳州市
	462	柳州桂剧	柳州市
	463	柳城彩调	柳城县
	464	鹿寨彩调	鹿寨县
	465	三江彩调	三江侗族自治县
	466	苍梧采茶戏	苍梧县
	467	藤县杖头木偶戏	藤县
	468	北海粤剧	北海市
	469	山口杖头木偶戏	北海市
	470	钦州粤剧	钦州市
	471	钦北采茶戏	钦州市钦北区
	472	北流杖头木偶戏	北流市
	473	田东彩调	田东县
	474	田东粤剧	田东县
	475	田东邕剧	田东县
	476	那坡壮剧	那坡县
	477	八步采茶戏	贺州市八步区
	478	宜州彩调	宜州市
	590	上林傩戏	上林县
	591	德保壮族提线木偶戏	德保县
	592	东兰乌洋神戏	东兰县
	593	柳州粤剧	柳州市
	594	长洲采茶剧	梧州市长洲区
	595	钟山桂剧	钟山县
	596	象州彩调	象州县

类型	序号	项目名称	分布地区或申报单位
传统戏剧	597	宁明寨安彩调	宁明县
传统体育	55	壮族抢花炮	邕宁区、崇左市江州区、那坡县、田阳县
	83	壮族香火球	良庆区
	189	仫佬族舞草龙	罗城仫佬族自治县
	243	李家拳及南蛇过峒	合浦县
	339	壮族迪尺	南宁市
	340	壮族抢花炮	柳江县
	341	州珮功夫	玉林市玉州区
	342	十八路庄武术	玉林市福绵区
	343	破网上刀山	金城江区
	344	白裤瑶打陀螺	南丹县
	481	隆林彝族打磨秋	隆林各族自治县
	482	壮族踩风车	隆林各族自治县
	600	马山加方上刀山下火海	马山县
	601	合浦上刀梯过火海	合浦县
	602	宾阳露圩传统武术	宾阳县
	603	鹿寨江口梁家拳	鹿寨县
	604	融安赛龙舟	融安县
	605	三江侗族棋艺	三江侗族自治县
	606	靖西壮族棋艺	靖西市
	607	防城峒中壮族砧板陀螺技艺	防城港市防城区
民俗	11	京族哈节	东兴市
	12	瑶族盘王节	贺州市、恭城瑶族自治县、金秀瑶族自治县
	13	壮族蚂拐节	河池市

续表

类型	序号	项目名称	分布地区或申报单位
民俗	14	仫佬族依饭节	罗城仫佬族
	15	毛南族肥套	环江毛南族自治县
	16	壮族歌圩	南宁市、田阳县、凌云县
	17	苗族系列坡会群	融水苗族自治县
	18	壮族铜鼓习俗	河池市
	19	瑶族服饰	南丹县、贺州市、宁明县、防城港市防城区
	46	靖西壮族端午药市	靖西县
	48	那坡彝族跳弓节	那坡县
	49	德峨苗族跳坡节	隆林县
	50	宾阳炮龙节	宾阳县
	51	瑶族祝著节	巴马县
	52	壮族盘古庙会	来宾市
	53	梧州龙母诞	梧州市
	56	壮族伏波庙会	横县
	57	跳岭头	浦北县、钦州市钦北区、钦州市钦南区
	58	瑶族石碑习俗	金秀县
	96	侗族百家宴	三江县、龙胜县
	97	侗族款习俗	三江县
	98	侗族花炮节	三江县
	99	游彩架	宾阳县
	100	"三月三"歌圩	武鸣县
	101	上林县渡河公	上林县
	102	疍家婚礼	江南区、北海市、平乐县
	103	平南大安校水柜习俗	平南县

类型	序号	项目名称	分布地区或申报单位
民俗	104	瑶族阿宝节	防城区
	105	南丹瑶族葬礼习俗	南丹县
	106	桂林龙舟习俗	桂林市
	107	河灯节	资源县
	161	壮族霜降节	天等县
	162	右江瑶族歌堂习俗	百色市右江区
	163	隆林壮族歌会习俗	隆林各族自治县
	164	右江壮族岑王庙会	百色市右江区
	165	壮族祭瑶娘	田林县
	166	外沙龙母庙会	北海市
	167	瑶族婚俗	贺州市八步区、恭城瑶族自治县
	168	侗族祭萨习俗	龙胜各族自治县
	169	毛南族分龙节	环江毛南族自治县
	170	瑶族婆王节	恭城瑶族自治县
	171	浮山歌节	贺州市八步区
	172	信都龙舟节	贺州市八步区
	173	黄姚放灯节	昭平县
	174	瑶族度戒	贺州市八步区、金秀瑶族自治县
	175	恭城关帝庙会	恭城瑶族自治县
	176	跳甘王	金秀瑶族自治县
	177	壮族亥日	隆安县
	178	横县炮会	横县
	179	那桐农具节	隆安县
	180	上林壮族灯酒节	上林县
	181	壮族芒那节	隆安县
	182	岑溪抢花炮	岑溪市

续表

类型	序号	项目名称	分布地区或申报单位
民俗	183	壮族拜囊海	天等县
	272	宾阳三娘乖习俗	宾阳县
	273	横县云表壮族歌圩	横县
	274	上林壮族万寿节	上林县
	275	军山庙会	南宁市青秀区
	276	柳江客家上花灯	柳江县
	277	大连城武圣庙会	凭祥市
	278	灵川姑娘节	灵川县
	279	龙胜瑶族长发习俗	龙胜各族自治县
	280	灵山丰塘炮期习俗	灵山县
	281	德保壮族歌圩	德保县
	282	凌云泗城壮族夜婚习俗	凌云县
	283	隆林仡佬族拜树节	隆林各族自治县
	284	西林壮族欧贵婚俗	西林县
	285	平果壮族歌圩	平果县
	286	那坡彝族祈雨节	那坡县
	287	壮族抛绣球习俗	靖西县
	288	靖西扮台阁	靖西县
	289	象州甘王庙会	来宾市
	290	仫佬族走坡节	罗城仫佬族自治县
	291	仫佬族婚俗	罗城仫佬族自治县
	383	南宁花婆节	南宁市
	384	南宁土地诞	南宁市
	385	壮族毬丝歌会	南宁市
	386	壮族罗波庙会	南宁市
	387	壮族"四月四"	南宁市

类型	序号	项目名称	分布地区或申报单位
民俗	388	横县壮族三相圩逢	南宁市
	389	露圩壮族圩逢	南宁市
	390	上林壮族龙母节	南宁市
	391	更望湖壮族歌圩	南宁市
	392	扬美龙舟上水节	南宁市
	393	南宁元宵花灯节	南宁市
	394	斑山庙会	南宁市
	395	壮族安龙歌会	南宁市
	396	那莲赛巧节	南宁市
	397	横县笔山人生礼仪	南宁市
	398	柳州鱼峰歌圩	柳州市鱼峰区
	399	老巴坡会	三江县
	400	侗族打油茶	三江县
	401	石口花炮节	恭城县
	402	灌阳二月八农具节	灌阳县
	403	瑶族婚嫁习俗	蒙山县
	404	藤县乞巧节	藤县
	405	北流年例	北流市
	406	田东仰岩歌圩	田东县
	407	壮族土俗字	平果县
	408	那练游鲤鱼	德保县
	409	靖西壮族抢花炮	靖西县
	410	靖西壮族航诞	靖西县
	411	那坡彝族祈雨节	那坡县
	412	壮族祭瑶王	田林县
	413	瑶族抛绣包	田林县

续表

类型	序号	项目名称	分布地区或申报单位
民俗	414	壮族唱娅王	西林县
	415	彝族祭送布谷鸟	隆林县
	416	富川上灯炸龙节	富川县
	417	壮族补粮习俗	巴马县
	418	武宣盘古节	武宣县
	419	龙王壮族婚嫁习俗	合山市
	420	汉族抢花炮	合山市
	421	壮族布伢习俗	来宾市兴宾区
	422	宁明瑶族婚俗	宁明县
	423	宁明壮族花炮节	宁明县
	424	金龙壮族侬峒节	龙州县
	525	壮族添粮补寿习俗	南宁市兴宁区
	526	南宁大王节	南宁市西乡塘区
	527	南宁下楞龙舟节	南宁市西乡塘区
	528	西乡塘歌圩	南宁市西乡塘区
	529	灵水壮族歌圩	南宁市武鸣区
	530	三里壮族歌圩	上林县
	531	隆安稻草龙	隆安县
	532	板榄"三月三"会期	融安县
	533	三江侗族祭萨习俗	三江侗族自治县
	534	三江三王宫庙会	三江侗族自治县
	535	三江侗族月也	三江侗族自治县
	536	三江侗年	三江侗族自治县
	537	三江侗族"二月二"大歌节	三江侗族自治县
	538	侗族多耶	三江侗族自治县
	539	苗年	融水苗族自治县

续表

类型	序号	项目名称	分布地区或申报单位
民俗	540	苗族打同年	融水苗族自治县
	541	苗族芒篙节	融水苗族自治县
	542	阳朔福利五月八	阳朔县
	543	苍梧抢花炮习俗	苍梧县
	544	三婆信俗	北海市
	545	钦州伏波庙会	钦州市
	546	那坡舞春牛习俗	那坡县
	547	田东那拔歌圩	田东县
	548	田林壮族吼敢	田林县
	549	西林瑶族度戒	西林县
	550	贺州平桂盘瑶度戒	贺州市平桂区
	551	平桂瑶族服饰	贺州市平桂区
	552	八步壮族服饰	贺州市八步区
	553	瑶族朝踏节	钟山县
	554	富川瑶族抢花炮	富川瑶族自治县
	555	凤山瑶族度戒	凤山县
	556	南丹瑶族铜鼓萨欧别习俗	南丹县
	557	白裤瑶年街	南丹县
	558	天峨壮族婚俗	天峨县
	559	瑶族舞香龙	金秀瑶族自治县
	562	上石北帝宫庙会	凭祥市
	561	大新宝圩侬侗节	大新县
	679	蒲庙花婆节	南宁市邕宁区
	680	田东壮族牛魂节	田东县
	681	南丹壮族敬牛节	南丹县
	682	象州社王节	象州县

续表

类型	序号	项目名称	分布地区或申报单位
民俗	683	鹿寨中渡城隍庙会	鹿寨县
	684	北流裴九娘庙会	北流市
	685	昭平客家三山国王庙会	昭平县
	686	横县青桐壮族圩逢	横县
	687	上林县二月二卢於春社	上林县
	688	融水壮族唱龙亭	融水苗族自治县
	689	宜州壮族做社	河池市宜州区
	690	大明山歌圩	南宁市
	691	忻城壮族歌圩	忻城县
	692	南宁开年习俗	南宁市兴宁区
	693	鹿寨壮族打龙习俗	鹿寨县
	694	苗族拉鼓习俗	融水苗族自治县
	695	平乐妈祖信仰习俗	平乐县
	696	上思瑶族婚礼习俗	上思县
	697	玉林寒山祈福习俗	玉林市玉州区
	698	右江赛龙舟习俗	百色市右江区
	699	靖西壮族花灯习俗	靖西市
	700	钟山二月二习俗	钟山县
	701	凤山壮族补粮习俗	凤山县
	702	凌云汉族婚俗	凌云县
曲艺	41	桂林文场	桂林市、融安县
	184	壮族末伦	靖西县
	185	老杨公	北海市
	186	桂林渔鼓	桂林市
	187	零零落	桂林市
	188	客家竹板歌	贺州市八步区

类型	序号	项目名称	分布地区或申报单位
曲艺	239	全州渔鼓	全州县
	240	合浦公馆木鱼	北海市
	241	德保壮族末伦	德保县
	242	宜州渔鼓	河池宜州市
	336	荔浦文场	荔浦县
	337	田东壮族唐皇	田东县
	338	壮族卜牙调	百色市右江区
	479	壮族八音坐唱	隆林各族自治县
	480	兴宾区客家纸马戏	来宾市兴宾区
	598	八步铺门茶姑调	贺州市八步区
	599	钦州海歌	钦州市

一、中文文献

（一）专著

1. 郑成思：《知识产权论》，法律出版社 2007 年版。

2. 郑成思主编：《知识产权文丛》（第 8 卷），中国方正出版社 2002 年版。

3. 吴汉东主编：《科学发展与知识产权战略实施》，北京大学出版社 2012 年版。

4. 张玉敏等：《知识产权法》，中国人民大学出版社 2009 年版。

5. 齐爱民、朱谢群主编：《知识产权法新论》，北京大学出版社 2008 年版。

6. 冯晓青：《企业知识产权战略》，知识产权出版社 2001 年版。

7. 刘春田主编：《知识产权法》（第 4 版），高等教育出版社、北京大学出版社 2010 年版。

8. 郭寿康主编：《知识产权法》，中共中央党校出版社 2002 年版。

9. 鲍红主编：《知识产权文化建设与发展论坛论文集》，知识产权出版社 2013 年版。

10. 陈昌柏：《知识产权战略——知识产权资源在经济增长中的优化配置》（第 2 版），科学出版社 2009 年版。

11. 董炳和：《地理标志知识产权制度研究——构建以利益分享为基础的权利体系》，中国政法大学出版社 2005 年版。

12. 李祖明：《地理标志的保护与管理》，知识产权出版社 2009 年版。

13. 杜瑞芳：《传统医药的知识产权保护》，人民法院出版社 2004 年版。

14. 何星亮：《新疆民族传统社会与文化》，商务印书馆 2003 年版。

15. 胡鞍钢主编：《中国战略构想》，浙江人民出版社 2002 年版。

16. 何庆芝主编：《航空航天概论》，北京航空航天大学出版社 1997 年版。

17. 李发耀：《多维视野下的传统知识保护机制实证研究》，知识产权出版社 2008 年版。

18. 梁治平编：《法律的文化解释》（增订本），生活·读书·新知三联书店1998年版。

19. 刘华：《知识产权制度的理性与绩效分析》，中国社会科学出版社2004年版。

20. 陆奇岸等：《企业竞争论——企业谋求和提升竞争优势的战略》，中国文献出版社2002年版。

21. 马先征、金志海、刘仁豪编著：《知识产权战略研究》，知识产权出版社2008年版。

22. 马治国主编：《西部知识产权保护战略》，知识产权出版社2007年版。

23. 裴盛基、龙春林编著：《民族文化与生物多样性保护》，中国林业出版社2008年版。

24. 蒲莉：《遗传资源与相关传统知识的民法保护研究》，人民法院出版社2009年版。

25. 宋晓亭主编：《中医药知识产权保护指南》，知识产权出版社2008年版。

26. 孙娜：《开放经济条件下我国知识产权政策及绩效评估研究》，对外经济贸易大学出版社2013年版。

27. 唐恒、朱宇编著：《区域知识产权战略的实施与评价：江苏之实践与探索》，知识产权出版社2011年版。

28. 汪全胜：《法律绩效评估机制论》，北京大学出版社2010年版。

29. 王辉耀：《国家战略——人才改变世界》，人民出版社2010年版。

30. 王黎萤：《中小企业知识产权战略与方法》，知识产权出版社2010年版。

31. 王淑芳：《企业的研究开发问题研究》，北京师范大学出版社2010年版。

32. 王正志主编：《中国知识产权指数报告2012》，知识产权出版社2012年版。

33. 王正志主编：《中国知识产权指数报告2015》，中国财经经济出版社2015年版。

34. 陶鑫良主编：《中国知识产权人才培养研究》，上海大学出版社2006年版。

35. 吴于廑、齐世荣主编，彭树智本卷主编：《世界史·现代史编》（下卷），高等教育出版社1994年版。

36. 徐家力：《高新技术企业知识产权战略》，上海交通大学出版社2012年版。

37. 徐明华、包海波等：《知识产权强国之路——国际知识产权战略研究》，知识产权出版社2003年版。

38. 严永和：《论传统知识的知识产权保护》，法律出版社2006年版。

39. 余瑞祥等：《中国西部自然资源竞争力评估研究》，中国地质大学出版社 2006 年版。

40. 张勤、朱雪忠主编：《知识产权制度战略化问题研究》，北京大学出版社 2010 年版。

41. 〔美〕威廉·M. 兰德斯、理查德·A. 波斯纳：《知识产权法的经济结构》，金海军译，北京大学出版社 2005 年版。

42. 〔美〕道格拉斯·诺斯、罗伯特·托马斯：《西方世界的兴起》，厉以平、蔡磊译，华夏出版社 2009 年版。

43. 张文显主编：《法理学》，高等教育出版社、北京大学出版社 1999 年版。

44. 钟阳胜：《追赶型经济增长理论：一种组织经济增长的新思路》，中共中央党校出版社 2005 年版。

45. 朱雪忠：《知识产权协调保护战略》，知识产权出版社 2005 年版。

46. 邹彩霞：《中国知识产权发展的困境与出路：法理学视角的理论反思与现实研究》，上海社会科学院出版社 2013 年版。

47. 于德惠、赵一明：《理性的辉光：科学技术与世界新格局》，湖南出版社 1992 年版。

48. 国家知识产权战略实施工作部际联席会议办公室组织编写：《国家知识产权战略实施工作手册》，知识产权出版社 2011 年版。

49. 本书编委会：《〈国家知识产权战略纲要〉辅导读本》，知识产权出版社 2008 年版。

50. 辞海编辑委员会编纂：《辞海》，上海辞书出版社 1999 年版。

51. 中国科学院可持续发展战略研究组：《2012 中国可持续发展战略报告——全球视野下的中国可持续发展》，科学出版社 2012 年版。

52. 《中国大百科全书》（电子学与计算机)，中国大百科全书出版社 1992 年版。

53. 《中国大百科全书》（中国传统医学)，中国大百科全书出版社 1992 年版。

54. 《中国大百科全书》（航空航天)，中国大百科全书出版社 1985 年版。

（二）硕博论文

1. 邦樱花：《我国藏药知识产权保护研究》，西南交通大学 2007 年硕士学位论文。

2. 陈宗波：《论遗传资源的知识产权保护》，重庆大学 2010 年博士学位论文。

3. 杜丽：《传统医药的知识产权保护方式探析》，西南政法大学 2007 年硕士学位论文。

4. 顾玲玲：《论中医药知识产权的国际保护》，苏州大学 2013 年硕士学位论文。

5. 李达：《基于专利产出的知识产权与经济增长关系的实证研究》，天津大学 2009 年硕士学位论文。

6. 李高峡：《中药的知识产权保护研究》，成都中医药大学 2004 年博士学位论文。

7. 祁青：《政府在提升企业知识产权综合能力中的行为研究——以江苏省为例》，南京理工大学 2010 年硕士学位论文。

8. 王璐：《传统医药的知识产权保护》，中国政法大学 2011 年硕士学位论文。

9. 吴育标：《中国世界遗产战略管理模式研究——以西江千户苗寨为例》，中国地质大学 2010 年博士学位论文。

10. 肖慈方：《中外欠发达地区经济开发的比较研究》，四川大学 2003 年博士学位论文。

11. 杨健：《知识产权国际法治探究》，吉林大学 2013 年博士学位论文。

12. 杨凌：《欠发达地区农民专业合作组织模式研究》，昆明理工大学 2011 年博士学位论文。

13. 于君伟：《论我国知识产权战略的制定与实施》，中国政法大学 2009 年硕士学位论文。

14. 于梦：《西部地区地理标志保护和经营研究》，中央民族大学 2011 年硕士学位论文。

15. 张传锋：《传统医药的国际保护及我国的可行性选择》，吉林大学 2007 年硕士学位论文。

16. 邹旖莨：《我国传统知识法律保护问题研究》，东北财经大学 2007 年硕士学位论文。

（三）杂志论文

1. 曾培芳等：《中美知识产权人才培养模式比较研究》，载《科技进步与对策》2008 年第 12 期。

2. 陈曦：《政府主导型旅游发展战略》，载《边疆经济与文化》2007 年第 7 期。

3. 陈瑜：《韩国知识产权文化建设概况》，载《中国发明与专利》2013 年第 12 期。

4. 邓建志、单晓光：《我国知识产权行政保护的涵义》，载《知识产权》2007 年第 1 期。

5. 钭晓东、郝峰:《科学发展观引领下的遗传资源知识产权法治保障战略论纲》,载《法学杂志》2010 年第 11 期。

6. 冯晓青:《美、日、韩知识产权战略之探讨》,载《黑龙江社会科学》2007年第 6 期。

7. 郭斌、王思锋:《区域知识产权战略实施评估指标体系构建研究》,载《未来与发展》2013 年第 7 期。

8. 郭民生、郭铮:《"知识产权优势"理论探析》,载《学术论坛》2006 年第2 期。

9. 郭民生:《积累知识产权优势 实现市场竞争优势化》,载《创新科技》2011年第 7 期。

10. 郭民生:《确定区域知识产权战略的重点》,载《创新科技》2011 年第8 期。

11. 黄玉烨:《浅谈中国传统医药知识产权保护策略》,载《科技与法律》2005年第 3 期。

12. 黄玉烨:《保护传统文化的政策目标论纲》,载《法商研究》2008 年第1 期。

13. 江世银:《四川实现产业结构优化升级的对策研究——基于承接产业转移的背景》,载《理论与改革》2009 年第 5 期。

14. 李发耀:《论民族地区传统知识的积极性保护机制》,载《贵州民族研究》2011 年第 5 期。

15. 李国光:《中国知识产权司法保护的现状与前瞻》,载《法律适用》1996 年第 7 期。

16. 李丽婷:《对西北民族地区知识产权战略实施绩效的初步评价》,载《法制博览(中旬刊)》2013 年第 10 期。

17. 李青文:《〈世界知识产权指数 2016〉报告的主要内容及启示》,载《中国发明与专利》2017 年第 6 期。

18. 李哲、鲁兆麟:《论我国中医药法令层面专门立法——国外的经验与启示视角》,载《中国自然医学杂志》2008 年第 1 期。

19. 刘春田:《知识财产权解析》,载《中国社会科学》2003 年第 4 期。

20. 刘刚:《旅游知识产权法律保护问题研究》,载《青岛酒店管理职业技术学院学报》2010 年第 4 期。

21. 刘华、黄光辉:《论我国的知识产权地域性战略》,载《科技与法律》2005

年第 1 期。

22. 刘雪凤：《国家知识产权战略中政府的角色定位分析——从政策过程视角》，载《理论探讨》2009 年第 2 期。

23. 柳福东：《中国知识产权三十年之成长》，载《知识产权》2008 年第 6 期。

24. 卢海君：《发达国家知识产权政策与中国知识产权战略》，载《中华商标》2008 年第 2 期。

25. 栾春娟：《日本知识产权文化建设及其启示》，载《文化学刊》2009 年第 6 期。

26. 罗忻全：《论知识产权的新客体——旅游知识产权》，载《河北旅游职业学院学报》2008 年第 1 期。

27. 马克伟等：《我国西部地区土地资源利用状况分析》，载《中国土地科学》2000 年第 2 期。

28. 梅术文：《实施知识产权战略的正当性之维》，载《法制与社会发展》2008 年第 4 期。

29. 梅术文：《知识产权战略的范畴界定与内容构成》，载《中华商标》2008 年第 1 期。

30. 欧智斌、文国柱：《浅析行业协会在地理标志产品产业经营中的作用》，载《商》2013 年第 15 期。

31. 潘全英：《贵州省传统知识保护的优势探析》，载《贵州师范大学学报（社会科学版）》2006 年第 4 期。

32. 潘淑：《我国地理标志知识产权保护制度的重构》，载《学理论》2013 年第 6 期。

33. 彭树智：《第二次世界大战与第三次技术革命》，载《西北大学学报（哲学社会科学版）》1995 年第 3 期。

34. 彭献成：《试论第三次科技革命兴起于美国的原因》，载《湖南师范大学社会科学学报》1993 年第 6 期。

35. 齐爱民、赵敏：《非物质文化遗产的商标权保护模式》，载《知识产权》2006 年第 6 期。

36. 曲三强、张洪波：《知识产权行政保护研究》，载《政法论丛》2011 年第 3 期。

37. 任春：《如何实现贫困地区旅游发展与扶贫目标的有机结合》，载《中国市场》2006 年第 52 期。

38. 邵彦敏、李锐：《优势理论分析框架下的创新驱动发展战略选择》，载《当代经济研究》2013 年第 10 期。

39. 宋伟、徐飞、张心悦：《政策溢出视角下的区域知识产权政策绩效提升研究——基于我国 29 个省、市、自治区的实证分析》，载《科学学与科学技术管理》2012 年第 7 期。

40. 孙春升：《推进煤炭产业结构优化升级 走新型工业化道路大型论坛（一）关于新型工业化道路的综述》，载《煤炭经济研究》2003 年第 3 期。

41. 孙志国等：《武陵山片区特产资源的地理标志保护与特色产业扶贫对策》，载《山东农业科学》2012 年第 12 期。

42. 田力普：《将知识产权融入中国创新体系运行》，载《创新科技》2013 年第 12 期。

43. 王国金：《区域知识产权战略的法律思考》，载《知识产权》2006 年第 4 期。

44. 王海涛、高宇辉：《论云南实施知识产权战略的基本问题和战略重点》，载《云南科技管理》2006 年第 3 期。

45. 王隽、张艳国：《论地方政府在非物质文化遗产保护利用中的角色定位——以江西省域为个案的分析》，载《江汉论坛》2013 年第 10 期。

46. 王丽婷：《中国茶产业出路浅析》，载《合作经济与科技》2010 年第 7 期。

47. 王先林：《从个体权利、竞争工具到国家战略——关于知识产权的三维视角》，载《上海交通大学学报（哲学社会科学版）》2008 年第 4 期。

48. 吴汉东、锁福涛：《中国知识产权司法保护的理念与政策》，载《当代法学》2013 年第 6 期。

49. 吴汉东：《利弊之间：知识产权制度的政策科学分析》，载《法商研究》2006 年第 5 期。

50. 吴汉东：《中国知识产权的国际战略选择与国内战略安排》，载《今日中国论坛》2006 年第 Z1 期。

51. 吴汉东：《中国知识产权法制建设的评价与反思》，载《中国法学》2009 年第 1 期。

52. 熊莹、李杨：《江西传统知识资源的产业发展与综合保护》，载《民族艺术研究》2010 年第 6 期。

53. 徐继填等：《西部旅游资源的赋存环境及分类》，载《地理学与国土研究》2002 年第 4 期。

54. 徐家力：《传统知识的利用与知识产权的保护》，载《中国法学》2005 年第 6 期。

55. 徐疆：《论国家与区域知识产权战略的关系》，载《特区经济》2012 年第 8 期。

56. 徐正祥：《对制定实施北京市知识产权战略的思考》，载《中国科技投资》2008 年第 2 期。

57. 严永和：《论我国少数民族传统知识产权保护战略与制度框架——以少数民族传统医药知识为例》，载《民族研究》2006 年第 2 期。

58. 杨晨、孙旋：《SCP 视角下区域知识产权战略实施绩效探析》，载《科技进步与对策》2011 年第 5 期。

59. 杨德桥：《科学发展观视野下的国家知识产权战略实施机制研究》，载《生产力研究》2012 年第 5 期。

60. 杨东升：《中国西部地区的农村经济发展与自然生态环境的可持续性研究》，载《经济科学》2006 年第 2 期。

61. 杨和义、刘小飞：《知识产权战略的目标定位及其制定》，载《法制论坛》2008 年第 4 期。

62. 杨美霞、张鸿飞：《我国旅游产业知识产权保护框架体系研究》，载《资源开发与市场》2010 年第 2 期。

63. 杨秋宝：《西部大开发：区域定位、环境把握与思路创新》，载《学术论坛》2000 年第 5 期。

64. 杨然：《从人口、资源、环境的角度谈我国西部地区的可持续发展》，载《可持续发展·环境保护·防灾减灾——2012 年全国环境资源法学研究会（年会）论文集》。

65. 易继明：《编制和实施国家知识产权战略的时代背景——纪念〈国家知识产权战略纲要〉颁布实施 5 周年》，载《科技与法律》2013 年第 4 期。

66. 易玉：《建立知识产权战略绩效评估指标体系的思考》，载《知识产权》2007 年第 1 期。

67. 殷莉：《对当前陕西产业结构调整的几点思考》，载《经济师》2012 年第 1 期。

68. 于恩锋：《地理标志的淡化和通用》，载《中华商标》2004 年第 6 期。

69. 余敏友、廖丽：《欧盟〈知识产权执法指令〉述评》，载《欧洲研究》2009 年第 6 期。

70. 袁书琪：《福建省实施 PPT 旅游战略的构想》，载《人文地理》2001 年第 6 期。

71. ［英］詹姆斯·哈里斯：《论西方的财产观念》，彭诚信译，载《法制与社会发展》2003 年第 6 期。

72. 詹映、佘力焓：《国家知识产权战略实施之法治环境完善绩效评价研究》，载《科技进步与对策》2011 年第 2 期。

73. 张炯雪：《"文山三七"荣获中国最具综合价值地理标志产品称号》，载《云南农业》2014 年第 1 期。

74. 张俊国：《略论国家战略》，载《云南社会主义学院学报》2006 年第 3 期。

75. 张培：《西北五省产业结构比较分析》，载《新疆社会科学》2009 年第 6 期。

76. 张鹏：《基于关联关系模型的知识产权战略实施绩效评估体系研究》，载《科技与法律》2013 年第 3 期。

77. 张勤：《关于国家知识产权战略的几点思考》，载《科技成果纵横》2005 年第 1 期。

78. 张韬：《中医药传统知识保护与知识产权保护的关系》，载《中医药管理杂志》2006 年第 1 期。

79. 张玉敏：《知识产权的概念和法律特征》，载《现代法学》2001 年第 5 期。

80. 赵丽莉：《民族自治地区知识产权战略建设思考》，载《合作经济与科技》2009 年第 22 期。

81. 郑成思：《国际知识产权保护和我国面临的挑战》，载《法制与社会发展》2006 年第 6 期。

82. 郑海东：《从乌拉圭回合看美国的知识产权战略》，载《复旦学报（社会科学版）》1995 年第 6 期。

83. 周昕：《论统筹国家知识产权战略与地方知识产权战略》，载《中国科技论坛》2006 年第 5 期。

84. 朱茜：《对政府主导型的旅游发展战略的看法》，载《科技信息（科学教研）》2008 年第 5 期。

85. 陈海华等：《对西部高校加强知识产权人才培养的探讨》，载《广西大学学报（哲学社会科学版）》2005 年第 S1 期。

86. 钭晓东、宋汉文、李国民：《论生态文明演进中传统知识的可知识产权性》，载《温州大学学报（社会科学版）》2012 年第 5 期。

87. 杜宝贵、隋立民：《正确处理高校协同创新中的几个关系》，载《扬州大学学报（高教研究版）》2013年第6期。

88. 李永明、郑淑云、洪俊杰：《论知识产权行政执法的限制——以知识产权最新修法为背景》，载《浙江大学学报（人文社会科学版）》2013年第5期。

89. 罗宗奎：《西部少数民族地区知识产权人才培养的"个性"分析》，载《内蒙古工业大学学报（社会科学版）》2013年第2期。

90. 王先林：《从个体权利、竞争工具到国家战略——关于知识产权的三维视角》，载《上海交通大学学报（哲学社会科学版）》2008年第4期。

91. 吴彬、刘珊：《法国地理标志法律保护制度及对中国的启示》，载《华中农业大学学报（社会科学版）》2013年第6期。

92. 肖智、周江菊：《民族地区地理标志知识产权保护思考——以黔东南苗族侗族自治州为例》，载《凯里学院学报》2013年第3期。

93. 徐萍、庞翠华：《关于知识产权战略与知识产权教育的思考》，载《大连大学学报》2007年第5期。

94. 薛达元：《民族地区生物多样性相关传统知识的保护战略》，载《中央民族大学学报（自然科学版）》2008年第4期。

95. 杨美琳：《论我国知识产权行政管理体制的完善》，载《保定学院学报》2012年第2期。

96. 赵国梁：《加强知识产权行政保护之我见》，载《中共太原市委党校学报》2007年第6期。

97. 郑新建、寇占奎、赵雅琨：《从经济大省到知识经济强省——知识经济发展与河北省知识产权战略布局与战略推进》，载《河北广播电视大学学报》2006年第4期。

98. 郑勇：《论涉外知识产权关系之法律适用》，载《广西师范大学学报（哲学社会科学版）》2013年第3期。

99. 邹敏：《我国非物质文化遗产保护立法探析》，载《宁夏大学学报（人文社会科学版）》2008年第3期。

100. 姚坤：《地理标志是涉农的知识产权制度》，载《中华商标》2005年第3期。

101. 孙志国：《湘鄂渝黔民族地区地理标志知识产权保护进展》，载《安徽农业通报（上半月刊）》2010年第23期。

（四）报纸

1. 陈丽霞：《知识产权服务机构专业人才匮乏》，载《联合时报》2012年12月4日。

2. 方正等：《宜昌中院公布10大知识产权案》，载《三峡晚报》2009年4月26日。

3. 高宇、何南岚：《地理标志产品——泾阳茯砖茶技术规范地方标准发布》，载《西安商报》2014年8月4日。

4. 江泽民：《抓住世纪之交历史机遇，加快西部地区开发步伐》，载《人民日报》1999年6月19日。

5. 李富勇：《"知识产权伏击中国民营企业"系列报道》，载《中华工商时报》2002年4月10日。

6. 路甬祥：《从科学的春天到建设创新型国家》，载《光明日报》2008年3月18日。

7. 罗与：《"宜宾酒"成功申报地理标志产品保护》，载《宜宾资讯》2010年12月20日。

8. 曲三强：《日本的知识产权战略》，载《法制日报》2004年4月15日。

9. 王宁：《贵州打造旅游知识产权保护体系》，载《贵州日报》2010年10月14日。

10. 温雅莉：《生物多样性表现出文化多样性》，载《中国绿色时报》2009年3月27日。

11. 张卫平：《中国专利国际申请怎么越来越少了》，载《经济日报》2002年2月22日。

12. 周方、马治国：《非物质文化遗产开发利用法律规制研究》，载《西部法制报》2012年6月1日。

13. 《关于保护传承发展非物质文化遗产和推动文化撑州战略有关问题的建议案（摘要）》，载《民主协商报》2012年7月27日。

14. 赵建国：《中国如何实现创新效率全球第一》，载《中国知识产权报》2012年10月12日。

15. 郑友德：《创建"绿色"知识产权制度初探》，载《中国知识产权报》2011年3月25日。

16. 向利、崔静思：《乘势扬帆逐浪高——〈国家知识产权战略纲要〉实施5周年纪实》，载《中国知识产权报》2013年6月5日。

二、英文文献

1. Peter Drahos, *A Philosophy of Intellectual Property*, Dartmouth Publishing Company Limited, 1996.

2. WTO Doc., Communication from the United States, IP/C/W /434, Para. 7（26, November, 2004）.

三、政府文件

1. 《甘肃省知识产权战略纲要（2013）》。

2. 《关于实施知识产权战略，促进西部地区知识产权事业加快发展的若干意见》。

3. 《国务院关于印发国家知识产权战略纲要的通知》。

4. 《全国农产品地理标志资源普查实施方案（2013）》。

5. 《陕西省人民政府关于印发〈陕西省知识产权战略纲要（2008—2020 年）〉和〈陕西省知识产权战略推进计划（2008—2010）〉的通知》。

6. 《苏州市知识产权战略实施纲要（2006—2020 年）》。

7. 《中共中央关于全面深化改革若干重大问题的决定》（2013 年 11 月 12 日中国共产党第十八届中央委员会第三次全体会议通过）。

8. 《重庆市人民政府关于创建知识产权保护模范城市的意见》。

9. 国家发展和改革委员会：《西部大开发"十三五"规划》。

10. 国家工商行政管理总局商标局、商标评审委员会编撰：《中国商标战略年度发展报告（2015）》。

11. 国家工商总局商标局、商标评审委员会编撰：《中国商标战略年度发展报告（2012）》。

12. 国家统计局、科学技术部、财政部：《2015 年全国科技经费投入统计公报》。

13. 国家旅游局：《2015 年中国旅游业统计公报》。

14. 国家统计局：《中国统计年鉴——2016》。

15. 《国家知识产权局关于印发〈关于加强地方知识产权战略实施工作的若干意见〉的通知》。

16. 《国家知识产权局关于印发知识产权人才"十三五"规划的通知》。

17. 《国家知识产权局关于印发专利代理行业发展"十三五"规划的通知》。

18. 《国家知识产权局关于贯彻落实党的十七大精神 做好地方知识产权战略制

定工作的若干意见》。

19. 国家知识产权局条法司：《中国专利代理行业年报（2013）》。

20. 国家知识产权局知识产权发展研究中心：《2015 年中国知识产权发展状况报告》。

21. 《国务院关于加强文化遗产保护的通知》。

22. 国务院新闻办公室：《中国知识产权保护状况》（1994 白皮书）。

23. 《劳动人事部关于边远地区范围的通知》。

24. 十一届全国人大三次会议《政府工作报告》。

四、网站文献

1. National Intellectual Property Strategy issued by the State Council of the Peoples Republic of China on June 5, 2008, available at http://www. law-now. com/law-now/sys/getpdf. htm? pdf = outlineofthenationalintellectualpropertystrategy1. pdf ; "Compendium of China National Intellectual Property Strategy issued", Intellectual Property Protection in China, SIPO. gov. cn, June 6, 2008, available at http://english. ipr. gov. cn/ipr/en/info/Article. jsp? a_no＝214475&col_no＝925&dir＝200806.

2. WIPO：《知识产权与传统文化表现形式、民间文学艺术》，载百度文库，https：//wenku. baidu. com/view/eb04c888d0d233d4b14e6995. html.

3. 《2002—2005 年世界卫生组织传统医学战略》（中文本），载世界卫生组织网，http://www. who. int/en.

4. 孙闻、工茜：《世界卫生组织通过〈北京宣言〉，倡议传统医药发展》，载http://www. china. com. cn/txt/2008-11/09/content_16732990. htm.

5. "Traditional and Alternative Medicine Act（TAMA）of 1997", http://translate. sogoucdn. com/pcvtsnapshot? url＝http%3A%2F%2Fwww. stuartxchange. org%2FTAMA. html&from＝en&to＝zh-CHS&tfr＝web&domainType＝sogou.

6. 云南省资源情况，载 http://www. dahe. cn/xwzx/zt/gnzt/wlmtynx/jjyn/t20060831_641456. htm.

7. 四川省概况，载 http://www. doc88. com/p-510930750203. html.

8. 《与贸易有关的知识产权协议》，载人民网，http://ip. people. com. cn/GB/11179135. html，发布日期：2010 年 03 月 19 日。

9. 《地理标志助推贵州农特经济腾飞》，载新浪财经网，http://finance. sina. com. cn/roll/20090401/07242764173. shtml? from＝wap.

10. 马励：《2012 年全国知识产权质押融资金额首破百亿》，载人民网，http://ip. people. com. cn/n/2013/0123/c136655-20299459. html.

11. 《中国专利申请总量位居世界第一》，载光明日报，http://epaper. gmw. cn/gmrb/html/2012-12/23/nw. D110000gmrb_20121223_2-08. htm.

12. 《国务院关于议事协调机构设置的通知》，载法律图书馆，http://www. law-lib. com/law/law_view. asp？ id=308553.

13. 陕西知识产权局：《大力实施知识产权战略 提高企业核心竞争》，载 http://ip. people. com. cn/GB/136672/136683/180999/10900240. html.

14. 奚国华：《加强四项举措鼓励企业创新 实施知识产权战略》，载法律快车，http://www. lawtime. cn/info/zscq/gnzscqdt/2011012060483. html.

15. 《全国人大常委会执法检查组关于检查〈中华人民共和国科学技术进步法〉实施情况的报告》，载中国人大网，http://www. npc. gov. cn/wxzl/wxzl/2000-12/17/content_3918. htm.

16. 郑成思：《知识产权战略与知识产权保护》，载中国法学网，http://www. io-law. org. cn/showNews. aspx？ id=11217.

17. Carlos M. Correa：《设计发展中国家的知识产权政策》，朱贞艳译，载道客巴巴网，http://www. doc88. com/p-8106037155058. html.

18. 中国科学技术发展战略研究院科技统计信息中心：《2015 全国及各地区科技进步统计监测结果（一）》，载 http://www. jssts. com/UploadFiles/2016/7/201607040921027250. pdf.

19. 李立：《传统知识遗传资源民间文艺等立法不够缺乏保护 国家知识产权局局长解析——中国优势领域的知识产权立法如何提速》，载中国人大网，www. npc. gov. cn.

经过一番煎熬，《欠发达地区实施国家知识产权战略研究》一书终于呈现在读者面前。这是国家社科基金项目的研究成果，做这个项目面临不少的压力，难点主要有两点：一是欠发达地区知识产权发展水平不高；二是我国实施知识产权战略的经验不足。知识产权战略实施处在探索之中，而欠发达地区情况更复杂。但是压力所在，动力所生。项目研究过程中，团队成员们克服困难，尽最大努力进行实地调研和考察，查阅国内外资料，使得研究既有理论分析，也有实证研究。从研究内容上看，本书的体系相对完整，提出问题与解决对策紧密结合；从指导价值上看，实践经验与理论基础融会贯通。该书通过知识产权法学、政治经济学、区域经济学的学科视野，对我国欠发达地区目前实施国家知识产权战略过程中存在的问题进行了较为详细的分析，提出了具有地方特色的专业性见解，倾尽力量为切实解决地方问题的知识产权战略提供帮助。即便如此，由于知识、视野和资料等因素的局限性，故存在错漏和谬误在所难免，特别是本课题研究时间跨度较长，调研所得的资料基本是 2017 年之前的，为了能反映当时我国欠发达地区的知识产权发展现状，相关资料性质的内容在研究中均使用当时调研所得的原本资料而不再修改。如果涉及国家法律和政策修改问题，则仅作适当的修改，或以注释的方式进行说明，以供读者们取得最新信息。同时，为了及时共享资料和成果，少部分研究也以论文的形式公开发表。

参与本书撰写的人员有陈宗波（第一章，第二章，第三章第一节，第四章第六节）；周玉林（第三章第一节，第四章第五节）；陈祖权（第三章第二节、第三节、第四节、第五节，第四章第一节、

第二节，第五章第五节）；张奇彪（第四章第三节）；唐新华（第四章第四节）；诸葛语丹（第四章第五节）；李志锴（第五章第一节、第二节、第四节）；张宇博（第五章第二节、第三节）；沈秀梅（第五章第四节）；黄呈宝（第五章第三节、第四节）；郑勇（第六章第一节）；阳芳（第六章第二节、第三节）；雷智博、郑家勇（第六章第四节、第五节）。缪恬辟、周思、王振宇、黄术等参与了部分资料的收集整理和数据统计工作。全书由陈宗波编写提纲、统稿和修改。

为了更精准地把握中央的方针政策，反映现行法的精神宗旨，在研究过程中，我们适当地吸收了现有研究成果。在此，对法学界、实务界有关专家学者和领导、部门的大力支持表示衷心的感谢。

中国政法大学出版社对本书的出版给予了大力支持，特别是第三编辑部主任冯琰女士与吴濛编辑做了大量细致的工作，其诚心和耐心令人敬佩，我们也表示衷心的感谢！

作者

2019 年 12 月 28 日

于桂林广西师范大学雁山校区